Georg Sulzer

Licht und Schatten der spiritistischen Praxis

Sarastro Verlag

Georg Sulzer

Licht und Schatten der spiritistischen Praxis

1. Auflage 2012 | ISBN: 978-3-86471-131-2

Erscheinungsort: Paderborn, Deutschland

Nachdruck des Originals von 1913.

Georg Sulzer

Licht und Schatten der spiritistischen Praxis

Sarastro Verlag

Licht und Schatten der spiritistischen Praxis

nebst Angabe von Mitteln zur Verhütung und Wiedergutmachung von schädlichen Folgen

▼

Auf Grund eigener Erlebnisse

von

Georg Sulzer

Kassationsgerichtspräsident
a. D. in Zürich

1913

Verlag von Oswald Mutze in Leipzig

Inhaltsverzeichnis

Vorwort.

Ich bin nur schwer zu dem Entschluß gelangt, die vielen hier erzählten teilweise stark persönlichen Erlebnisse der Öffentlichkeit preiszugeben. Was mich lange davon abhielt, waren nicht die zu erwartenden Angriffe der zur Zeit herrschenden öffentlichen Meinung, denn wer für hochwichtige Wahrheiten Zeugnis abzulegen hat, fragt nicht, wie das, was man die öffentliche Meinung nennt, sich zu diesen Wahrheiten stellte. Dagegen wurde es mir schwer, der inneren Abneigung Herr zu werden, meine Person derart in den Vordergrund zu stellen, wie das bei der Erzählung eigener Erlebnisse auf dem Gebiet des Verkehrs mit der Geisterwelt geschehen muß, und von dem Leser zu verlangen, daß er alles das seltsame, was ich ihm erzähle, auf mein Wort hin glaube. Schließlich mußte ich mir jedoch sagen, daß diese Erlebnisse und eine damit verbundene Beurteilung des Geisterverkehrs doch manchen, auch manchen Spiritisten, zum Nachdenken bringen könnten, und daß das eine oder andere von dem, was ich erzähle, später einmal auch als Zeichnung unserer dem Übersinnlichen so feindlichen Zeit von Interesse sein dürfte.

Die Rücksichten auf andere Personen, die bei diesen Erlebnissen eine Rolle spielen, glaube ich dadurch genügend gewahrt zu haben, daß ich in der Regel ihre Zustimmung zur Nennung ihrer Namen oder der Anfangsbuchstaben ihrer Namen einholte, sofern ich diese Zustimmung nicht schon früher erhalten hatte oder der Notorietät wegen entbehren zu können glaubte.

Zürich, im Oktober 1912.

Georg Sulzer.

I.

Wie ich Spiritist wurde und als solcher in die Öffentlichkeit trat.

Protestantisch getauft und erzogen, erhielt ich in meinem sechszehnten Lebensjahr den Konfirmandenunterricht in meiner Vaterstadt Winterthur von einem alten Pfarrer, der zwar guten Willen hatte, aber seine Schüler nicht zu erwärmen vermochte. Auswendiglernen des Katechismus und einer ziemlich großen Zahl von Kirchenliedern bildete den Hauptgegenstand dieses Unterrichts.

Ganz anders beschaffen war der Religionsunterricht, der mir nach meiner Übersiedlung nach Zürich, wo ich das dortige obere Gymnasium besuchte, von Dr. theol. Biedermann, Professor der Dogmatik an der theologischen Fakultät der Hochschule, zuteil wurde. Biedermann war ein vorzüglicher Lehrer, der seine Schüler für das, was er ihnen vortrug, zu interessieren wußte. Allein er war ein extremfreisinniger Theologe, von ähnlicher Schattierung wie in der Gegenwart Jatho. Wie Jatho lehrte er, daß es keine persönliche ihrer selbstbewußte Gottheit gebe und alle in der Bibel erzählten Wunder, Jesu Auferstehung inbegriffen, nur Selbsttäuschungen dieser oder jener Art oder fromme Legenden seien. Das persönliche Fortleben nach dem Tode leugnete er. Der Mensch, so lehrte er, lebe nach dem Tode nur in seinen leiblichen Nachkommen und in seinen Werken fort.

Ich erinnere mich noch ganz lebhaft an den innern Aufruhr, den diese Lehren damals in mir hervorriefen, und wie oft ich darüber nachdachte, ob dieselben wohl Wahrheit oder Irrtum seien. Aber meine Mitschüler, mit Ausnahme einiger weniger, die von ihren Eltern dem Religionsunterricht der Schule entzogen und in einen privaten, von einem strengkirchlichen Geistlichen erteilten Unterricht geschickt worden waren, sprachen sich in entschiedenster Weise zu Gunsten dieser Lehren aus als einzig und allein der modernen Aufklärung entsprechend. Das Gleiche taten später nach meinem Übertritt an die Hochschule fast alle mir näherstehenden Theologiestudenten, und da ich keinen Ausweg aus meinen Zweifeln zu finden wußte, kam ich zu dem Entschluß, das weitere Grübeln über Dinge der Religion und Weltanschauung aufzugeben. Ich war aber froh, meiner Familie gegenüber keine Verpflichtung zum Studium der Theologie zu haben; denn ich konnte mir nicht denken, wie man auf der von Biedermann gelehrten Grundlage ein Pfarrer werden und so predigen könne, wie durch das apostolische Glaubensbekenntnis, auf Grund dessen ich in die kirchliche Gemeinschaft aufgenommen worden war, vorgeschrieben sei.

Mit der Zeit blieb mir begreiflicherweise nicht verborgen, daß es Pfarrer genug gab, welche die Anschauungen Biedermanns offen auf der Kanzel vertraten, obwohl die meisten dieselben durch schöne Worte zu verdecken suchten. Ich wandte mich, besonders nachdem ich auch noch die moderne Entwicklungs- und Deszendenzlehre kennen gelernt hatte, daher immer mehr von der Kirche ab. Aber der Widerspruch zwischen meinem Verstand und meinem Herzen, das noch an der alten, von einer frommen Großmutter mir eingepflanzten Kirchenlehre hing, blieb fortbestehen, und manchmal fühlte ich denselben recht lebhaft. So insbesondere als ich mich über den Religionsunterricht meiner Kinder zu entscheiden hatte. Unschlüssig hin- und herschwankend, schickte ich meine Tochter statt in die Staatsschule in die freie Schule, wo sie einen streng dogmatischen Religionsunterricht erhielt, weil mir schien, daß es für ein Mädchen besser sei, in diesen Anschauungen aufzuwachsen, als in denjenigen der freisinnigen Theologie im Sinne Biedermanns, die an den Staatsschulen die Herrschaft inne hatte. Meine Söhne dagegen ließ ich den freisinnigen Religionsunterricht der staatlichen Schulen genießen, es ihnen überlassend, sich später selbst ein Urteil zu bilden.

Spiritismus, Okkultismus und Theosophie waren mir bis zum Jahre 1896 gänzlich unbekannte Dinge. Ich wußte bloß, daß einmal aus Amerika das Tischklopfen nach Europa gekommen war, glaubte aber, daß dieser „betrügerische Humbug" längst wieder verschwunden sei. Davon, daß dieses Tischklopfen den Beginn einer geistigen Bewegung gebildet hatte, deren Zentralpunkt im Nachweis der menschlichen Fortexistenz nach dem Tode liegt, und daß bereits eine bedeutende spiritistische und okkultistische Literatur bestand, hatte ich nie etwas gehört. Auch von der Seherin von Prevorst wußte ich nichts, und als mich einmal jemand fragte, ob ich das Buch „Die Seherin von Prevorst" kenne, glaubte ich, daß es sich um einen Roman handle, der diesen Titel trage.

Ich war daher höchlichst überrascht, als mir im Frühling 1896 von einem Verwandten einige spiritistische Bücher zum Lesen gegeben wurden. Es waren dies: das Buch von Cyriax: „Wie ich Spiritualist geworden bin", Bruchstücke des „Katechismus des reinen Spiritualismus" von Pusch und ein Bruchstück eines Buches von Wirth, in dem der animistische Ursprung der mediumistischen Phänomene verteidigt wird. Das Buch von Cyriax, das ich zuerst las, interessierte mich außerordentlich. Allein gegen den Schluß hin stieg in mir der Verdacht auf, daß Cyriax geisteskrank gewesen sei und in seiner Geisteskrankheit halluzinatorische Erscheinungen gehabt habe, ab und zu vielleicht auch obsichtlich übertreibe. Puschs Buch erweckte schon durch seine sonderbare Orthographie in mir ebenfalls den Verdacht der Geisteskrankheit des Verfassers. Diese Eindrücke verstärkten sich begreiflicherweise durch die Lektüre des dritten Buchs. Der Verwandte, der mir diese drei Bücher, zwei davon freilich nur in auseinandergefallenen Bruchstücken, geliehen hatte, war keineswegs geeignet, diese Bedenken zu zerstreuen, denn er interessierte sich damals für die spiritistischen und okkulten Erscheinungen nur insofern, als er darin unbekannte Naturkräfte zu entdecken hoffte. Auch hielt er ebenso wie ich diese drei Bücher für Hauptwerke und er wußte nichts von der sonstigen schon damals sehr bedeutenden spiritistischen und okkultistischen Literatur. Allein gegen Ende des Jahres 1896 kam uns ein Katalog der Verlagsbuchhandlung Oswald Mutze in Leipzig über die in ihrem Verlag erschienenen spiritistischen Werke in die Hände. Daraus ersah ich zum erstenmal, daß es eine große Literatur über diese Dinge gibt, und bestellte mir sofort das in diesem Katalog als Hauptwerk empfohlene Buch Aksakow's „Animismus und Spiritismus."

Nachdem ich dieses Buch gelesen hatte, wurde mir klar, daß ich auf der Schwelle einer neuen Weltanschauung stand, von der ich hoffen durfte, daß sie imstande sein werde, mir das Rätsel des menschlichen Lebens zu lösen. Das Jahr 1897 wurde für mich das Jahr des Studiums eines großen Teils der spiritistischen und okkultistischen Literatur. Außer einigen Büchern, die ich von Oswald Mutze bezogen hatte, unter denen mich besonders Mandels „Der Sieg von Möttlingen" anzog, weil der darin veröffentlichte Bericht an den württembergischen Kirchenrat von dem verstorbenen Pfarrer Blumhard in Boll herrührt, den meine Großmutter persönlich gekannt und hochgeschätzt hatte, las ich einige solche der Buchhandlung Max Spohr in Leipzig, wie das Büchlein „Wunder" von Eduard Christmas Dirking Holmfeld und das Buch: „Ich sterbe und lebe doch" von Karl von Lehsten, sowie Justinus Kerners „Seherin von Prevorst", und Eduard von Hartmanns Buch, „Der Spiritismus", das mir jedoch durch Aksakows „Animismus und Spiritismus", sowie durch Du Prels bei Reklam erschienenes Büchlein „Der Spiritismus" gründlich widerlegt schien.

Das Jahr 1898 brachte mich in Berührung mit dem praktischen Spiritismus. In diesem Jahr entstanden in Zürich zwei spiritistische Vereine. Von der Existenz des einen, der sich „Psyche" nannte, erhielt ich Kenntnis durch einen öffentlichen Vortrag seines Präsidenten Heise über den Spiritismus.

An diesen Vortrag, den ich in Begleitung meines ältern Sohnes besuchte, knüpft sich ein Erlebnis, das ich hier erzählen muß, weil es später meine Überzeugung von der Echtheit der Blumenapporte des Mediums Frau Anna Rothe beeinflußte. Wir saßen neben einem ältern, anscheinend der Arbeiterklasse angehörenden Mann, der dem Vortrag mit gespanntester Aufmerksamkeit folgte und zu uns sagte: „Ja, der Spiritismus ist doch etwas Wunderbares", so daß wir glaubten, einen überzeugten Anhänger dieser Lehre vor uns zu haben. Einige Tage nachher las ich im Tageblatt der Stadt Zürich die Ankündigung der Vorstellung des mir dem Namen nach bekannten Taschenspielers Jäggli, in der von Antispiritismus die Rede war. Neugierig, was das sei, lud ich meinen Sohn ein, mit mir diese Vorstellung, die in einem ziemlich geringen Restaurant des dritten Kreises stattfand, zu besuchen. Als wir zur bezeichneten Stunde dort eintraten, sahen wir zu unserm größten Erstaunen auf dem Podium den gleichen Mann, der während des Vortrags von Heise neben uns gesessen und sich in oben angegebener Weise über den Spiritismus geäußert hatte. Er schien betroffen, als er uns erblickte, und als er sich später im Publikum herumbewegte, kam er auf uns zu und ohne daß wir ihn gefragt hätten, meinte er, wir sollten uns doch über die heutige Vorstellung nicht aufhalten, das Publikum sei viel zu dumm, als daß man ihm vom Spiritismus sprechen dürfe. Ob seine Produktionen ausschließlich in Taschenspielerkünsten bestanden, war mir schon damals fraglich. Seither haben mich meine mit andern Taschenspielern sowie mit orientalischen Gauklern gemachten Erfahrungen, und echte okkulte, durch Medien hervorgebrachte Phänomene überzeugt, daß sich unter den Produktionen Jägglis mindestens einige okkultistischen Ursprungs befanden.

Ich suchte hierauf die Bekanntschaft Heises und seines Vereins „Psyche" zu machen. Aber an Heises Kostort hieß es, er sei verreist, und auch den angeblichen Vizepräsidenten des Vereins Namens Lövy oder Löwy vermochte ich nicht aufzufinden. Dagegen hatte ich ungefähr zur gleichen Zeit in der Neuen Züricher Zeitung einen Bericht über einen Vortrag gelesen, den Alt-Seminarlehrer Näf als Präsident des andern spiritistischen Vereins im Hotel Central zu Gunsten des Spiritismus gehalten hatte. In dieser Berichterstattung war sein Vortrag lächerlich gemacht und er selbst persönlich angegriffen durch die Andeutung, daß er seine Stelle am Lehrerseminar in Küsnacht wegen Trunksucht verloren habe. Das stimmte meinen Wunsch, ihm und dem von ihm präsidierten Verein näher zu treten, begreiflicherweise etwas herab. Weil ich aber dem Berichterstatter mißtraute und weil mein Versuch mit dem Verein „Psyche" in Verbindung zu treten, mißlungen war, wandte ich mich an einen mir persönlich bekannten Lehrer dieses Seminars, den spätern Professor der Geschichte an der Universität Zürich, Dr. Dändliker, und ersuchte ihn um Auskunft über Näf. Dieser gab mir in einer mündlichen Unterredung ein so vollständiges Bild der Persönlichkeit Näfs, daß ich alle Bedenken verlor, und nachdem ich einigen Sitzungen des von ihm präsidierten spiritistischen Vereins beigewohnt hatte, trat ich diesem als Mitglied bei.

Es dauerte nicht lange, so wurde ich von einer Frau M., die nebst ihrem Manne diesem Verein angehörte, gefragt, ob ich geneigt wäre, spiritistischen Sitzungen beizuwohnen. Ich sagte zu, da ich fühlte, daß ich in der Sache des Spiritismus nur dann ein maßgebendes Wort mitsprechen könne, wenn ich die spiritistischen Phänomene durch eigene Anschauung kennen gelernt habe. Über diese Sitzungen, in denen besagte Frau das Medium war, werde ich im folgenden Abschnitt Bericht erstatten.

Ich habe später die Überzeugung gewonnen, daß dieses Medium wirklich von verstorbenen Menschen inspiriert wurde. Anfänglich war ich darüber im Zweifel, und nachdem ich das Buch von Thomson Jay Hudson: „Das Gesetz der psychischen Erscheinungen“ gelesen hatte, schien es mir sogar einen Augenblick, daß die animistische Hypothese zur Erklärung aller okkulten Phänomene ausreichen könnte. Ich begreife es selbst heute noch recht gut, wenn derjenige, der nur ein einziges gutgeschriebenes Buch wie dasjenige Hudson's liest, in dem nachzuweisen versucht wird, daß die Ursache aller okkulten Erscheinungen in verborgenen Seelenkräften der im Diesseits lebenden Menschen liege, dazu gelangen kann, diese Hypothese für richtig zu halten. Nachdem ich jenes Buch fertig gelesen hatte, und Abends nach dem Zubettegehen das Gelesene nochmals in Gedanken überblickte, wuchsen meine Zweifel am spiritistischen Ursprung solcher Phänomene sogar so, daß ich die ganze Nacht schlaflos blieb und mir vornahm, am folgenden Tage alles was ich bisher über die spiritistischen Phänomene und ihre Erklärung gelesen, ebenso wie alles, was ich in den spiritistischen Sitzungen der Frau M. erlebt hatte, nochmals an Hand des Buches Hudsons genau nachzuprüfen. Mein einziger Trost war, daß mein Glaube an die persönliche Unsterblichkeit und an einen liebevollen Vatergott bereits nicht mehr vom Glauben an die Möglichkeit der Kundgebungen Verstorbener abhing. Allein der Zweifel an der Möglichkeit solcher Kundgebungen ging mir doch sehr zu Herzen und ich war entschlossen, wenn die vorzunehmende Nachprüfung zu Ungunsten der spiritistischen Hypothese ausfalle, dies offen zu bekennen und sowohl aus dem Verein als aus dem spiritistischen Zirkel der Frau M. auszutreten.

Allein es kam anders. Die Nachprüfung, mit der ich am folgenden Tag begann und die ich an Hand der ganzen mir bekannten Literatur sowie meiner Aufzeichnungen über die Kundgaben des fraglichen Mediums längere Zeit hindurch ununterbrochen fortsetzte, führten mich zu der sichern Überzeugung, daß die animistische Hypothese nicht alle Phänomene zu erklären vermag, und daß selbst in vielen Fällen, in denen der animistische Ursprung gedenkbar ist, der spiritistische weit näher liegt. Später erlebte ich noch Vieles, was mich in dieser Überzeugung bestärkte, und nie sind seither wieder Zweifel an der Möglichkeit eines Verkehrs der irdischen Menschen mit den Verstorbenen in mir aufgestiegen, obschon ich nicht verfehlte, alle mir zugänglichen gegnerischen Schriften genau zu prüfen.

Schon bevor ich das obengenannte Buch Hudson's gelesen hatte, hatte ein Ereignis stattgefunden, das, obwohl es die durch dieses Buch momentan entstandenen Zweifel nicht zu beseitigen vermochte, dennoch von größter Bedeutung für das Ziel meiner weitern Bestrebungen wurde, da es den Ausschlag dafür gab, daß von da an die religiöse Seite des Spiritismus und Okkultismus für mich in den Vordergrund trat.

Ich hatte gleich nach der ersten Sitzung mit Frau M. einen wie ich damals glaubte sehr schlauen Plan ausgeheckt, um festzustellen, ob das Medium blos aus seinem Unterbewußtsein spreche oder von fremden Geistwesen inspiriert werde, und hoffte, auf diese Weise sichere Resultate zu gewinnen, die ich nachher zu veröffentlichen beabsichtigte. Zu diesem Zweck legte ich dem Kontrollgeist des Mediums einige Fragen vor. Die Beantwortung wurde abgelehnt mit dem Bemerken, daß ich spätere Sitzungen abwarten möchte. Mein Plan beschäftigte mich jedoch so stark, daß ich nach dem Zubettgehen um dessen Gelingen betete. Dabei war ich vollkommen ruhigen Gemüts und schlief bald ein. Etwa um zwei Uhr morgens erwachte ich. Es schien mir, als ob ich von irgend jemandem geweckt worden sei, und nun hörte ich, vollkommen wach, neben mir, wie mir schien in der Luft, deutlich die Worte von Kap. 11 des Matthäusevangeliums Vers 5. Bei der Stelle: „Und den Armen wird das Evangelium gepredigt,“ tönte es wie eine Donnerstimme an mein Ohr, so daß ich fühlte, in dieser Stelle liege die Lösung des Problems, das mich beschäftige. Ich stand auf, notierte den Vorfall auf einem Blatt Papier, legte mich dann wieder nieder und schlief ruhig weiter bis zum folgenden Morgen.

Ich habe oft über den Zweck dieser okkulten Kundgebung nachgedacht, die man sowohl animistisch als spiritistisch deuten kann. Sicher ist, daß mir dadurch nahe gelegt werden sollte, nicht die Gelehrten, sondern die Einfältigen, Demütigen seien diejenigen, die für die neue Offenbarung des Spiritismus das richtige Verständnis besitzen. Ob mir aber nur die Mahnung gegeben werden wollte, jene schlau ausgeklügelten Versuche aufzugeben, oder ob ich gleichzeitig darauf hingewiesen werden sollte, mich mit meinen Bemühungen um die Ausbreitung der Lehre vom Geist nicht an die Gelehrten, sondern an die einfachen demütigen Wahrheitsforscher zu wenden, ist mir auch heute noch unklar. Jedenfalls beachtete ich den Wink insoweit, als ich von nun an an Stelle eines aktiven Eingreifens in die Phänomene nach einem schlau ausgedachten Plan eine einfache aber scharfe Beobachtung treten ließ.

Ich habe die Stimme, die auf diese Weise zu mir sprach, später nie mehr gehört, bin überhaupt, wie mir in vielen spiritistischen Sitzungen von den sich kundgebenden Geistwesen gesagt worden ist, wenig medial und weder hellsehend noch hellhörend, besitze auch nur wenig magnetische Kraft. Nur wenn ich bete, empfinde ich bisweilen eine leise Inspiration. So hörte ich einmal wie in meinem Kopfe entstehend die Worte: „Ich will dich erretten und du sollst mich preisen“, ein anderes Mal — in der Neujahrsnacht 1903 auf 1904 — als ich mich mit dem Gedanken beschäftigte, was mir wohl das neue Jahr bringen werde, die Worte:

„Näher zu Gott“, und einmal auf dem Zentralfriedhof der Stadt Zürich, die Worte: „Leben wir, so leben wir dem Herrn, sterben wir, so sterben wir dem Herrn.“

Nachdem die durch das Lesen von Hudsons Buch entstandenen Zweifel überwunden waren, und ich in den Sitzungen der Frau M. gehört hatte, welch außerordentliches Gewicht von den Jenseitigen auf das Gebet gelegt wird, fiel es mir schwer auf das Gewissen, daß ich während der langen Zeit meines Agnostizismus nie gebetet hatte, und daß es mir auch jetzt noch schwer falle, recht ernstlich und innig zu beten. Ich schrieb letzteres meiner langjährigen Vernachläßigung des Gebets zu. Was nun tun, um recht beten zu lernen? Ich wußte keinen andern Rat als wie die Jünger Jesu an Jesus die Bitte zu richten: „Herr lehre mich beten!“ Und ich wurde erhört. Worte eines innigen Gebets nebst der dazu gehörigen Stimmung flossen mir gleichsam von selbst zu, so daß ich im höchsten Grade erstaunt war, wie ich solche Worte des Dankes gegen Gott und der Ergebung in seinen Willen finden und von ihrem Inhalt so ergriffen sein könne. Wer aber meint, ich habe von da an stets so beten können, täuscht sich. Ich fühle auch jetzt noch oft, daß mir die Gabe recht innig zu beten unter gewöhnlichen Verhältnissen abgeht, und besonders wenn ich in Gegenwart Anderer laut beten soll, finde ich nur schwer die passenden Gedanken und Worte. Das mag zum Teil wirklich an zu seltener Übung liegen, zum Teil aber scheint es mir ein angeborener Mangel zu sein, der nur langsam überwunden werden kann. Und noch eins. Die Gebetskraft wird sicherlich durch unsern grobstofflichen Leib beeinträchtigt und wächst nach dem Verlust dieses Leibes, weshalb im Jenseits weit kräftiger gebetet wird als im Diesseits. Daher glaube ich und habe dies wiederholt bestätigt gefunden, daß Menschen, bei denen der Astralleib nur locker mit dem grobstofflichen verbunden ist, also sensitive oder mediale Menschen, inniger beten können als nichtsensitive, unmediale. Zu beneiden sind sie deshalb nicht; denn dieser Lichtseite der Sensitivität steht eine Schattenseite gegenüber. Wie von oben sind sie auch von unten, von der niedern Geisterwelt und von ihren eigenen niederen Neigungen leichter zu beeinflussen, und diese Beeinflussung macht sich oft stärker geltend als die von oben kommende zum Gebet hinleitende.

Von dem Augenblick an, da ich mich von der Tatsächlichkeit des Geisterverkehrs überzeugt hatte, fühlte ich mich verpflichtet, der Öffentlichkeit gegenüber mit meiner Überzeugung nicht zurückgehalten. Ich hielt daher im Lokal des spiritistischen Vereins, das sich in einem Restaurant befindet, unter Einladung an Jedermann verschiedene Vorträge über Spiritismus und Okkultismus, von denen drei später gedruckt wurden und im Buchhandel erschienen. Es wäre wohl besser gewesen, wenn ich diese Vorträge in einem größeren Lokal gehalten hätte; denn vermutlich wären dann bedeutend mehr Zuhörer erschienen. Allein Zürich besaß damals ein einziges größeres Lokal, das für mich gepaßt hätte, nämlich den Schwurgerichtssaal, in dem, wenn er nicht seinem eigentlichen Zweck dient, sehr oft Vorträge gehalten werden; denn für noch größere Säle hätte meine Stimme nicht ausgereicht. Nun war aber der Schwurgerichtssaal dem Vorstand unseres Vereins Herrn Näf schon einmal verweigert worden und wurde später auch einem andern Mitglied Herrn Sch. verweigert, weil man den Spiritismus nicht durch Überlassung eines öffentlichen Lokals an einen denselben verteidigenden Spiritisten fördern wollte. Dadurch war es mir in meiner damaligen amtlichen Stellung unmöglich gemacht, mich für einen Vortrag über ein spiritistisches Thema um diesen Saal zu bewerben.

Ich versuchte auch vergeblich, unter meinen Bekannten, Richtern, Advokaten, Pfarrern und Ärzten durch mündliche Besprechung und durch Einladung zu spiritistischen Sitzungen das Interesse für den Spiritismus zu wecken. In ganz Zürich fand ich unter den akademisch

Gebildeten keinen einzigen, der geneigt gewesen wäre, mir bei der ernsten ausdauernden Prüfung, an die ich herangetreten war, zur Seite zu stehen. Zweie besuchten, sei es aus Gefälligkeit mir gegenüber, sei es aus Neugier, einmal eine spiritistische Sitzung. Das war alles. Ein dritter zog mich zu Rate wegen eines Spuks in seinem Hause, in dem früher ein Selbstmord stattgefunden hatte, weil der Spuk seine Frau, die medial zu sein scheint, stark belästigte. Er erklärte sich auch mit meiner darüber geäußerten spiritistischen Auffassung einverstanden, hätte aber niemals gewagt, diese Auffassung andern gegenüber zu vertreten. Später erfuhr ich, daß er acht Jahre später dieses Spuks wegen auch den Rat des Mediums Frau Isler, von der später die Rede sein wird, gesucht habe, ohne daß es ihm, wie es scheint, gelang, denselben zum Verschwinden zu bringen.

Je weiter ich in die Erkenntnis der übersinnlichen Welt eindrang, um so klarer und zuversichtlicher gestaltete sich meine spiritualistische Weltanschauung und meine Überzeugung von der Wahrheit des Spiritismus, umso besser sah ich aber auch ein, daß, wenn ich für meine Überzeugung mit Erfolg wirken wolle, ich noch tiefere Kenntnisse sammeln müsse insbesondere hinsichtlich der schon im Erdenmenschen wohnenden okkulten geistigen und seelischen Kräfte und Fähigkeiten. Diese Kenntnisse eröffneten sich mir zunächst durch die Werke von Du Prel, dem ich vollständig darin beistimme, daß die Kenntnis der okkulten Kräfte Lebender, welche namentlich im Somnambulismus hervortreten, unentbehrlich sei, um den Spiritismus, d. h. die Fähigkeiten und Kräfte Verstorbener richtig zu beurteilen, und daß diese Kenntnis, weit entfernt, der spiritistischen Hypothese im Wege zu stehen, im Gegenteil den besten Stützpunkt für dieselbe liefere. Im Gegensatz zu Du Prel gelangte ich jedoch zu der Überzeugung, daß eine richtige Kombination unseres spiritistischen und sonstigen okkulten Wissens auch den über die

Art und Weise des Fortlebens nach dem Tode gebreiteten Schleier zu lüften vermöge, und daß eine Hauptaufgabe der wissenschaftlichen Forschung gerade darin bestehe, die Art und Beschaffenheit des Jenseitslebens der Verstorbenen festzustellen. Ich fand auch, daß es durchaus am Platze ist, wenn man dabei die von Frau Blavatsky begründete Theosophie zu Rate zieht, die besonders in ihrer späteren, teilweise von nüchternen wissenschaftlichen Beobachtern beeinflußten Entwicklung nicht bloße aprioristische Spekulation ist, und zudem hinsichtlich ihrer auf Yogaübungen beruhenden Einblicke in höhere Daseinszustände des Menschengeistes auf Jahrtausende alten Erfahrungen ruht. Allerdings muß man ihre selbst von vielen sonst guten Beobachtern und sorgfältigen Beurteilern allzu stark berücksichtigten phantastischen Theorien insbesondere diejenigen über Kosmogenie und Anthropogenesis (Entstehung der Welt und des Menschen) einer scharfen empirischen Nachprüfung unterwerfen, und darf solche niemals unbesehen auf die vorgebliche Autorität ihrer Verteidiger hin als wissenschaftliche Wahrheiten betrachten. Ich vertiefte mich daher immer mehr in die okkulte und später auch in die theosophische Literatur.

Da die leichteste und einem Laien auf naturwissenschaftlichem Gebiet zugänglichste Art der okkulten Forschung in der Beobachtung von Medien und Sensitiven besteht, fuhr ich fort, Medien und Sensitive und die von ihnen gegebenen spiritistischen Sitzungen aufzusuchen. Nur wurde ich mit Rücksicht auf die mit solchen Sitzungen verbundenen mannigfachen Gefahren, die ich allmählich kennen lernte, vorsichtiger und ließ mich nicht mehr mit jedem Medium ein. Auch trat mit der Zeit der wissenschaftliche Zweck etwas mehr zurück. Besonders seit dem Herbst 1908, als ich begann, an den später näher zu beschreibenden Sitzungen in der Wohnung der Frau S. teilzunehmen, wurde das Mitleid mit den sich kundgebenden unglücklichen Geistwesen des Jenseits der Hauptgrund meiner weiteren Beteiligung an solchen Sitzungen, denn ich hatte mich je länger je mehr überzeugt, daß wir die Geister der niederen Sphären, die uns von höheren zugeführt werden, durch Belehrung und Gebet in ihrer geistigen Entwicklung bedeutend fördern können, wie das ja schon die Seherin von Prevorst getan hat. Leider ist gerade diese Arbeit der Nächstenliebe am meisten dem Spott und Hohn der Materialisten und Buchstabenchristen ausgesetzt, aber sie findet nicht nur in sich selbst hohen Lohn, sondern ich habe auch die Beobachtung gemacht, daß, wenn ein spiritistischer Zirkel sich diesem Zweck widmet und ganz vom Ernst seiner Aufgabe durchdrungen ist, die sonst in spiritistischen Sitzungen so häufigen Lügen und Albernheiten völlig ausbleiben, daß daher Sitzungen dieser Art auch für die Erkenntnis der Gesetze des Jenseitslebens von der allergrößten Wichtigkeit sind.

Ich habe im Laufe der Jahre gegen hundert Schreib- und Sprechmedien, sowie eine schöne Zahl von Somnambulen, Hellsehern und Hellhörern kennen gelernt, die alle auf diese oder jene Weise mit der Jenseitswelt verkehrten oder für andere diesen Verkehr vermittelten, und bei einer großen Anzahl derselben habe ich Prüfungen der Echtheit dieses Verkehrs, sowie der Identität der sich kundgebenden Geistwesen und der Wahrheit des Inhalts ihrer Botschaften vorgenommen. Auch anderen okkulten Erscheinungen, wie Spukphänomenen, bin ich wiederholt nachgegangen. Da man mich überall als Anhänger des Spiritismus kennt, verbergen sich die privaten Medien, Somnambulen, Hellseher und Hellhörer nicht vor mir, wie sie dies sonst zu tun gewohnt sind, und suchen sogar oft meinen Rat, so daß ich vielfach Einblicke in okkulte Dinge gewonnen habe, die demjenigen verborgen bleiben, der seine spiritistische Überzeugung für sich behält und daher meistens nur die professionellen Medien und Somnambulen kennt, die ihre Gabe in der Regel zum Erwerb benutzen, und deren Botschaften deshalb mit größter Vorsicht aufzunehmen sind, obschon sie bisweilen in phänomenaler Hinsicht Verblüffendes leisten. So war beispielsweise Frau Anna Rothe ein ganz außergewöhnliches Apportmedium, ja sogar unter günstigen Bedingungen ein Geistermaterialisationsmedium, aber ihre intelligenten mediumistischen Kundgebungen besaßen je nach den Einflüssen, unter denen sie stattfanden, außerordentlich ungleichen Wert.

Bei allen meinen Forschungen schwebte mir der Gedanke vor, mich früher oder später schriftstellerisch auf dem Gebiet des Spiritismus und Okkultismus zu betätigen. Dennoch wäre dies kaum in größerem Umfang geschehen, wenn nicht ein besonderer Vorfall mich als Spiritist in der großen Öffentlichkeit bekannt gemacht und mich im Sommer 1905 veranlaßt hätte, meine richterliche Tätigkeit aufzugeben. Es war das der Prozeß gegen das Blumenmedium Frau Anna Rothe. Ich habe mich in diesem Prozeß als Zeuge gemeldet und bin als solcher nicht nur vor dem Untersuchungsrichter in Zürich, sondern auch in der Hauptverhandlung in Berlin abgehört worden. Mit dieser Zeugnisablegung erfüllte ich ganz einfach eine Gewissenspflicht. Für mich stand einzig in Frage, ob ich zugunsten einer nach meiner Ansicht unschuldigen, armen und verlassenen Frau mein Zeugnis in die Wagschale werfen oder ob ich dies unterlassen solle. Hätte ich das letztere vorgezogen, so würde ihre Verurteilung mein Gewissen belastet haben, weil ich mir hätte sagen müssen, daß sie vielleicht freigesprochen worden wäre, wenn ich zu ihren Gunsten Zeugnis abgelegt hätte. Es war mir auch eine große Genugtuung, daß mein Beispiel einen anderen Juristen ermunterte, sich ebenfalls als Entlastungszeuge zu melden. Unter diesen Umständen fielen die äußeren Folgen, die wie ich fühlte diese Zeugnisablegung für mich haben konnte, außer Betracht. Doch waren sie schlimmer als ich mir gedacht hatte. Ein großer Teil der Tagespresse verlangte, daß ich von meinem Amte als Präsident des kantonalen Kassationsgerichts zurücktrete. Insbesondere die Neue Züricher

Zeitung vertrat diesen Standpunkt und gab ihrer Meinung mit den folgenden Worten Ausdruck:

„Es fragt sich jedermann, ob Spiritismus und Richteramt miteinander vereinbar seien. Unser ganzes Rechtssystem stützt sich auf die sinnlich wahrnehmbare Welt und auf die Annahme eines freien Willens. Der Spiritist hält eine Dematerialisation und nachherige Rematerialisation für möglich. Nach dem Grundsatz in dubio pro reo wird deshalb ein spiritistischer Richter den Dieb, welcher im Besitz der gestohlenen Sache ist, ohne daß ihm der Diebstahl direkt nachgewiesen werden kann, freisprechen müssen, wenn der Dieb erklärt, er wisse nicht, wie er in den Besitz der Sache gekommen sei. Dieser Richter muß es ja für möglich halten, daß sich die corpora delicti beim Angeschuldigten als Apporte eingestellt haben. Da derjenige, welcher in Notwehr den anderen tötet, von Strafe freigesprochen werden muß, dürfte sich ein des Mordes Angeklagter dem spiritistischen Richter gegenüber gern auf visionäre Erscheinungen berufen, welche tatsächlich vorhanden waren, die aber nur von ihm gesehen werden konnten. Wenn wirklich ein Verkehr mit der jenseitigen Welt möglich ist, warum werden in geheimnisvollen Mordfällen nicht einfach die Geister der unglücklichen Opfer vor die Bezirksanwaltschaft zitiert? Doch Spaß beiseite! Die ganze Lehre des Spiritismus steht mit der gegenwärtigen Rechtsordnung so sehr in Widerspruch, daß es unbegreiflich erscheint, wie ein Richter, der wiederholt öffentlich als überzeugter Anhänger des Spiritismus aufgetreten ist, noch länger im Amte verbleiben kann."

Um mich zur Demission zu zwingen, wollten verschiedene Blätter sogar wissen, daß mein Rücktritt nahe bevorstehe und einzelne meldeten geradezu, daß er bereits stattgefunden habe. Einige wenige Zeitungen traten allerdings dieser Hetze entgegen, und der „Tagesanzeiger" öffnete mir seine Spalten für eine Verteidigung in Form eines Interviews mit einem seiner Redakteure.

Sodann schrieb mir ein mir persönlich gänzlich fern stehender Pfarrer einige Briefe, die ich hier zur Charakteristik meiner Gegnerschaft wiedergebe.

Das erste Schreiben datiert vom 24. April 1903 und lautet:

„Der Vorstand der gemeinnützigen Gesellschaft des Kantons Zürich an Herrn Kassationsgerichtspräsident Georg Sulzer.

Sehr geehrter Herr!

Der Unterzeichnete gehört zu den ungezählten Züricher Bürgern, welche nach der Entlarvung der Betrügerin Rothe ganz bestimmt Ihre Demission als Präsident des Kassationsgerichts erwartet hatten. Ihre hohe Ehrenstellung beruht unzweifelhaft in erster und letzter Instanz auf dem unbedingten Vertrauen des Züricher Volkes. Nun ist es nach meiner Überzeugung eine unumstößliche Tatsache, daß Sie infolge des Prozesses Rothe dieses Vertrauen verloren haben. Bis jetzt hat das Züricher Volk Sie immer als intakten Ehrenmann angesehen. Darum erlauben Sie mir wohl in seinem Namen die höfliche Anfrage: Wie können Sie weiter Kassationsgerichtspräsident bleiben, während doch das Fundament Ihrer Ehrenstellung erschüttert ist?

In Gewärtigung Ihrer Antwort zeichnet

Hochachtungsvollst

H., Pfarrer,

Präsident der gemeinnützigen Gesellschaft."

Am 27. April erhielt ich von der gleichen Seite noch folgenden Nachtrag:

„Sehr geehrter Herr Präsident!

Wir akademisch Gebildeten alle suchen die Wahrheit, und wenn sie uns persönlich auch unangenehm ist, so befreit sie uns doch immer, wenn wir ihr dienen. Glauben Sie nicht, daß in dem beiliegenden Spiritismus- und Okkultismus-Artikel eine kräftige Wahrheit enthalten ist?

Ihrer gefälligen. Antwort auf meine höflichen Briefe gewärtig, zeichne

Hochachtungsvoll
H., Pfarrer.“

Diesem Brief war die Beilage der „Züricher Post“ vom 24. April beigeschlossen, die in einem Artikel über den Rotheprozeß folgende Stellen enthält, die der Übersender mit Blaustift angestrichen hatte.

„Es ist ein Erfahrungssatz in der Psychiatrie, daß die aus primären Gemütsanomalien oder aus Sinnestäuschungen hervorgehenden krankhaften Vorstellungen, die sog. Wahnideen, um so fester dem Gesamtgebiet der Vorstellungen eines Individuums sich einfügen, je nachhaltiger von der Umgebung der Versuch einer Entfernung gemacht wird. Krankhaft bedingte Sinneswahrnehmungen sind ihrem Besitzer ebenfalls gewisser als die psychologischen eigenen Wahrnehmungen oder diejenigen der geistesgesunden Umgebung.“

Und später — besonders stark mit Blaustift angestrichen —

„Alternde Menschen zeigen erfahrungsgemäß oftmals einen Hang zum Mystizismus, der eine Folge der durch Altersdegeneration des Gehirns bedingten Abnahme der kritischen Urteilskraft ist.“

Ich antwortete dem Herrn Pfarrer in einem Schreiben, indem ich ihn darauf hinwies, daß das öffentliche Auftreten für die nach sorgfältiger Prüfung gewonnene Überzeugung von der Wahrheit der Phänomene des Spiritismus und Okkultismus nach meiner Anschauung einen Richter seines Amtes nicht unwürdig mache, sondern daß nur Pflichtverletzung oder Unfähigkeit dies zu bewirken vermöchten.

Hierauf erhielt ich nochmals ein längeres Schreiben, in dem das früher Gesagte näher ausgeführt wird und das mit folgendem Passus schließt:

„Ihre Gerechtigkeit in Ausübung Ihrer richterlichen Pflichten im Bezirksgericht, Obergericht und im Kassationsgericht wird Niemand in Zweifel ziehen; dafür wird Ihnen die volle und dankbare Anerkennung immer gezollt werden. Aber ebenso fest steht, daß Sie durch Ihr Auftreten in den letzten Jahren und speziell im Prozeß Rothe Ihre Unfähigkeit bewiesen haben, in Sachen des Spiritismus klar zu denken und richtig zu urteilen. Ich bitte Sie um Widerlegung dieses meines Urteils."

Daß ich dieser Aufforderung nicht nachkommen konnte, wird Jeder begreifen, der etwas von Spiritismus und Okkultismus versteht.

Dagegen wußte ich nunmehr, daß meine Erneuerungswahl durch den Kantonsrat, die gesetzgebende Behörde des Kantons, die im Juni 1905 stattzufinden hatte, keine unbestrittene sein werde. Ich fragte mich daher, ob ich nicht besser tue, auf diese Wiederwahl schon vorher zu verzichten. Dafür sprach auch die Erwägung, daß ich immer stärker das Bedürfnis fühlte, schriftstellerisch für meine Überzeugung zu wirken, und einsah, daß ich dies besser im Stande sein werde, wenn ich mich nicht mehr im Amt befinde, daß ich aber, wenn wiedergewählt, meinen Wählern gegenüber die moralische Verpflichtung hätte, im Amte auszuharren. Ich entschloß mich deshalb schon bevor ich wissen konnte, wie die Chancen meiner Wiederwahl ständen, dem Bureau des Kantonsrats durch Zuschrift mitzuteilen, daß ich eine Wiederwahl nicht mehr annehme. In Wirklichkeit standen meine Chancen, wie ich später erfuhr, nicht schlecht.

Von den drei Parteien des Kantonsrates, die auf ihren Vorversammlungen zuweilen auch die nach dem Gesetz dem Kantonsrat obliegenden Beamtenwahlen besprechen, hatten die demokratische und sozialdemokratische, die noch nichts von meinem Rücktritte wußten, beschlossen, mich trotz meiner spiritistischen Überzeugung wiederzuwählen, womit meine Wiederwahl gesichert gewesen wäre, da diese zwei Parteien zusammen die Mehrheit des Rats bildeten, während allerdings der Vorversammlung der „freisinnigen" Partei (ungefähr den deutschen Nationalliberalen entsprechend), deren Hauptorgan die Neue Züricher Zeitung ist, ein Antrag vorlag, mich nicht mehr zu wählen, welcher Antrag dann aber auf die Mitteilung hin, daß ich meinen Rücktritt erklärt habe, nicht mehr zur Abstimmung gelangte.

Dessen ungeachtet brachte fast die ganze Presse die Mitteilung, daß ich wegen meines Zeugnisses im Prozeß Rothe nicht mehr wieder gewählt worden sei. Das ging so zu. Ein Reporter, der in der Sitzung des Kantonrats, in der mein Amtsnachfolger gewählt wurde, anwesend war, telegraphierte diese falsche Nachricht dem Berner Bund, obschon die übrigen dort anwesenden Reporter ihn darauf aufmerksam gemacht hatten, daß ich ja auf eine Wiederwahl verzichtet habe.

Vom „Bund" ging diese Nachricht, meist mit Randglossen versehen, in fast alle nichtzüricherischen Zeitungen der Schweiz, ja sogar in einige kleinere züricherische, sowie in die gesamte Presse Deutschlands über. Eine von meinem Amtsnachfolger ausgehende Richtigstellung, in der dieser erklärte, daß er die Stelle gar nicht angenommen haben würde, wenn ich neben ihm kandidiert hätte, wurde von der Neuen Züricher Zeitung, an die er sich als an die angesehenste und im Ausland verbreitetste Zeitung der Schweiz zuerst gewendet hatte, nicht aufgenommen, angeblich weil sie die falsche Nachricht nicht gebracht habe. Das war ja auch richtig, aber sie hatte doch dieser falschen Nachricht der meisten anderen Zeitungen nicht widersprochen, obschon sie wußte, daß dieselbe falsch war. Die fragliche Richtigstellung erschien sodann in den ebenfalls sehr angesehenen „Basler Nachrichten". Doch nahmen nur wenige Schweizer Blätter davon Notiz, und in der reichsdeutschen Presse blieb sie völlig unbeachtet. Wenigstens stieß ich später überall in Deutschland und ebenso in Frankreich auf die Meinung, ich sei damals weggewählt worden.

Man ersieht aus diesem Erlebnis, welch' ungeheurer Druck der öffentlichen Meinung gegenwärtig noch auf den Anhängern des Spiritismus lastet. Anderen ist es noch schlimmer ergangen als mir. Wurde doch, wie ich glaube im Jahre 1898, ein protestantischer Pfarrer in einer Ortschaft an der Arnau in Nordschleswig wegen „spiritistischer Irrlehre“, was wohl heißen soll wegen Anerkennung der Möglichkeit des Verkehrs mit den Verstorbenen, seines Amtes entsetzt, und diese Nachricht lief durch die ganze deutsche Presse, ohne daß auch nur ein einziges Blatt gegen diese Vergewaltigung der protestantischen Lehrfreiheit protestiert hätte, während die liberale Presse Deutschlands und der Schweiz im Jahre 1911 nicht Worte genug finden konnte, um die Absetzung des die Unsterblichkeit der Menschenseele als fraglich erklärenden und die Lehre von einer selbstbewußten liebevollen Gottheit verwerfenden Pfarrers Jatho als ein Attentat gegen diese Freiheit zu brandmarken.

Mit meinem Austritt aus jeder amtlichen Stellung war für mich der Zeitpunkt gekommen, in völliger Freiheit und Muße schriftstellerisch für meine Überzeugung einzutreten. Ich hatte schon im Dezember 1904 eine deutsche Übersetzung des bekannten Buches von William T. Stead „Letters of Julia“ im Verlag von Karl Rohm in Lorch, Württemberg, herausgegeben. Bald folgten nun eigene Schriften im Verlag von Oswald Mutze in Leipzig, nämlich:

1907 „Die Bedeutung der Wissenschaft vom Übersinnlichen für Bibel und Christentum“;

1909 „Moderne indische Theosophie und Christentum“;

1910 „Bleibet Christen! oder Gedanken über eine neue Reformation des Christentums“;

1912 „Die menschliche Willensfreiheit oder der ichbewußte menschliche Wille und seine Entwicklung.“

Die Kritik hat, wenn sie sich nicht in der Ignorierung gefiel, oder wie in der Neuen Züricher Zeitung vom 26. Juli 1912 sich in einigen spöttischen Bemerkungen erging, die in diesen Büchern ausgesprochenen Anschauungen meistens bekämpft, aber sie hat nicht vermocht, mich in wesentlichen Punkten davon abzubringen. In Nebenpunkten haben sich allerdings meine Anschauungen weiter entwickelt, und das vorliegende Buch verfolgt unter anderm den Zweck, zu zeigen, welche Lebenserfahrungen bei der Bildung meiner in jenen Büchern niedergelegten Anschauungen mitgewirkt haben; denn überall — besonders auf dem Gebiete des Übersinnlichen — hängen unsere Anschauungen an persönlichen Erfahrungen, manchmal allzusehr, und diese Erfahrungen zu kennen ist notwendig, um ein vollständiges und ein gerechtes Urteil zu fällen. Inwiefern diese Erfahrungen bei mir die Ursachen von Irrtümern geworden sind, wird sich später einmal feststellen lassen, aber nur durch sachliche Forschungen und darauf sich gründende Fortschritte in der Erkenntnis, nicht durch vornehmes Ignorieren. Auch bedenke man, daß, wenn sich uns ein gänzlich neues Wissensgebiet von dem Umfang und der Bedeutung des Spiritismus und Okkultismus öffnet, man unmöglich sofort völlig sichere wissenschaftliche Resultate erwarten darf.

II.

Mein erstes Medium.

Die ersten spiritistischen Sitzungen, an denen ich teilnahm, waren diejenigen der schon im vorigen Abschnitt erwähnten Frau M. Frau M. ist im Jahre 1858 in der Umgebung von Frankfurt geboren, und spricht auch jetzt noch, trotz langjährigem Aufenthalt in Zürich, das Deutsche mit einem starken Anklang an den fränkischen Dialekt. Sie ist intelligent, von zarter Konstitution, doch in jüngeren Jahren gesund. Im Jahre 1902 erkrankte sie an einem Darmleiden, das sie einer zufälligen Vergiftung zuschreibt, und das eine dauernde Schwäche der Verdauung zurückließ. Später gesellten sich dazu Krampfadern und ein nervöses Herzleiden, so daß sie gegenwärtig nicht mehr eine gesunde Frau genannt werden darf. Dagegen ist sie geistig noch vollkommen frisch, und zeigt nicht die geringste Spur von Hysterie. Sie besaß die Gabe des Geistersehens schon als Mädchen und erinnert sich namentlich, wie sie einmal im Wald einen Mann in Försterkleidung auf einem Baumstamm sitzen sah, den außer ihr Niemand von den Anwesenden erblickte. Nachher erfuhr sie, daß an dieser Stelle ein Förster Selbstmord begangen habe. Sie hat zwei Töchter, von denen die jüngere ebenfalls die Gabe des Geistersehens besitzt, wenn auch in geringerem Grade als die Mutter.

Als Frau M. im Jahre 1898 zum ersten Mal vom Spiritismus hörte, entdeckte sie, daß der Psychograf unter ihren Händen Botschaften schrieb, die sich als Botschaften

Verstorbener ausgaben. Bald nach dieser Entdeckung veranstaltete sie spiritistische Sitzungen, in denen sie in den Volltrancezustand verfiel, worauf Stimmen, die sich als verstorbene Menschen bezeichneten, durch sie sprachen. Mit der spiritistischen Literatur hat sie sich nie abgegeben. Das Lesen gehört überhaupt nicht zu ihren Liebhabereien, wie ich auf Grund meiner spätern langjährigen Bekanntschaft mit ihr genau weiß. Auch verbot ihr der Kontrollgeist ausdrücklich, spiritistische Bücher zu lesen, und zu einem einläßlichen Bücherstudium hätte ihr zudem die Zeit gemangelt. Sie neigt nicht etwa zu mystischer Religiosität, wie man nach dem Inhalt der durch sie erhaltenen Kundgebungen glauben möchte, sondern ist von Natur weit eher eine lebenslustige Frau. Ihre Überzeugung von einer Jenseitswelt und von der Möglichkeit eines Verkehrs mit dieser Jenseitswelt beruht ausschließlich auf ihren eigenen übersinnlich-okkulten Erfahrungen.

Die physikalischen Phänomene, die in diesen im Dezember 1898 beginnenden und bis in den Herbst 1900 dauernden Sitzungen vorkamen, will ich nur kurz berühren. Die häufigsten Erscheinungen waren Heben und Schieben des schweren Tisches, um den die Zirkelteilnehmer herumsaßen, Klopfen im Tisch und in den Schränken des Zimmers, Lichterscheinungen, bald in Form eines schwach leuchtenden nebelartigen Fluids, das sich über dem Kopf des Mediums lagerte und dort eine Art Wolke bildete, bald in Form intensiv bläulich leuchtender Punkte in seinen Haaren, die bisweilen wie Perlschnüre aussahen, bald endlich in Form blauweißer Funken, die mit starkem Knistern aus seinen Fingerspitzen hervorsprangen und in die Tischplatte überzugehen schienen, ähnlich den Funken einer Elektrisiermaschine. Zwei Mal fanden Blumenapporte statt, das erste Mal am 19. Februar 1899, als in unserm Kreise noch niemand etwas von dem Blumenmedium Frau Anna Rothe wußte. Allein weil die Sitzungen, in denen diese Apporte stattfanden, auf Anordnung der Kontrolle Dunkelsitzungen waren, konnte die Überwachung nicht so ausgeübt werden, daß ein Skeptiker einen Betrug für ausgeschlossen gehalten hätte; denn wenn man auch durch allseitiges Händereichen eine Kette bildete, war es doch nicht möglich zu beobachten, ob dies während der ganzen Dauer des Phänomens von sämtlichen Teilnehmern geschehen war.

Frau M. ist im wesentlichen Sprechmedium und befindet sich während des Sprechens im bewußtlosen Volltrancezustand. Bisweilen aber selten fungierte sie in diesem Zustand auch als Schreibmedium. Die Individualität der Stimme der durch sie sprechenden Geistwesen ist so außerordentlich stark ausgeprägt, daß ich dies geradezu als die Haupteigentümlichkeit ihrer Mediumschaft bezeichnen möchte. Ihr Kontrollgeist Zikel, in der Geisterwelt wie er uns mitteilte Hilmanuel genannt, sprach mit einer tiefen sonoren Baßstimme. Sein schönes Deutsch war dialektfrei, während das Medium wie schon angedeutet den fränkischen Dialekt nie verleugnet. Johann Kaspar Lavater, der im Jahre 1880 verstorbene züricherische Pfarrer, Dichter und Schriftsteller, der sich ebenfalls häufig durch Frau M. kundgab, sprach dagegen mit einer eher dünnen als vollen aber sorgfältig akzentuierten Tenorstimme. Sein Deutsch war dialektfrei und korrekt, jedoch mit eigentümlich heller (geschlossener) Aussprache des dunkeln (offenen) „e" im Worte „Leben", wie ich dieselbe in meiner Jugend bisweilen bei schweizerischen Kanzelrednern getroffen habe, die ein korrektes Schriftdeutsch zu sprechen suchten und in diesem Bestreben etwas über das Ziel hinausschoßen. Unser Dichter Gottfried Keller, der gleichfalls oft durch Frau M. sprach, tat dies in einem altväterischen breiten Zürichdeutsch, wie es gegenwärtig nur noch von ganz alten Leuten gesprochen wird, die stets in der Stadt Zürich gelebt haben. Ich habe Keller in seinem Leben einige Male sprechen hören, und weiß daher, was mir übrigens seine Bekannten bestätigten, daß er in der Tat und zwar geflissentlich sich in dieser ausgeprägt breiten Mundart ausdrückte. Seine Stimme war wie diejenige des Kontrollgeistes eine Baßstimme.

Man kann bei Volltrancemedien, wenn fremde Geistwesen durch sie sprechen, oft beobachten, daß ihre Gesichtszüge sich verändern, und den Gesichtszügen der durch sie Sprechenden ähnlich werden*). Solche Veränderungen machten sich auch bei Frau M. geltend, aber sie ließen sich nicht so gut beobachten, weil die Sitzungen auf Anweisung des Kontrollgeistes meistens im Halbdunkel, bisweilen sogar in voller Dunkelheit stattfanden.

Bei Schreibmedien läßt sich nicht selten eine Ähnlichkeit bisweilen sogar eine volle Übereinstimmung der Schrift mit der Schrift des Verstorbenen feststellen, der sich als Urheber der medialen Botschaft bezeichnet. Da Frau M. auch einige Male als Schreibmedium tätig war, und zwar in bewußtloser Tieftrance, richtete ich deshalb meine Aufmerksamkeit darauf, festzustellen, ob ihre Schrift mit derjenigen der Geistwesen übereinstimme, die sich als Urheber der fraglichen schriftlichen Mitteilungen ausgaben. Gottfried Keller schrieb gleich das erste Mal als er sich kundgab, seinen mündlichen Mitteilungen vorausgehend seinen Namen, aber diese Schrift trägt deutliche Spuren großer Aufgeregtheit und eignet sich daher wenig zur Schriftvergleichung. Ich kann nur sagen, daß sie von seiner im Erdenleben geführten Unterschrift jedenfalls nicht sehr stark abweicht. Dagegen befand sich unter den andern sich durch Schrift kundgebenden Verstorbenen ein Knabe, der Sohn einer regelmäßigen Teilnehmerin an unsern Sitzungen, der mehrere Male schrieb, weil er, wie er sagte, das Schreiben dem Sprechen vorziehe, und bezüglich dieser Schrift wurde völlige Identität mit der Schrift in den Schulheften des Verstorbenen sowohl von mir als von andern Besuchern dieser Sitzungen insbesondere von dem seither verstorbenen frühern Seminarlehrer Näf festgestellt.

---

*) Die auffallendste Erfahrung dieser Art habe ich später mit Frau Professor Sellin, der Tochter von Frau Anna Rothe gemacht.

Die Identität dieses sich durch Frau M. kundgebenden Geistes mit dem fraglichen Knaben ist auch noch durch andere Beweismomente gesichert. Wie seine Mutter und sein Bruder sagten, entsprach die Haltung des Bleistifts, wenn er durch das Medium schrieb, ganz und gar der Haltung des Bleistifts durch den Verstorbenen. Auch probierte das Medium, bevor dieser Geist zu schreiben begann, den Bleistift genau so mit den Fingern, ob er spitzig genug sei und feuchtete ihn dann mit der Zunge an, wie dies der verstorbene Knabe zu tun pflegte, und während des Schreibens schob das Medium die Zungenspitze ein klein wenig zum Munde heraus, was, wie die Mutter des verstorbenen Knaben sagte, eine schlechte Gewohnheit ihres Sohnes gewesen war, die sie oft tadelte, aber durch ihren Tadel nicht zu beseitigen vermochte. Sodann teilte dieser Geist durch das Medium bald schriftlich bald mündlich Verschiedenes aus seinem Leben mit, was nur der Mutter bekannt sein konnte. Frau M. hat diesen Knaben nie gekannt, da sie erst mehrere Jahre nach seinem Tode die Bekanntschaft seiner Mutter machte.

Auch bei den beiden geschichtlichen Persönlichkeiten Gottfried Keller und Johann Kaspar Lavater, die sich durch Frau M. kundgaben, halte ich den Identitätsbeweis für geleistet, und werde das später des Nähern ausführen.

Der Inhalt der Kundgebungen dieses Mediums bestand vorwiegend in Belehrungen über religiöse Dinge, hauptsächlich das jenseitige Leben betreffend. Daneben wurden uns unglückliche Verstorbene zugeführt, damit wir ihnen den Weg zu Gott wiesen und mit ihnen beteten.

Im Folgenden soll das Wichtigste aus dem Inhalt dieser Sitzungen nach dem Wortlaut der darüber von mir aufgenommenen Protokolle mitgeteilt werden; denn von der zweiten Sitzung an schrieb ich jeweilen nachher — meist schon am folgenden Morgen — das darin Vorgefallene nieder, allerdings nicht vollständig, sondern nur, besonders gegen die Ende hin, nach dem mir wesentlich scheinenden

Inhalt. Bisweilen machten auch andere Mitglieder des Zirkels darüber Notizen, die ich dann zur Verbesserung und Vervollständigung meines Protokolls benützte. Ich trug mich eine Zeit lang mit dem Gedanken, alles was ich so niedergeschrieben hatte, im vollen Umfang zu veröffentlichen. Später bin ich davon abgekommen; denn diese Protokolle enthalten, trotz der von mir schon bei der Niederschrift vorgenommenen Einschränkung auf das mir wesentlich Scheinende, neben höchst Wertvollem manches, was für weitere Kreise bedeutungslos ist.

Aus der Sitzung vom 1. Januar 1899: Der Kontrollgeist Hilmanuel, der sich schon in der vorangehenden Sitzung kundgegeben und erzählt hatte, daß er im Erdenleben Zikel geheißen habe, protestantischer Pfarrer gewesen, in Prag geboren und im Jahre 1818 in Dresden gestorben sei, spricht durch das Medium folgendes:

„Ich will euch mein Schicksal in den Sphären erzählen. Ich lebte als irdischer Mensch in kriegerischen Zeiten und sah viel Elend. Oft zog ich als Feldprediger mit den Heeren herum und lernte die Schrecken des Krieges kennen. Ich verlor meine Frau und meine beiden Söhne und blieb allein zurück. So hatte ich viel Leid zu ertragen und wurde dadurch in meinem Laufe durch die Sphären gefördert. Wer viel Leid im Leben durchgemacht hat, hat dort einen rascheren Fortschritt. Ich erwachte in der dritten Sphäre. Als ich vor den Richter*) dieser Sphäre kam, sah ich mein Leben vor mir ausgebreitet. Ich erkannte, daß ich oft gefehlt, wissentlich und unwissentlich. Manches, was mir früher löblich geschienen hatte, erschien mir jetzt in einem anderen Licht. Ich fühlte mich als Sünder und rief die Gnade an. Sie wurde mir gewährt. Ich blieb nur drei Jahre in der dritten Sphäre. Meine Frau und meine Söhne hatten mich schon

---

*) Wohl nicht ganz das richtige Wort. Der sprechende Geist muß sich eben an den Wortschatz des Medium halten.

willkommen geheißen, als ich im Jenseits erwachte. Jetzt habe ich das Amt, die Seelen aus den niedrigeren Sphären in die höheren abzuholen. Ich komme selbst in die tiefsten Sphären hinunter und sehe so deren Schrecken. Was der Mensch dort oft durchmacht, ist schrecklicher als das größte Elend dieses Lebens. In diesen Sphären sind die Menschen den Belehrungen der höheren Geister unzugänglich. Sie sehen diese ebenso wenig als ihr sie sehet. Sie glauben auf der Erde zu leben und wissen nichts von den höheren Sphären. Oft bleiben sie auf der Erde bei ihren irdischen Schätzen und können sich von ihnen nicht trennen. Ich traf einmal einen Mann, der beständig in seinem Besitztum hin- und herging, alles betastete, und trotz der größten Mühe war es mir unmöglich, mich ihm verständlich zu machen. Die höheren Geister sind für solche Seelen gerade so Gespenster, die sie fürchten, wie sie dies für euch sind. Dennoch hatte ich die Freude, diesen Mann schon nach drei Jahren in eine höhere Sphäre abholen zu können. Von da an war sein Fortschritt ein rascher. Am besten ist es, wenn sich der Mensch in diesen niedrigen Sphären in die Einsamkeit zurückzieht, er kommt so am ehesten wieder zu Gott. Wenn er sich zu anderen gesellt, wird er von diesen oft zurückgehalten. In der vierten Sphäre ist die Kindersphäre. Dort werden die Kinder erzogen. Glücklich wer als Kind stirbt, denn ihm ist der Durchgang durch die niederen Sphären erspart. Dagegen ist es für Kinder schwerer, in die höheren Sphären empor zu steigen. Sie bleiben oft lange in der Kindersphäre zurück. Sie singen dort auch schöne Lieder zum Preise Gottes.

Hütet euch, andere wegen Meinungsverschiedenheiten zu verdammen! Jesus Christus war wirklich unser Erlöser, er ist für die Menschheit gestorben und kam aus Gott. Aber Meinungsverschiedenheiten über seine Person, wie solche auch in eurem Kreise bestehen, berechtigen nicht zu liebloser Kritik. Selbst wer Jesum nur für einen hohen

Menschengeist hält, ist, wenn er seinem Vorbild nachstrebt, auf dem richtigen Wege. Pfleget die Liebe unter euch! Lebet wie Brüder und Schwestern! Vor allem keinen Haß! Das ist die Hauptsache.*)

Viele höhere Geister kümmern sich wenig um die Menschheit, andere wiederum viel. Die höheren Geister können in alle niederen Sphären herabsteigen, die niederen aber nicht in die höheren hinauf. Die höheren Geister sehen auch alles in den niederen Sphären, werden aber von den niederen Geistern nicht gesehen. In den höheren Sphären ist beständig helles Licht, so strahlend, daß eure Augen davon geblendet würden. In der dritten Sphäre leuchtet die Morgenröte der aufgehenden Sonne. Die unteren beiden Sphären sind dunkel.

Es gibt keine ewige Verdammnis. Alle kommen mit der Zeit zum Fortschritt, aber es dauert oft sehr lange. Die höchste Sphäre ist die siebente. In den noch höheren Sphären gehen die Menschen zur Ruhe ein. Doch das Wort „Ruhe“ bezeichnet diesen Zustand nicht richtig, wir sind beständig tätig.

---

*) Im Protokoll lautet diese Stelle: „Hütet euch, andere wegen Meinungsverschiedenheiten zu verdammen! Jesus Christus war wirklich unser Erlöser, er ist für die Menschheit gestorben. Geringere Meinungsunterschiede über ihn sind jedoch nicht von entscheidender Bedeutung. Pfleget die Liebe unter euch, lebt wie Brüder und Schwestern, haltet fest zusammen, vor allem keinen Haß, das ist die Hauptsache.“ Ich hatte jedoch schon, als ich das Protokoll redigierte, das Gefühl, daß diese Fassung die Meinung des Sprechers nicht genau wiedergebe und war namentlich darüber im Zweifel, ob das Wort „geringere“ gefallen war. Als ich daher im Jahre 1912 bei der Abfassung des vorliegenden Buches auf diese Stelle stieß, ließ ich Hilmanuel, der immer noch regelmäßig mit dem jetzt hellsehenden und hellhörenden Medium verkehrt, über das, was er damals gesagt habe, anfragen. Ich erhielt diejenige Auskunft, der die jetzige Redaktion entspricht. Johann Kaspar Lavater, der vom Medium ebenfalls um seine Meinung angefragt wurde, erklärte dieser Redaktion ebenfalls zuzustimmen, wenn er auch für sich vorgezogen hätte, die darin enthaltenen Gedanken etwas weiter auszuführen.

Versuchet das, was ich euch gesagt habe, niederzuschreiben. Eure Schutzgeister werden auch das Gesprochene wieder in Erinnerung bringen."

Aus der Sitzung vom 8. Januar 1899. Frage des Herr B. an den Kontrollgeist: „Wie verhält es sich mit der Reïnkarnation? Nicht wahr, diese ist Schwindel? Michael hat es mir auch gesagt" (in einer Privatsitzung durch den Psychografen).

Antwort des Kontrollgeistes Hilmanuel: „Diese Frage ist viel zu ernst, als daß man von Schwindel sprechen dürfte. Es kommen Reïnkarnationen vor. Aber nicht unser Wille bestimmt, ob wir auf Erden wieder erscheinen sollen zu bestimmten Zwecken, sondern der Wille Gottes Ihr braucht euch deshalb nicht zu ängstigen. Nur keine Bosheit, kein Haß. Michael, der dir sagte, es gebe keine Reïnkarnationen, hat nicht unwahr gesprochen, er wollte es dir eben nicht sagen."*)

Aus der Sitzung vom 15. Januar 1899. Rede des Kontrollgeistes:

„Die Lehre des Geistes, die jetzt überall verspottet wird, sie wird in der Zukunft das höchste Gut des Menschen sein. Auf Grund dieser erhabenen Geisteslehre wird dereinst ein Weltfriede, eine Weltfamilie entstehen. Es gibt dann keine besondere Religion mehr. Es wird keiner Predigt und keiner Kirchen mehr bedürfen. Es wird nicht mehr von Religion gesprochen werden, sondern nur noch von Glauben, Erkenntnis, Taten. Das ganze Leben wird Religion sein.

Ich werde nun den Geist des Mediums in die vierte und fünfte Sphäre geleiten. Während dieser Zeit wird das Medium in seiner eigenen Sprache (will heißen mit seiner eigenen Stimme) euch sagen, was es sieht und hört."

---

*) Wahrscheinlich weil er den betreffenden Herrn als für die Wahrheit noch nicht reif hielt. Dem Medium war die Idee einer Reïnkarnation damals noch höchst unsympathisch und auch die Zirkelteilnehmer standen ihr mehr oder weniger skeptisch gegenüber.

Frau M. spricht hierauf einige Minuten nicht mehr und wird ruhiger als vorher. Dann beginnt sie mit ihrer gewöhnlichen Stimme, obschon immer noch im bewußtlosen Volltrance im Flüsterton zu sprechen*)

„Laßt mich! Laßt mich! Wo bin ich? Es wird so hell. Wer seid Ihr? Lydia und Ilvania?**) Du bist nicht meine Mutter und scheinst mir doch so bekannt?! Du blendest mich ja, du lichte Gestalt! Du willst mich mit dir nehmen? Laß mich nicht fallen! O Gott, Allmächtiger! Wohin trägt ihr mich, wohin führt ihr mich? Ich laufe nicht, ich kann nicht laufen, ich schwebe! Ich kann schweben wie ihr! Ihr geleitet mich empor! — Ich sehe viele lichte Gestalten. Eure Kleider strahlen, mich schauert. Berührt mich nicht! Ich bin nicht wie ihr. Doch wie ist mir? Ich strahle auch. Dort in der Ferne strahlt Licht, helles Licht, wie ich noch keines gesehen, strahlender, heller als Sonnenlicht. O Gott, o Gott, wo befinde ich mich? Mich durchschauert — nein, nicht Furcht, nein, es ist Wonne, es ist Glück! Ach, und doch alles so fremd, ach so fremd, und ihr, ihr Strahlenden, umschließt mich liebevoll, so süß, so voll Wonne! Ihr kennt mich nicht, und doch liebt ihr mich. Ach, wie schön es hier ist, welch süßer Duft! Und die herrliche Musik und alle die lichten Gestalten! Wer sind sie? Sie schauen mich alle so freundlich an. Ich kenne sie nicht und doch sind sie mir so sympathisch. O Gott, mein Gott, wie soll ich euch denn nennen! Mich schaudert — sie kommen mir so nahe, sie streifen mich. Wer bist du schöne Frau? Doch du wirst ja plötzlich ein Kind? Mir scheint, du seiest ein Kind von neun bis zehn Jahren. Ich kenne deine Mutter, sagst du, ich soll ihr

---

*) Diese Kundgebung ist so wortgetreu protokolliert worden, daß es mir heute noch ein Rätsel ist, wie das bloß aus dem Gedächtnis möglich war.

**) Es scheint, daß die Geister, die sie begleiten, sich so genannt haben. Lydia war ihr bereits bekannt. Sie ist die Mutter eines der Zirkelsitzer.

Grüße bringen von dir. Lydia, Ilvania, bleibet bei mir! Haltet mich fest! Mir bangt vor den vielen lichten Gestalten. — Wie, ihr geleitet mich noch höher empor?! Noch mehr darf ich sehen, sagt ihr. Ach es wird ja noch heller! oh dieses Licht! Ich weiß nicht kommt es von euch, es leuchtet aus euren Augen, eurer Erscheinung, eurer ganzen Umgebung, ich erblinde, ich kann es nicht ertragen! Und ihr sprecht zu mir noch leiser und ich verstehe euch. — Hügel, schöne Gefilde und Vögel! Dort eine Wiese! Eine irdische Wiese? Nein, eine himmlische, und — o Gott — Blumen, ewige Blumen, unverwelkliche, oh welche Pracht! Es sind Lilien aber viel schöner als ich je auf Erden gesehen. Ich möchte sie pflücken. — Warum darf ich keine mitnehmen? Warum? Warum? Zur Erinnerung — sagt ihr — werde ich später eine bekommen. Ach und jenes Sternlein! Welcher Glanz! Ich kann es nicht fassen! Und dort, dort ein Tempel, wo eben noch nichts war plötzlich ein Tempel! Er füllt sich mit Wesen in glänzenden Gewändern. O, welch ein süßer Gesang! welche liebliche Musik! Wunderbare nie gehörte Melodien, heilige Lieder durchtönen die heiligen Hallen. O, welche unbeschreibliche Wonne durchzuckt mein ganzes Sein! — Was? ihr seid alle glücklich und zufrieden, ihr lebt alle in Eintracht! — Ach, ich bin euch nicht gleich! Diesen Frieden habe ich noch nicht, ich gehöre nicht zu euch! O, diese Säulen, diese Hallen, diese Musik! Ist das eure Arbeit, zu singen und zu musizieren? Welch' schöne Arbeit! Ich möchte immer bei euch sein. Wer ist jene hehre Frauengestalt, die zum Tempel schwebt und zu der ihr emporblickt? Ist das eure Führerin? Du sagst, das dürfe ich nicht wissen — noch nicht. Ihr sprecht so leise, ich kann euch ja kaum verstehen, ihr lispelt nur! —

Ich muß wieder zurück, sagst du. Ach behaltet mich noch hier! Zurück soll ich? Ich soll Abschied nehmen? Zurück? Ach es wird immer dunkler, immer dunkler, das Licht, die Hallen, der Glanz verschwindet. Ich muß zurück. Mein Gott! Nein, laßt mich! Noch möchte ich hier weilen. Dunkler immer dunkler!" (Das Medium weint, ohne zu erwachen.)

Nach einer Pause beginnt wieder der Kontrollgeist durch das Medium zu sprechen:

„Zwei höhere Geister, Lydia und Ilvania haben den Geist des Mediums in die vierte und fünfte Sphäre gebracht. — Beim Erwachen wird das Medium nicht mehr wissen, was es gesehen und gehört hat.

Ihr dürft niedrige und böse Geister nicht verstoßen, sondern müßt sie anhören und auf bessere Wege zu bringen suchen. Es war vor einiger Zeit ein Pfarrer Sch. bei euch (in einer Psychografensitzung des Mediums, der ich nicht beigewohnt hatte). Diesem ist eure Mahnung gut bekommen, er hat sich gebessert und ist jetzt in der dritten Sphäre. — Glaubt mir, auch unsere Erkenntnis ist beschränkt. Wenn ein Geist das Gegenteil sagt, ist es kein höherer Geist. Entweder ist er durch Hochmut verblendet, oder er betrügt euch absichtlich."

Aus der Sitzung vom 22. Januar 1899. Der Kontrollgeist:

„Ich beabsichtige, heute dem Medium die zweite und erste Sphäre zu zeigen."

Das Medium spricht nun wieder mit seiner eigenen Stimme ganz leise, kaum hörbar:

„Wohin führst du mich? Mich schaudert! Es ist ganz dunkel und doch kann ich sehen. Wer bist du, dunkle Gestalt? Du siehst ganz aus wie ein Mensch. Du sagst, du seiest unglücklich? Ach ich kann dir nicht helfen! — Ich sehe dunkle Höhlen, und in diesen noch andere Gestalten. Zwischen allen Felsen blicken häßliche Fratzen hervor. Ach, ich kann nicht weiter hinsehen, ich halte es nicht aus! — Du führst mich wieder hinaus?"

Nun tritt wieder der Kontrollgeist in das Medium ein und spricht durch dieses mit seiner sich immer gleichbleibenden sonoren Baßstimme:

„Es ist dem Medium nicht möglich gewesen, länger in dieser Sphäre zu verbleiben. Es wurde zu aufgeregt und ängstlich. Es war die zweite Sphäre. Nun werde ich es in die sechste führen.“

Hierauf hören wir in der gewöhnlichen Stimme des Mediums die Worte:

„Hell, blendend hell! O welche schönen blendenden Gestalten! — Wer bist du? Du sagst, ich kenne dich nicht, und doch bist du so liebevoll gegen mich. Du flüsterst so leise. Wie heißt du? — Irma. — Dein Name? — Kaiser, Irma Kaiser. — Aus welcher Stadt? — Irma Kaiser aus Nürnberg — Du lebtest vor 220 Jahren und bist der Schutzgeist einer der Personen unserer Gesellschaft. — Was? Du weißt alles noch genau aus deinem Leben auf Erden? — Und diese Tempel, diese strahlenden Säulen! — Doch ich gehöre ja nicht zu euch, ich bin anders als ihr. — Ich möchte nicht mehr zurück. — Und die herrliche Musik! Alles strahlt im Licht, und über mir sehe ich einen Lichtquell, ihr sagt, das sei die Herrlichkeit Gottes, von wo alles Licht ausgeht. Es schwebt über uns, aber hinauf komme ich nicht.

Nun geht es wieder zurück. Ich schwebe durch den Raum. Haltet mich fest! lasset mich nicht in die Finsternis hinunterfallen! O die herrlichen Sterne! sie scheinen mir ganz in der Nähe. Nun sehe ich die Erde, und dunkle Gestalten um einen Tisch herum, und — merkwürdig — ich sehe mich selbst am Tisch. Und die Gestalten, die um den Tisch herumsitzen, ich kenne sie alle und könnte sie mit Namen nennen. Alle horchen aufmerksam auf das, was ich dort spreche. Ach es ist dort so dunkel! Wie spärlich leuchten die Menschen, die um den Tisch herumsitzen! Aber hinter ihnen stehen leuchtende Gestalten und hinter diesen wieder ganz dunkle, die von jenen zurückgehalten werden. Eine große helle männliche Gestalt steht dicht hinter mir und stützt ihre Hände auf die Schultern meiner beiden Nachbarn.“

Jetzt tritt der Kontrollgeist wieder in das Medium und spricht:

„Das Medium ist jetzt auf die Erde zurückgekehrt. Es war in der sechsten Sphäre. Es hat heute zum ersten Male mich gesehen. Ich werde versuchen dahin zu wirken, daß es die Erinnerung behält (das ist damals noch nicht gelungen). Es hat viel mehr gesehen als es erzählt hat. Es konnte nicht alles sagen.

Ich habe euch mitzuteilen, daß sich mit der Zeit ein vorgeschrittenerer Geist als ich in eurem Kreise zeigen wird. Aber ihr müßt euch darauf vorbereiten, damit er das passende Fluid findet. Ihr kennt ihn alle, aber jetzt denkt ihr nicht an ihn. Er hatte auf Erden viel Leid durchzumachen, aber er vertraute auf Gott und ist jetzt in der Herrlichkeit. Es ist Lavater."

Aus der Sitzung vom 29. Januar 1899. Nach Eröffnung der Sitzung spricht der Kontrollgeist durch das Medium:

„Seid alle willkommen! Wir Geister kommen zu euch infolge von Missionen, die wir erhalten. Die höchste Mission hatte Jesus Christus. Er ist wirklich der Sohn Gottes, Geist von seinem Geist und durfte sagen: Ich komme vom Vater und gehe zum Vater. Glaubet das! Die ganze Bibel ist von hohen Geistern inspiriert. Auch ihr habt Missionen zn erfüllen, jeder die seine. Kämpfet ohne Menschenfurcht! Jede Seele, die ihr für die wahre Erkenntnis gewinnt, wird euch angerechnet werden. Freilich besteht zwischen euch und uns der Unterschied, daß ihr in der Erfüllung eurer Missionen freier seid als wir. Wir sind umso gebundener (hinsichtlich der Erfüllung der Missionen) je höher wir steigen. — Es sind zwei Seelen in euch, eine irdische und eine geistige. Folget immer der geistigen!"

Das Medium wird hierauf in die siebente Sphäre geführt und spricht:

„Welcher Glanz! welche Helle! Ich bin geblendet. Ich vertrage diese Helle nicht. Und diese Tempel! — Ihr wohnt in diesen Tempeln? — Wer ist die schöne glänzende Frau, die ihr so verehrt? Und du schönes himmliches Wesen, das mich führt, du nennst dich Irma — du warest auch einmal ein Mensch auf der Erde? Du warest eine Märtyrerin, du bist auf dem Scheiterhaufen verbrannt worden? Du warest erst 22 Jahre alt, du Unglückliche. — Du sagst, du seiest nicht unglücklich gewesen sondern glücklich, du habest keine Schmerzen gelitten, du seiest hellsehend gewesen und deshalb verbrannt worden. O diese schönen Blumen! Es sind Lilien, Lilien der Unschuld, ich möchte eine pflücken und mitnehmen. Ich darf es noch nicht, sagst du, es würde mich zu stark aufregen. Über mir sehe ich ein glänzendes Licht. Du sagst, das sei Gott. Dieses Licht sehet ihr beständig, sagst du. Aber auch ihr dürft noch nicht höher steigen? — Ich sinke wieder abwärts“

Aus der Sitzung vom 5. Februar 1899. Der Kontrollgeist spricht durch das Medium:

„Ich werde jetzt den Geist des Mediums in die siebente Stufe der dritten Sphäre führen.“

Nach einiger Zeit fährt hierauf das Medium mit seiner gewöhnlichen Stimme fort:

„Wohin führst du mich, du Lichtgestalt? Ich sehe eine Straße auf der Erde und auf dieser Straße Menschen, eine Frau, die nur langsam vorwärts kommt. Ach, man muß ihr helfen! Sie drängen sich zusammen, sie sehen uns. Doch — was sehe ich? Sie lachen über dich, über deine Lichtgestalt. Einer von ihnen breitet die Arme aus, er will predigen, aber niemand hört ihm zu. Wer bist du denn? — Ach, er sagt, er sei Jesus Christus, o du Armer! Du hältst dich für Christus?

Die Natur ist hier nicht schön. Ich sehe grüne Rasen, aber keine Bäume. Dichtgedrängt stehen die Gestalten. Kinder sind nicht unter ihnen, es sind nur Männer und Frauen. Alle schauen an einem Hügel empor. Oben leuchtet Licht. Da wohnt Gott und neben ihm Jesus Christus, umgeben von seinen Jüngern. — Sie wollen zum

Licht empor, aber können es nicht. Du sagst mir, du seiest schon 90 Jahre da. Ach, man muß euch helfen! — Ihr müßt beten! — Ich sehe drei helle Gestalten von oben herabkommen. Unter der Menge ist einer der betet. — Er erhebt sich, wird größer, die drei Gestalten eilen auf ihn zu, sie nehmen ihn mit sich in die Höhe und verschwinden mit ihm. Ach dieses dichte Gedränge von Menschen um mich herum, die ich nicht kenne! Ich sehe auch Prediger, Pfarrer, welche die anderen belehren wollen."

Hierauf spricht wieder der Kontrollgeist (durch das Medium):

„Ilvania will das Medium nochmals in die siebente Sphäre führen, und ich will es gestatten, obschon ich fürchte, daß das helle Licht es allzu sehr blendet," worauf das Medium mit seiner eigenen Stimme fortfährt:

„Hell! hell! unvergleichlich strahlendes Licht! Wer bist du, die mich führt? Ilvania ist dein Name. Du sagst mir, hier sei deine Wohnung in diesen lichten Tempeln. Meine Augen sind geblendet, sie halten dieses Licht nicht aus. Wer ist die schöne strahlende Gestalt, die ihr alle verehrt? Du kniest vor ihr nieder — und ich auch. O dieser Blick, diese Augen! Sie berührt dich, sie lächelt dir freundlich zu und auch mir. Du sagst, es sei die heilige Jungfrau, die Mutter Jesu.*) Ach ich gehöre nicht hierher! Ich bin zu gering! Und doch lächelt sie auch mir zu."

Im weiteren Verlaufe der Sitzung sagte der Kontrollgeist:

„Die niederen Geister finden leichter ihre Medien als die höheren und verkehren daher häufiger mit den Menschen. Diejenigen, die schon in der Herrlichkeit (über der siebenten Sphäre) sind, können nur schwer und selten zu den Menschen herabsteigen. Sie brauchen ein sehr feines Fluid, um sich bemerkbar zu machen und finden dieses

---

*) Es darf nicht unerwähnt bleiben, daß Medium und Zirkelsitzer sämtlich der reformierten Konfession angehören.

sehr selten. Regelmäßig sind nur diejenigen höheren Geister bei den Menschen, die als ihre Schutzgeister angestellt sind.

Der edelste und idealste Geist, der je auf Erden gelebt hat, war Jesus Christus, und doch haben ihm die Menschen die größte Schmach angetan. Er war ein Geistesfürst, ein Geistesmensch und hatte den höchsten Ehrbegriff. Diesem, meine Lieben, sollt ihr nachstreben. Er ist das Vorbild, das ich euch vorstelle. Kein Spott und Hohn war ihm erspart. Auch ihr müßt anstelle des falschen den richtigen Ehrbegriff setzen. Dann wird euer Geist immer lichter und heller werden. Dieses ist das höchste, was der Mensch erreichen kann, ihr werdet dastehen im Glanze der lichtstrahlenden Seligkeit. In jedem Menschen liegen zwei Seelen. Sie streiten oft miteinander, folgt immer der guten. — Ihr müßt nicht denken, daß ihr bei eurem Ableben einsam und verlassen umherirren werdet, nein, wir werden euch abholen. Ihr werdet dann alles Unedle und Lasterhafte von euch abwerfen; es kommt dabei aber viel auf euch selbst an. In jedem Menschen liegt ein göttlicher Funke. Ihr müßt ihn pflegen, damit er wachse. Je weiter eure Fortbildung fortschreitet, umso mehr wächst dieser Funke.

Mit den zwei untersten Sphären Verbindungen anzuknüpfen ist nicht ratsam. Aber schwer ist es, sich mit den höheren Sphären in Verbindung zu setzen. Ich hoffe dennoch, daß es bei euch immer besser geschehen wird, so daß auch Lavater, wie ich schon früher sagte, hier wird erscheinen können.

Ihr müßt nicht denken, daß es, wenn wir euch abholen, eine laute Sprache gibt. Wir sprechen miteinander durch den Blick und erkennen uns an dem Licht, das wir ausstrahlen. Wir durchschauen uns dann ganz und gar und lesen alle Gedanken. Dagegen müßt ihr euch nicht wundern, wenn wir eure Gedanken nicht ebenso schnell ablesen können; denn ihr seid von Materie eingehüllt.“

Aus der Sitzung vom 12. März 1899.

Im Anfang dieser Sitzung machte der verstorbene Vater des Mediums den Versuch, durch seine Tochter zu sprechen. Er hatte diesen Versuch früher schon mehrmals gemacht, es war ihm aber trotz auf die Anwesenden höchst peinlich wirkender Anstrengungen, die sich in Gesicht und Gestalt des Mediums ausprägten, noch niemals gelungen. Er hatte nur einzelne unzusammenhängende und dazu noch meistens unverständliche Worte hervorgebracht. Jedesmal hatte uns vorher der Kontrollgeist gesagt, daß es der Vater des Mediums sei, der diese Versuche mache. Sie sahen ainander auch so ähnlich, daß man fühlte, es sei immer das gleiche Geistwesen dabei beteiligt. In dieser Sitzung war nun zuerst ein Satz verständlich, nämlich: „Ihr sollet beständig bestrebt sein weiter fortzuschreiten." Alles übrige war wiederum unverständlich.

Nachdem hierauf der Kontrollgeist uns begrüßt hatte, erfolgte die Kundgebung eines bei uns hilfesuchenden Selbstmörders. Es war dies nicht die einzige und auch nicht die erste Kundgebung unglücklicher hilfesuchender Geister. Ich beschränke mich auf die Mitteilung dieser, weil bei den anderen die Protokollierung mangelhaft ist oder ganz wegblieb. Es ist eben schwieriger, solche Kundgaben, bei denen Rede und Gegenrede miteinander wechseln, aus der Erinnerung getreu wiederzugeben, als logisch verbundene belehrende Reden.

Als diese Kundgebung begann, veränderte sich plötzlich die Stimme das Medium, wir hörten eine uns völlig unbekannte Männerstimme, die in hochdeutscher Sprache folgendes sprach:

„Haltet mich nicht zum Besten! Ihr sitzt im Dunkeln und ich kann euch doch sehen!

— Das muß geschehen. — Ich habe Besitz genommen. — Ich habe lange nicht gesprochen wie Menschen reden. Ich hörte bei euch eine lichte Gestalt eine Predigt halten. Mir kam es zuerst lächerlich vor, doch möchte ich jetzt auch solche Reden vorbringen können, um euch zu sagen, wie unglücklich ich bin. Wißt ihr, was es heißt, sich im Unglück töten? Ich war lange glücklich und fragte nicht, was später würde. Wollte beten, konnte es aber nicht. Auch der Pfarrer wollte mich lehren, aber ich glaubte, daß mit dem Tode alles zu Ende sei. Doch dem ist nicht so. Ich wußte, nachdem ich gestorben war, nicht, was mit mir geschehen war, ich wandelte immer um Weib und Kind. Ich rief, aber sie hörten mich nicht. Kam zu einer Gesellschaft, die mich mitzog. Wußte nicht wie lange, aber jetzt weiß ich es, es ist lange, lange her.

Ich lebte nicht wie ich sollte. Ich tötete mich, es war*) . . . . 1848 zu Köln am Rhein. Es war zu einer Zeit als alles vergnügt war und Mummenschanz durch alle Straßen zog. Da tötete ich mich, weil ich nicht mehr mitmachen konnte. Ich lag krank und alle meine Freunde hatten mich verlassen. — Könnt ihr mir den Weg zeigen, den ich gehen soll? — Ich sehe lichte Gestalten, aber sie weichen mir aus."

Der Unglückliche wurde vom Zirkelleiter auf Jesus Christus hingewiesen, der den reuigen Sünder vergebe und aufgefordert zu beten (diese Ermahnungen sind im Protokoll nicht aufgezeichnet), worauf wiederum der Selbstmörder sprach:

„Ich heiße Konrad Groot. Ihr glaubt nicht wie es jetzt in mir aussieht. — Wenn ich Reue fühle, hilft dies mir, sagt ihr? Ich war katholisch. Ich liebte Jesum nicht wie du, ich rief die Himmelskönigin an, bei uns ist sie es, die mir helfen kann. (Nach einer Pause.) Ich konnte mir nicht denken, daß, wenn ich zur Beichte ging, die Priester, die Menschen mir die Sünde vergeben könnten. — Ihr wißt es, daß nach dem Tode keine Ruhe eintritt. Wie schwer habe ich schon gerungen, und ich fand keinen, der sich meiner annahm. Ihr werdet auch ein kleines Gebet für mich haben, ich fühle meine Schwäche und wie schwer

*) Der Todestag war genau angegeben, war aber, als ich am folgenden Tag die Protokollierung vornahm, aus meinem Gedächtnis entschwunden.

ich gesündigt habe. Denket auch an den Armen! — Ich lebte in guten Verhältnissen. — Ich muß wohl alles bekennen, bevor ich beten kann? Ich habe vieles nicht recht getan, der Selbstmord war nur die letzte Sünde. Ihr wißt nicht wie schauerlich diese niederen Schichten sind. — Warum fliehen diese Lichtgestalten vor mir, sie sehen mich doch freundlich und mitleidig an? Ich war schon zweimal hier und hörte einen, der euch anflehte (einen andern Selbstmörder)."

Hierauf sprach der Zirkelleiter ein Gebet, nachdem er den Unglücklichen vorher aufgefordert hatte, dasselbe still nachzubeten.

Darauf wieder der Unglückliche durch das Medium:

„Eine Lichtgestalt winkt mir. Milde war ihr Blick. Sie helfen mir, und dieser dort, der mit mir kam, (der Geist, der ihn zu uns geführt hatte) er ist in die Kniee gesunken, weint und betet."

Aus der Sitzung vom 19. März 1899. Erste Ansprache Johann Kaspar Lavaters*):

„Meine Lieben! Ich möchte euch einige Erklärungen geben. Wie verblendet sind die Menschen, die nur einen Augenblick daran zweifeln, daß ...... Er, der Herr, der Geistesfürst, verkehrte er doch nach seinem Versprechen als Geist noch mit seinen Jüngern. Er, der Herr, billigte den Verkehr mit den Geistern und hat mit seinen Jüngern stets den Verkehr mit der Geisterwelt gepflegt. Darum, meine Lieben, haltet fest an der Lehre des Geistes! So wie ihr oft an eure lieben Verstorbenen denkt, so dürft ihr auch den Verkehr mit ihnen pflegen."

Darauf spricht der Kontrollgeist Hilmanuel:

---

*) Um diese Ansprache unverfälscht wiederzugeben, hatte ich beim Protokollieren einige Sätze, deren Inhalt mir nicht mehr klar in Erinnerung war, ausfallen lassen müssen. Lavater konnte, wie Hilmanuel uns vorher gesagt hatte, stets nur wenige Minuten in unserm Zirkel verweilen.

„Ihr habt die Worte unseres lieben verklärten (d. h. schon in die über den Sphären liegende Herrlichkeit eingegangenen) Bruders Israel*) vernommen. Er hat auch Erklärungen gemacht. Er kann es, war er doch schon auf Erden eine Lichtgestalt.

Auch der Unglückliche (der in der vorangegangenen Sitzung vom 12. März gesprochen hatte) ist wieder zugegen. Stumpf starrt er vor sich hin und lauscht der Rede des Bruders. Jahre der Pein hat er überstanden, und ihr, meine Lieben, habt das Fünkchen der Hoffnung wieder in ihm erweckt. Lasset dieses Fünkchen in ihm wachsen und betet auch heute für ihn. Ihr werdet dem Allmächtigen eine Seele zuführen und der Unglückliche wird euch ewigen Dank dafür wissen. Er wird euer Gebet hören und weiß dann, wie er sich emporringen kann."

Aus der Sitzung vom 16. April 1899.

Nach der Begrüßung durch den Kontrollgeist spricht Lavater über das rechte Gebet als Erhebung der Menschen zu Gott, wodurch wir schon im Körper der Vereinigung mit ihm teilhaftig werden. Es war mir leider wieder nicht möglich, seine Gedanken ganz so zu erfassen, daß ich sie vollständig hätte protokollieren können. Das Protokoll enthält nur das folgende Bruchstück seiner Ansprache:

„Ihr wißt, daß ich das letzte Mal bei euch war.**) Ich wollte über das Gebet reden. Dieses ist sehr wichtig. O, daß ich genug Worte fände, um euch das Gebet, die

*) Israel ist der Geistername Lavaters. In unsern Kundgebungen wird er zum Zweck der Unterscheidung von dem ebenfalls Israel heißenden Vater des Mediums oft „Israel der Verklärte" genannt.

**) In der Sitzung vom 9. April, über welche ich hier nichts aufgenommen habe. Sprechen konnte Lavater damals nicht, weil sich andere Geister hinzudrängten, namentlich ein noch nie dagewesener Unglücklicher, der bei uns Hilfe suchte. Dagegen wurde er von dem in Trance befindlichen Medium gesehen und richtig beschrieben. Die Beschreibung ist leider nicht protokolliert worden. Das Medium hat ihn später noch oft gesehen und immer in gleicher Weise beschrieben.

Sprache der Seele zu deuten! .... Empfanget des Vaters Segen und fühlet, daß ihr Gottes Kinder seid ...... Das ist das Gebet, das Jesus Christus lehrt .... So glimmet auch in euch der Funke des allmächtigen Schöpfers, und dieser ist es, der sich im Gebet vor Gottes Unendlichkeit beugt. Er bleibe bei euch beim Scheiden, er umfange euch beim Erwachen in der Heimat! ..... und diese wird euch einst das Glück geben, den Frieden und die Liebe von Geist zu Geist in unvergänglicher Unsterblichkeit ...... Über den Sternen dort ist euer Heimatort! Friede sei mit euch, der Friede Gottes!"

In dieser Sitzung versuchte der Vater des Mediums wieder zu sprechen, und wiederum waren seine Bemühungen umsonst.

Aus der Sitzung vom 30. April 1899. Zuerst versucht ein Geist durch das Medium zu sprechen, ohne daß es ihm gelingt, wahrscheinlich wieder sein Vater.

Ich erwähne hier absichtlich die vielen vergeblichen Bemühungen dieses dem Medium doch so nahe stehenden Geistes, der etwa dreißig Jahren vor diesen Kundgebungen gestorben war, weil sie ein nicht unwichtiges Moment für die Aufrichtigkeit des Mediums und für eine richtige Beurteilung der Gesamtheit seiner Sitzungen abgeben, und uns zugleich zeigen, daß die Fähigkeit durch ein Medium zu sprechen eine besondere Begabung auch des Geistwesens erfordert, das sprechen will. Diese Begabung mangelt wahrscheinlich einer weit größern Zahl von Verstorbenen als die Spiritisten gewöhnlich annehmen, und ist jedenfalls einer der Gründe, weshalb so viele, deren Kundgebung sehnlichst gewünscht wird, sich nicht kundgeben. Der eine oder andere könnte es vielleicht zu Stande bringen, wenn er so hartnäckig immer neue Versuche machte wie hier der Vater der Frau M. Allein ich habe sehr häufig und in allen Zirkeln, die ich längere Zeit besuchte, die Beobachtung gemacht, daß nicht selten Geister, wenn sie sich einmal vergeblich abgemüht hatten, durch das Medium zu sprechen oder auch zu schreiben, von weiteren Versuchen abstanden.

Auch die Beschaffenheit des Mediums kann solche Kundgebungen erschweren. Wir hatten in dem später zu besprechenden Zirkel einer Frau S. ein Trancesprechmedium, durch das zu sprechen jedem Geist das erste Mal mehr oder weniger schwer fiel, und diese Schwierigkeit bestand die ganze Zeit hindurch, solange dieser Zirkel abgehalten wurde, nämlich mehr als fünf Jahre.

Aus der Sitzung vom 7. Mai 1899. Auch jetzt hatten wir im Anfang wieder die gleichen vergeblichen Bemühungen des Vaters des Mediums, der mit aller Hartnäckigkeit immer wieder versucht, durch seine Tochter zu sprechen. Hierauf spricht der Kontrollgeist:

„Glaubet und zweifelt nicht! Der Glaube ist für die Lehre des Geistes eine notwendige Voraussetzung, damit wir Geister uns manifestieren können . . . . . Es ist leicht alles zu bezweifeln, aber dabei werdet ihr nur langsam vorwärts schreiten. Ich sehe an eurem Licht wo Glaube und Liebe wohnt. Ich sehe und fühle es, wenn einer vorwärts schreitet."

Der Vater des Mediums sucht nun nochmals zu sprechen und jetzt gelingt es ihm, nur ist seine Stimme sehr schwach. Er spricht ungefähr folgendes:

„Ich war auf dem Jupiter. Es gibt auf den andern Planeten auch Menschen. Auf dem Jupiter gibt es Städte wie bei euch und die Menschen sterben dort wie ihr sterbet. Bruder Pinerius (der Geistername des Betreffenden), der hier anwesend ist, war dort ein berühmter Gelehrter. Es gibt dort auch verschiedene Sprachen. Aber das alles ist für euch nicht so wichtig wie die Lehre vom Geist."

Hiernach sagt der Kontrollgeist, er wolle den Versuch machen, dem Medium mit seiner Hand über die Augen zu fahren, um zu bewirken, daß es den Kreis von Geistern sehe, die uns umgeben, und uns dann denselben beschreibe.

Nach einiger Zeit beginnt das Medium mit seiner gewöhnlichen Stimme aber im bewußtlosen Trance (Somnambulismus) zu sprechen:

„Es ist licht, hell, ganz licht. Ich sehe einen Kreis heller Gestalten, Lichtgestalten sind um mich. (Zu einer dieser Gestalten gewendet.) Du bist eine schöne Lichtgestalt, eine schlanke. — Doch was? Diese Gestalt bekommt Haare, ich glaube es ist eine Frauengestalt. Sie sehen alle gleich licht aus, das Antlitz strahlt. — Es sind Engel. — Sie haben aber keine Flügel. (Pause.) Fort! . . . hinter euch sind schauerliche Gestalten, braun, grau, gefleckt, sie gehen nackt — mir graut. (Wieder nach einer Pause zu einer Geistgestalt gewendet.) Dich sah ich schon oft, ich glaubte, du seiest der Höchste, du seiest, deinem verklärten Gesichtsausdruck nach Christus*)."

Zum Schluß spricht noch der Kontrollgeist:

„Was sie für eine Frauengestalt hielt war der Jüngling, der schon das letzte Mal hier war. Er ist wieder hier, von seinem Führer begleitet. Er darf noch nicht ohne Begleitung in unsere Sitzungen kommen**)."

Aus der Sitzung vom 14. Mai 1899. Der Vater des Mediums spricht, wiederum sehr leise aber doch gut verständlich:

„Es freut mich sehr, endlich einmal verständlich zu euch sprechen zu können. Es ist wichtig, daß ihr auch etwas von andern Planeten vernehmet, um die Allmacht und Güte Gottes zu erkennen. Wenn wir hier genügend fortgeschritten sind, kommen wir in Missionen auf andere Planeten. Ich war schon auf dem Mars, Jupiter und Neptun. Es gibt dort Menschen und Städte ganz wie auf der Erde. Auch dort wird die Lehre des Geistes verkündigt. Bruder Pinerius, der hier ist, war ein Astronom auf dem Jupiter. Der berühmte Astronom Keppler besucht gegenwärtig den Jupiter und Neptun."

---

*) Es war ihr Kontrollgeist Hilmanuel, wie sie nachher erfuhr. Lavater war nicht anwesend.

**) Der als Knabe verstorbene Sohn einer Zirkelteilnehmerin, von dem auf Seite 26 und 27 die Rede war.

Aus der Sitzung vom 28. Mai 1899. Wiederum spricht zuerst Israel, der Vater des Mediums:

„Es sind mit mir drei Geister hier, Dr. Bach (nach späterer Angabe ein verstorbener Arzt aus München, von dem jedoch niemand in unserm Kreis etwas weiß, auch das Medium nicht), Pinerius und ein Geist vom Planeten Mars. Pinerius war ein Meister und hat den Wunsch auch die anderen Welten zu besuchen und ihnen Aufklärung zu bringen.“

Darauf der Kontrollgeist:

„Israel meint nur die Geister, die mit ihm gekommen. Im ganzen sind dreißig Geister da, und es freut mich sagen zu dürfen, daß es meist lichte Geister sind. (Nachdem er von den zwei unglücklichen Geistern gesprochen, die wir in den vorangegangenen Sitzungen belehrt und für die wir gebetet hatten.)

Ihr wißt, wie Christus unser Erlöser gesprochen hat: ‚Lasset die Kindlein zu mir kommen!‘ Das gilt auch für die armen unwissenden Geister. — Doch Gott ist gnädig. Betet am Schluß eurer Sitzung noch für die zwei armen Seelen.

Ich werde euch nun für einige Zeit verlassen wegen meines Überganges vonder sechsten in die siebente Sphäre. Ich hoffe, dort meine Frau und meine Kinder wiederzusehen, die mir vorangegangen sind. (Diese Worte spricht er mit tief ergriffener Stimme.) Unterdessen werden Israel und Israel der Verklärte die Sitzungen leiten. Ich werde aber wiederkommen, denn ich habe bei euch eine Mission zu erfüllen.“

Aus der Sitzung vom 25. Juni 1899. Begrüßungsrede Lavaters:

„Gott zum Gruß. Auch Gruß von dem lieben Bruder Hilmanuel. Meine Lieben, ich warne euch vor dem Stolze. Darum bitte ich euch, habt stets Erbarmen mit den Kranken, mit den im Geiste armen Menschen und ebenso mit den körperlich verunstalteten. Es kann kein Mensch je fassen, was ich gesehen, als ich die höchste Sphäre mit meinem Führer erstiegen hatte ..... Gott will, daß alle Menschen selig werden .... Das Erdenleben ist ein schwerer Gang, aber habt Vertrauen zu Gott. Da, an diesem Ort ist alles Friede und Liebe."

Aus der Sitzung vom 16. Juli 1899. Der Kontrollgeist Hilmanuel ist wieder erschienen, begrüßt die Anwesenden und beschreibt seinen Eingang in die siebente Sphäre folgendermaßen:

„Ich wanderte mit vielen andern eine glänzende Straße, die in einem hellen Punkt endigte. Als wir dort angelangt waren, fielen unsere Hüllen. Wir sahen Tempel und lichte Gestalten, die uns bewillkommneten. Über uns schwebte eine goldene Kugel, das Urlicht. Ich traf dort meine Gattin und meine Söhne die mich erwarteten ....

Ihr faßt die Reïnkarnation unrichtig auf. Wer hier (auf der Erde?) auf eine höhere Stufe gelangt, muß nicht mehr zur Erde zurückkehren. Es gibt auch keine ewige Verdammnis. Jeder wird früher oder später zur Seligkeit gelangen .....

Ich will nochmals den Versuch machen, dem Medium die anwesenden Geister sichtbar zu machen. Es wird sie beschreiben."

Das Medium spricht hierauf im Trance, aber mit seiner eigenen Stimme, indem es jeweilen auf die Person hindeutet, auf die sich seine Mitteilung bezieht, folgendes:

„Was sehe ich? Überall helles Licht. Hinter dir (deutet auf Fräulein S.) eine helle Frauengestalt. Sie hält ihre Hände über deinem Haupt, und auf diesem sehe ich eine kleine blaue Flamme.*) Hinter dir (deutet auf Frau N.) eine dunkle Gestalt. Sie hüllt dein Haupt in grauen Nebel. Hinter dir (deutet auf mich) eine Frauengestalt, ich habe sie schon oft gesehen, sie hält ihre rechte Hand auf deine linke Schulter und lächelt auch mir zu."

*) Zeichen der Medialität.

Nun spricht wieder der Kontrollgeist:

„Die erste Gestalt, die sie gesehen hat, (zu Fräulein S. gewendet) ist dein Schutzgeist. Die blaue Flamme auf deinem Haupte bedeutet, daß du mediale Kraft hast. Du (zu mir gewendet) hast richtig erkannt, wer hinter dir steht (ich hatte an meine verstorbene Gattin gedacht). Sie war schon oft da*), hat aber bisher nicht gestattet, daß ich ihren Namen nenne, sie ist oft um dich und um deinen Sohn Adolf ihren Liebling. Adolf soll sich körperlich weniger anstrengen, es bekommt ihm nicht gut.**)“

Während der Sommerferien fielen die Sitzungen aus, dagegen hatte das Medium am 27. Juli eine vorausschauende Vision. Es sah, wie es mir erzählte als ich es etwa zwei Tage nachher besuchte, einen Mann mit hagerem Gesicht und Bart aufgebahrt, mit Blumen und Palmzweigen bedeckt, an denen sich blau-weiße Schleifen (bairische Farben) befanden, und hörte jemand sagen, das bedeute den Tod eines großen Schriftstellers, den sie kenne.

In der Nacht vom 4. auf den 5. August, der Todesnacht Du Prel's, dessen Werke Frau M. übrigens nicht gelesen hat, und von dem sie nur weiß, daß er ein spiritistischer Schriftsteller ist, hörten sodann sowohl sie als auch ihr Mann ein starkes Klopfen und sie hatte das Gefühl, als ob jemand gestorben sei, den sie kenne. Als ihr später verschiedene Bilder vorgelegt wurden, unter denen sich dasjenige Du Prel's befand, erkannte sie das letztere sofort als das Bild des von ihr am 27. Juli gesehenen Toten, nur sei das Gesicht viel magerer und stark eingefallen gewesen.

In der Sitzung vom 21. August 1899, der ersten nach diesem Vorfall, bestätigte sodann der Kontrollgeist, daß Frau M. in ihrer Vision wirklich du Prel gesehen habe.

*) Als ich etwa einen Monat später einer Sitzung des Blumenmediums Frau Anna Rothe in Emmishofen beiwohnte, sah diese hinter mir eine Frauengestalt in ganz der gleichen Stellung und bezeichnete dieselbe ebenfalls als meine verstorbene Gattin.

**) Die gleiche Mahnung hat mein Sohn Adolf später wiederholt von Ärzten erhalten.

Aus der Sitzung vom 26. November 1899. Der Kontrollgeist spricht:

„Es ist ein Geist hier, der schon einige Male da war und den ich schreiben lassen will. Ihr kennt ihn alle."

Nun schreibt das im Volltrance befindliche Medium in großer Aufregung: Gottfried Keller.*)

Dann beginnt es in dem breiten Zürichdeutsch der Stadt Zürich und mit noch nie gehörter Klangfarbe ungefähr folgendes zu sprechen**):

„Ich bin Gottfried Keller. Mein Todestag war der 19. Juni 1890.***) Ich bin in der fünften Abteilung der dritten Sphäre. Ich traf dort meinen Vater, der jetzt schon 70 Jahre tot ist, und meine Mutter. Sie stammt aus der Familie Scheuchzer in Bülach. Ich habe mich an meinen frühern Bekannten Ferdinand Altorfer angeschlossen, der vor etwa 22 Jahren starb. Meine Schwester habe ich nicht getroffen, ich habe sie noch nie gesehen. Ich bin unglücklich, denn hier ist es noch nicht hell. Über mir sehe ich die Helle, und von Zeit zu Zeit steigt einer von uns dorthin empor. Ich habe es schon mehr als tausend Mal versucht, mich hinaufzuschwingen, aber ich bin immer wieder herabgesunken. Meta Heußer (die Dichterin, Mutter der bekannten Jugendschriftstellerin Johanna Spyri. Sie hatte sich in einer früheren Sitzung bei uns durch das Medium

*) Ich sehe voraus, daß die folgenden Kundgebungen Gottfried Kellers vielfach Anstoß erregen werden. Da ich aber von seiner Identität überzeugt bin, und alle wichtigen okkulten Tatsachen, deren Zeuge ich gewesen, berichten will, darf ich diese hochinteressante Kundgabe nicht übergehen.

**) Diese Kundgebung ist schon im Protokoll ins Schriftdeutsche übertragen.

***) Unrichtig. Keller starb am 16. Juli 1890. Der 19. Juli ist sein Geburtstag. Es besteht also hier eine Unstimmigkeit, wie sie oft in den Kundgaben Verstorbener vorkommt, besonders wenn sie sich zum ersten Mal manifestieren. Das „Juni" statt „Juli" kann auf einem mir zur Last fallenden Hörfehler oder Gedächtnisfehler beruhen.

kundgegeben) habe ich hier an diesem Ort (in diesen Sitzungen) gesehen. Ich sagte zu ihr: „Da bin ich, der Gottfried Keller,“ aber sie wollte nichts von mir wissen und ist dann in jener Höhe verschwunden.

Ich glaubte, mit dem Tode sei entweder alles aus, oder wenn nicht werde Gott mich, den Gottfried Keller, schon hinaufziehen. Nun habe ich wohl gesehen, daß es nicht aus ist, aber es ist ganz anders als ich es mir vorgestellt hatte. Überall in die Kreise, die ich früher besuchte, bin ich hingegangen und habe gesagt: „Ich bin der Gottfried Keller,“ aber niemand hat mich gehört. Ich habe früher diejenigen, die beteten oder in die Kirche gingen verspottet. Ich habe nie gebetet und bin nie in die Kirche gegangen. Den Wein habe ich sehr geliebt (bei diesen Worten klopfte das Medium auf den Tisch und lachte). Aber sonst war ich ein rechter Mann. Ich habe nichts Böses getan und viel gearbeitet. (Nach kurzem Schweigen.) Der Wein ist doch etwas gutes, er hat mir immer sehr geschmeckt. Jetzt bekomme ich keinen mehr. Früher hat jedermann den Gottfried Keller hochgeachtet, hier beachtet mich keiner mehr. Ich habe mich hier an Ferdinand Altorfer angeschlossen, wir sind immer zusammen. Warum kann ich denn nicht in die Höhe, wo es hell ist? Ich war doch ein rechter Mann! Ich war einmal beim Medium und habe ein Papier, das vor ihm lag, herumgedreht und dann zu ihm gesagt: „Du Hagel!“ *)

Hierauf spricht der Zirkelleiter ein Gebet und Keller betet — durch das Medium — mit. Man verspricht ihm, für ihn zu beten, damit er vorwärts komme und sagt ihm, daß es nicht genüge nichts Böses zu tun, sondern daß man sein irdisches Leben dazu anwenden müsse, möglichst viel Gutes zu tun, er solle sich im Gebet an Gott und Jesus Christus wenden. Er wird ersucht, auch auf seinen Vater einzuwirken, damit dieser ebenfalls vorwärts komme.

*) Dieses Umdrehen des Papiers war nicht bloß vom Medium, sondern auch von der gerade anwesenden Frau W. beobachtet worden. Den Ausdruck „Du Hagel“ soll Keller oft gebraucht haben.

Aus der Sitzung vom 14. Januar 1900. Rede Lavaters:

„Der Friede sei mit euch, der Friede Gottes unseres Herrn!

Reich Gottes, Sehnsucht aller Frommen,
Du wirst mit dem Jahrhundert kommen!
O fleht! Es komm' wer flehen kann!
Dann weichen Laster, Wahn und Leiden,
Es kommt mit unbegrenzten Freuden,
Macht ihm durch fromme Demut Bahn!

Dieses, meine Lieben, ist für das kommende Jahrhundert. Und doch, meine Geliebten, sind es fast die gleichen Worte, die ich Ende des Jahres 1800 wenige Wochen vor meinem Abschiede von dieser Erde in etwas veränderter Form schrieb. Es war die letzte Schrift, die ich geschrieben habe. Damals sprach ich:

Reich Gottes, Sehnsucht aller Frommen,
Wirst du mit dem Jahrhundert kommen?

Ja, es ist gekommen, zu meiner Freude und zu eurer, zu eurem Frieden und zu eurem Mut (?), auf daß es wachse, auf daß ihr arbeitet, denn dieses Jahrhundert wird euch reiche Früchte bringen. Damals — es sind fast hundert Jahre — zählte ich eine kleine Schar, man spottete über den „Schwärmer“, man nannte mich nicht anders. Und es soll dies euch, meine Lieben, ein Beweis sein, daß ich es bin, der euch jene Worte zuruft. Es waren die letzten Worte von mir, mit zitternder Hand einige Wochen vor meiner Erlösung geschrieben, Ende des 18. Jahrhunderts. Und nun wünsche ich, daß euch das kommende Jahrhundert stets rüstig und freudig in eurer Tätigkeit erhalten möge, und, meine Brüder, nicht mit Worten sollt ihr lieben, sondern in der Tat und in der Wahrheit. Dieses, meine Geliebten, sei euch ein Beweis von eurem Freunde Johann Kaspar Lavater.

Und nun endlich wünsche ich euch stets Gottes Frieden. Wo immer auch er wohnt, weicht alles Elend und Trübsal.

Dort ist Licht, dort ist Liebe. Darum sei der Friede des Herrn mit euch! Amen!" *)

Hierauf erzählt Gottfried Keller (durch das Medium).

Er habe soeben eine ganz helle Gestalt gesehen, die kam, sprach und dann wieder verschwand, und er habe gehört, daß diese Gestalt Lavater gewesen sei. Diesen habe er auch gekannt**), aber er und seine Freunde haben über ihn gelacht. So habe er ihn sich nicht vorgestellt. Er habe vorhin versucht, mit ihm zu sprechen, aber Lavater habe von ihm nichts wissen wollen. —

Es seien noch zwanzig helle Gestalten da, auch einige dunkle. Am Ofen stehe einer mit einer abscheulichen Fratze. So wie dieser sehe er selbst doch nicht aus. Es sei doch eigentlich traurig, daß er so herumtrotteln müsse, bald da bald dort. Er sei in der letzten Zeit meistens beim Medium gewesen. Dann sei er ungeduldig geworden, solange nicht (durch das Medium) sprechen zu können. Sein Freund Altorfer sei heute auch da und würde gerne sprechen, er sei am 24. März 1876 gestorben. Das nächste Mal werde er noch einen angesehenen Bürger von ...... mitbringen. Es sei halt eben im Jenseits ganz anders, als er es sich vorgestellt habe. Er sei in der letzten Zeit oft in der „Apfelkammer" (eine Weinwirtschaft, in der Keller häufig verkehrte) gewesen, dort habe man früher guten Wein gehabt.

Der Kontrollgeist macht uns hierauf die Mitteilung, Gottfried Keller sei noch nicht zur richtigen Selbsterkenntnis gelangt, oft habe er in letzter Zeit an Dingen Freude gehabt, an denen er keine Freude mehr haben sollte.

Aus der Sitzung vom 17. Februar 1900.

Nach den Eröffnungsworten des Kontrollgeistes verweist uns Lavater auf unsere Aufgabe. Er sagt, wir werden wie

*) Diese Ansprache Lavaters ist auf seinen Wunsch in der Zeitschrift für Spiritismus vom 7. April 1900 veröffentlicht worden.

**) Dies darf nicht etwa so verstanden werden, daß Keller den Lavater bei dessen Lebzeiten gekannt habe. Er kannte ihn natürlich nur als geschichtliche Persönlichkeit.

er Schwärmer genannt werden und werden viel Spott ernten. (Er gebraucht bei diesen Auseinandersetzungen auch den Ausdruck „Spiritismus“) . . . . .

Diejenigen, die uns Gutes getan haben, werden wir im Jenseits treffen. So habe er den Hegetschwyler getroffen, der ihn am 27. September 1799 mit seinem Körper gedeckt habe.*)

Darauf spricht Gottfried Keller. Er sagt, es gehe ihm jetzt besser, er sei zufrieden. Er habe heute den frühern Gemeindepräsidenten von . . . . . mitgebracht. Dieser habe das Medium (im Beginn der Sitzung) beunruhigt, und habe auch den Tisch gehoben.**) Er sei schon längere Zeit gestorben als er selbst, stehe aber noch tief und habe nur Freude am kindischen Stoßen des Tisches und an der Beunruhigung der Anwesenden, obschon ihm die Gemeinde einen Denkstein gesetzt habe. — Die schreckliche Fratze vom letzten Mal sei heute nicht da, der helle Geist neben dem Medium (der Kontrollgeist) habe nur seine Hände gegen sie gehalten und sie sei zusammengeschrumpft und schließlich verschwunden. Der Kleine neben Frau W.***) habe sich alle Mühe gegeben, ihn (Keller) beten zu lehren, aber er könne es noch nicht so wie dieser. Wie der inbrünstig beten könne, das sollten wir sehen. Der Helle, der das Medium begleite (der Kontrollgeist), bete auch immer, wenn dieses bete, und wie? Er selbst sei jetzt nahe daran ein Betbruder zu werden. Er hätte dies nie geglaubt, als er noch lebte und über die Betbrüder lachte. Der Gemeindepräsident von . . . . . . lache deshalb auch über ihn. Sein Freund Altorfer sei dagegen schon weiter vorgeschritten, habe durchs Beten große Fortschritte gemacht und muntere ihn stets auf, ihm nachzufolgen.

---

*) Diese Tatsache war dem Medium, das nie eine Biographie Lavaters gelesen hat, unbekannt.

**) Dieses Heben des Tisches war von sämtlichen Anwesenden wahrgenommen worden.

***) ihr als Kind verstorbener Sohn, siehe Seite 26.

Keller meint, man sehe ihn während er durch das Medium spreche, und wirklich behauptete nachher einer der Zirkelsitzer, der wahrscheinlich etwas hellsehend ist, im Gesicht des Mediums einen Vollbart gesehen zu haben, wie ihn Keller trug. Keller sagt daher leise zum Zirkelsitzer, so daß nur dieser es hört, man solle doch das Licht (die auf dem Tisch stehende Lampe) weiter wegrücken, damit man ihn nicht so ansehen könne. Er sei schon den ganzen Nachmittag da gewesen und habe sehnlich auf die Eröffnung der Sitzung gewartet. Da wo er sei, sei es nicht schön, da drücke und stoße sich alles durcheinander, es seien da viel mehr Menschen als in einer Stadt, er habe aber daran keine Freude, sondern sehne sich nach dem Licht, das über ihm schwebe. Er könne leider immer noch nicht recht beten das sei eben nicht so leicht.

Aus der Sitzung vom 11. März 1900. Lavater hält die folgende Ansprache:

„Friede sei mit euch, der Friede des Herrn, unseres Vaters! Alle Seelen schuf zu seiner Wonne der Schöpfer, auch die euren, meine Lieben. Sorget, daß sie dem allgütigen Vater Freude bereiten! Werdet mit jedem Tag weiser und besser! Werdet allen zum Segen, die ihr hier zusammenkommet, auf daß ihr Miterben werdet im Reiche Gottes und von Ewigkeit zu Ewigkeit lebet! Euer Tod auf dieser Prüfungserde wird der Schritt sein zu dem Reiche des Geistes, denn wunderbar ist die Führung des Vaters für den, der ihm treu dient. Selbst der Tod eurer Lieben, er lehrt euch lieben, auf daß ihr alles willig verlasset und euch der Tod nicht schwer werde. Der Segen des Herrn ruhe stets auf euren Taten, und Friede herrsche heute bei euch!“

Die Ansprache Lavaters, der heute nur wenige Minuten in unserem Kreise verweilen kann, wird hierauf vom Kontrollgeist in folgender Weise fortgesetzt und beendet:

„Mancher von euch, meine Lieben, hat die väterliche Güte schon auf dieser Prüfungserde gefühlt. Daher verzaget nicht! Durch Prüfungen wird euer Glaube geübt, eure Hoffnung gestärkt, euer Sinn geläutert, eure geistige Kraft angefacht, und eure unsterblichen Kräfte vereinigen sich und ziehen euch immer höher zu eurer Freude und zu eurem ewigen Heil. Keine Seele, die liebt, wird an der göttlichen Liebe verzagen.“

Hierauf spricht wieder Gottfried Keller:

„Ich habe schon seit 6 Uhr gewartet. Der Präsident von .... hat schon wieder gestört, er war es, der den Tisch in die Höhe hob.*) Ich bin zwei Stufen (in der dritten Sphäre), gestiegen und bin jetzt viel glücklicher. Es ist wunderbar. Als ich betete, wurde mir plötzlich viel leichter. Ich sehe jetzt den Hügel, über dem, wie ich glaube, der Himmel ist. Dort hoffe ich hinaufzusteigen. Da wo ich bis jetzt war, ist der Himmel nicht. Ihr solltet einmal sehen, wie sich da alles herumdrängt.“

In der Nacht vom 25. auf den 26. März 1900 hatte Frau M. einen Geisterbesuch. Am Donnerstag der vorangegangenen Woche war Josua Klein, der nachherige Stifter der „esoterischen“ Kolonie in Amden am Wallensee bei ihr gewesen, um sie für seine eigenen Anschauungen zu gewinnen. Er wollte es dazu bringen, daß sie ihre spiritistischen Sitzungen, die er Sphärenpantscherei nannte, aufgebe, und bewirkte auch, daß sie sich vornahm, wenn ihr kein deutliches Zeichen gegeben werde, nur noch einige wenige Sitzungen abzuhalten. Um ein solches Zeichen betete sie jeden Tag.

Nun die Beschreibung dieses Geisterbesuchs, wie er mir von Frau M. gegeben wurde, nach dem sofort darüber von mir aufgenommenen Protokoll.

„Zwischen 1 und 2 Uhr nachts wachte ich auf. Es schien mir, als ob eine Faust dreimal ans Fenster schlage, ungefähr so, wie wenn eine hohle Faust die Mitte des Fensters trifft. Dies machte mich vollständig wach. In diesem Augenblick krachte die untere geschlossene Türe

*) Beim Beginn der Sitzung von den Anwesenden konstatiert.

nach dem Gang hin, die sich auf der dem Fenster entgegengesetzten Seite befindet, dreimal. Ich hatte das Gefühl, daß sie sich bewegte (öffnete ?). Hierauf ertönten neun Schläge unten an meinem Bett. Jetzt richtete ich mich auf. Das Zimmer war hell wie wenn eine Lampe brennen würde. Vor mir zeichneten sich zwei verdichtete Lichtmassen ab, aus denen sich allmählich die Formen von zwei Männern leuchtend entwickelten. Man sah Haare, Nasen, Ohren, Schultern bis hinab zu den Knien. Der eine hatte einen Ausdruck wie Christus auf dem Bilde: „Jesus gebietet dem Wind und Meer." Nur die Haare waren etwas kürzer und weiß. Der Bart war ebenfalls weiß, der Gesichtsausdruck milde. Es war mein Kontrollgeist Hilmanuel, den ich schon oft gesehen habe. Der andere, der einen strengen durchdringenden Blick hatte, faßte Hilmanuel über die Schultern, ich glaubte seine Finger an dessen Schultern zu sehen. Er war mir unbekannt.*) Sein Gesicht war bartlos. Er hatte eine eigentümliche scharfgeschnittene Nase und „spitz" geformte Augen, so streng und ernst, daß es mir etwas unbehaglich wurde. Zudem richtete er seinen Blick auf mich, und ich hatte das Gefühl, als ob er mich durch und durch sehen wolle. Es wurde mir daher recht unbehaglich und ich schaute nach Hilmanuel hin. Dieser hob die Hände so in die Höhe. (Bei diesen Worten ahmte Frau M. eine Stellung nach, die sie sehr oft im Trancezustand anzunehmen pflegte, wenn ihr Kontrollgeist Hilmanuel durch sie sprach.) Dabei blickte er mich freundlich an, und nun hörte ich eine Stimme, zuerst im Herzen, dann im linken Ohr, hierauf im rechten und vorn in der Stirne blieb mir sitzen, was die Stimme gesagt hatte, nämlich die Worte: „Fahre nur fort und laß dich nicht beirren!" Ich schaute ihm fragend ins Gesicht und nickte ihm zu, und sah nun, wie er mir eben-

*) Es war Lavater. Sie hatte ihn allerdings früher schon einmal gesehen (siehe Seite 43), aber sie war damals im Trance gewesen und besaß daher keine Erinnerung an jenen Vorfall.

falls zunickte, worauf ich nochmals in gleicher Weise die gleiche Stimme und die gleichen Worte hörte. Da rief ich laut: Nein! Nein! womit ich meinte, daß ich die Sitzungen nicht aufgeben werde, worauf der Blick des Andern (Lavaters) viel freudiger und milder wurde. Nun ließ Hilmanuel seine Hände langsam heruntersinken. Den Unterteil der Körper der beiden Männer konnte ich nicht sehen, weil ich nicht über die Bettstatt hinaussehen konnte. Hierauf knatterte der Fußboden und die beiden Gestalten gingen auseinander wie Rauch auseinander geht. Auch der Lichtschein verschwand allmählich. Die Helle kam aus den Gestalten. Ich fühlte mich ruhig und freudig und schlief sofort wieder ein.“

In der Sitzung vom 8. April 1900 erzählt Gottfried Keller (durch das Medium) wie es ihm seither ergangen sei. Er sagt, er sei jetzt glücklich, er sei hinaufgehoben worden über den Hügel. Ein Anderer habe ihn hinaufgezogen und ihm dabei gesagt: „Dein Glaube hat dir geholfen.“ Da wo er jetzt sei, sei es hell. Es seien viele Kinder da. Aber es sei ganz anders als auf der Erde. Da gebe es keine Ständeunterschiede, man nenne sich nur Bruder und Schwester. Er müsse lernen wie ein Kind und sei jetzt auch ganz wie ein Kind. Er danke uns, daß wir ihm geholfen. Ferdinand Altorfer sei mit ihm gekommen, der Präsident von ..... dagegen nicht, dieser habe vorhin wieder den Tisch gehoben und habe immer noch Freude an solchen Sachen, er sei im Gesicht nicht schön, sondern fleckig. Er (Keller) leuchte schon ein wenig und freue sich darüber.

Zur Beurteilung dieser langen Reihe spiritistischer Sitzungen und ihres Inhalts übergehend dürfte es vor allem von Interesse sein, die Gründe zu kennen, weshalb ich glaube, daß die sich in denselben kundgebenden geschichtlichen Persönlichkeiten Gottfried Keller und Johann Kaspar Lavater wirklich das waren, wofür sie sich ausgaben.

Was Gottfried Keller anbetrifft, so hat Frau M. nach ihrer Angabe ihn bei Lebzeiten ein einziges Mal, wissend daß es Keller sei, auf der Straße gesehen. Von seinen Werken kennt sie nur die „Leute von Seldwyla," fand aber dieses Buch nicht nach ihrem Geschmack, und besaß überhaupt niemals ein besonderes Interesse weder für die Persönlichkeit dieses Schriftstellers noch für seine Werke. Nachdem sie die eben beschriebenen Sitzungen aufgegeben hatte, sah sie Gottfried Keller wiederholt als Geist, und hat ihn dann auch richtig beschrieben. Natürlich muß ich voraussetzen, daß sie mich nicht belogen hat. Schon dies sowie die früher erwähnte so außerordentlich stark züricherisch geprägte Sprache des sich als Gottfried Keller ausgebenden Geistwesens und der Inhalt seiner Kundgaben, der durchaus seinem Charakter entspricht, machen es mir höchstwahrscheinlich, daß es der wirkliche Gottfried Keller war, der sich uns durch Frau M. kundgab.

Das stärkste Beweismoment für seine Identität liegt jedoch in einem spätern Ereignis, das ich hier so wiedergebe, wie ich es gleich nachher aufgezeichnet habe.

Im August des Jahres 1903 gab der bekannte englische Psychometer und Geisterseher Alfred Vout Peters in Zürich einige Sitzungen. Peters, der in seinen Sitzungen stets bei vollem Bewußtsein bleibt, beschreibt die Geister, die er sieht und die er manchmal auch sprechen hört, um sie den Sitzungsteilnehmern, deretwegen sie sich kundgeben, erkennbar zu machen. Die Geistwesen zeigen sich ihm zu diesem Zweck in ihren kleinen Eigentümlichkeiten und intimen Gewohnheiten, welche sie besser kennzeichnen als eine Beschreibung ihrer körperlichen Eigenschaften nach dem Bild, das der Geisterseher vor sich hat. Spiritistische Zeitschriften haben wiederholt über die Sitzungen von Peters Bericht erstattet, so daß man dies als eine in spiritistischen Kreisen bekannte Tatsache betrachten darf.

In Zürich gab Peters in einem Privathause eine Sitzung, an der eine Reihe angesehener Persönlichkeiten teilnahm, unter ihnen Professor Dr. Bleuler, der Direktor der staatlichen Irrenanstalt Burghölzli, der ein gewisses Interesse für die mediumistischen Phänomene besitzt, wenn auch nur vom Standpunkt des Schulmediziners aus, der diese Erscheinungen ausschließlich aus mehr oder weniger krankhaften Zuständen des Mediums erklärt. Das Resultat dieser Sitzung, der auch ich beigewohnt hatte, schien ein Mißerfolg zu sein, und Peters bezeichnete die Anwesenheit von Skeptikern, insbesondere des genannten Professors, als die Ursache dieses Mißerfolgs. Unter den von ihm beschriebenen Geistwesen war das erste ein Mann gewesen, den Peters als meinetwegen erschienen bezeichnet und dessen intime Gewohnheiten er einläßlich geschildert hatte. Da ich mich aber an niemanden aus meiner Verwandtschaft und Bekanntschaft erinnern konnte, auf den seine Beschreibung gepaßt hätte, hielt ich die Sitzung auch in dieser Hinsicht für eine Fehlsitzung.

Frau M. war während der ganzen Zeit, als Peters in Zürich war, unpäßlich und mußte das Zimmer hüten. Sie hat ihn nie gesehen. Sie hatte mich aber gebeten, ihr über die fragliche Sitzung, von deren Abhaltung sie Kenntnis erhalten hatte, Bericht zu erstatten. Ich machte ihr deshalb am folgenden Tage einen Besuch. Auf ihre Frage, wie die Sitzung ausgefallen sei, ob ich nicht einen Test bekommen habe, antwortete ich: Nein, es sei eine Fehlsitzung gewesen. Peters habe zwar ein angeblich mit mir bekanntes männliches Geistwesen beschrieben insbesondere in seinen intimen Gewohnheiten, ich sei jedoch außer Stande, aus seiner Beschreibung zu entnehmen, wer es gewesen sei. Nun erzählte sie mir, ihr Kontrollgeist Hilmanuel sei ihr kurz vor dieser Sitzung erschienen, und da habe sie ihn gefragt, ob er mir nicht durch Peters einen Test geben könne. Er habe geantwortet, er selbst könne nicht an dieser Sitzung teilnehmen, aber er wolle den Gottfried Keller veranlassen, zu erscheinen und sich mir kundzugeben. Jetzt ging mir plötzlich ein Licht auf, denn gegen den Schluß der Sitzung hatte Peters zu mir gesagt, er sehe neben mir und meiner Nachbarin in der Luft in goldenen Lettern die Namen Gottfried und

Frieda.*) Auch seine Beschreibung des angeblich zu meiner Bekanntschaft gehörigen Geistwesens schien mir nun einigermaßen auf Gottfried Keller zu passen. Weil ich diesen aber nicht näher gekannt hatte, mußte ich anderwärts die nötigen Erkundigungen über seine intimen Gewohnheiten einziehen. Ich fragte hierüber vier Personen, die alle oft mit Keller zusammen gewesen waren, und kam zu folgendem Resultat:

Vorausgehend bemerke ich, daß ich bezüglich der von Peters gemachten Beschreibung nicht ausschließlich auf mein Gedächtnis angewiesen war, sondern daneben die Notizen anderer Teilnehmer an der fraglichen Sitzung benutzen konnte.

1. Peters sagte, der Geist, der mich zu kennen behaupte, trage eine Brille mit starken Rändern und habe die Gewohnheit gehabt, wenn er andere anschaute, über die Brille hinüberzusehen. Da Peters selbst eine Brille trug, setzte er sich auf einen Stuhl vor mich hin, schob die Brille tiefer auf die Nase herunter und schaute mir nun über dieselbe hinaus ins Gesicht. Er fügte bei, der Geist sage ihm, an dieser Gewohnheit werde man ihn leicht erkennen. In der Tat versicherten mir alle meine Gewährsmänner, daß Gottfried Keller, der wegen Kurzsichtigkeit eine Brille trug, diese Gewohnheit gehabt habe, und einige der Bilder, die wir von ihm besitzen, insbesondere dasjenige von Würtemberger bestätigen dies. Auch ersehen wir aus diesen Bildern, daß die Brillengläser mit starken Einfassungsrändern versehen waren.

2. Peters setzte sich hierauf auf einen Stuhl, hielt beide Hände mit der flachen Innenseite auf seine Kniee

*) Was diesen zweiten Namen anbetrifft, so habe ich mit Rücksicht auf eine kurz vorher in einer Sitzung mit dem amerikanischen Medium Linke stattgefundene Kundgebung des kleinen Friedchens der Frau Anna Rothe, wovon später die Rede sein wird, die Vermutung, daß es auch hier jenes Friedchen war, das sich kundgab. Jedoch besitze ich keine Beweise dafür, daß diese Vermutung richtig ist.

und fing an damit hin- und herzufahren, wie wenn er die Kniee reiben wollte, indem er sagte, er sehe jetzt den Geist in dieser Stellung, auch das sei eine seiner Gewohnheiten gewesen. Dann stand er auf, immer noch die Hände auf den Knieen haltend, und ging in der dadurch bedingten gebückten Stellung im Zimmer auf und ab, wiederum sagend, er sehe jetzt den Geist so hin- und hergehen, er müsse kranke schwache Beine gehabt haben, wahrscheinlich habe er an Rheumatismus gelitten. Nach meinen Gewährsmännern hat Keller wirklich oft in sitzender Stellung die Hände mit der Innenseite auf die Kniee gelegt. An ein eigentliches Reiben der Kniee vermochten sie sich nicht zu erinnern, ebenso wenig, daß sie ihn in besagter Stellung im Zimmer haben hin- und hergehen sehen. Allein sie sahen ihn nie in seiner Wohnung, sondern stets nur im Wirtshaus oder auf der Straße. Sodann erzählte mir der seither verstorbene Professor Stiefel, der oft mit Keller zusammen im Wirtshaus gewesen war, dieser habe von Natur schwache, im Verhältnis zum Oberkörper viel zu kurze Beine gehabt, sodaß sein Gang unsicher gewesen sei. Er benutzte diesen Anlaß, um gegen die in Zürich oft gehörte Anschuldigung zu protestieren, daß Keller häufig infolge von Trunkenheit auf der Straße liegen geblieben sei, indem er behauptete, die Hauptschuld an solchen Vorfällen habe die natürliche Schwäche seiner Beine getragen. Davon, daß Keller an Rheumatismus in den Beinen gelitten habe, wußte niemand etwas. Es ist jedoch darauf hinzuweisen, daß wir es hier mit einer bloßen Vermutung des Peters zu tun haben, und daß solche Vermutungen eines Geistersehers seinen Wahrnehmungen nicht gleichgestellt werden dürfen.

3. Im weiteren sagte Peters, jetzt sehe er den Geist am Fenster sitzen, eine Zeitung lesen und aus einer langen Pfeife rauchen. Er müsse das oft getan haben. Leider war von meinen Gewährsmännern keiner in Kellers Wohnung gewesen, und ich vermochte niemanden ausfindig zu

machen, von dem ich hätte hoffen können, über diese häusliche Gewohnheit Kellers Auskunft zu erhalten. Dagegen versicherten alle, daß Keller ein Raucher gewesen sei und im Wirtshaus häufig Zigarren geraucht habe. Einer bemerkte, Keller habe die Gewohnheit gehabt, beim Rauchen stark zu „paffen“ und sich dadurch in eine Rauchwolke zu hüllen, was mir einigermaßen darauf hinzuweisen scheint, daß er zu Hause Pfeifen rauchte.

4. Endlich bemerkte Peters noch, der Geist teile ihm soeben mit, daß er in seiner Jugend einen Feldzug aktiv mitgemacht habe. Er fügte bei, er glaube, dies sei unter Napoleon gewesen. Das ist insoweit richtig, als Keller als junger Mann den Freischarenzug gegen die Regierung des Kantons Luzern aktiv mitgemacht hat. Peters, der von dieser spezifisch schweizerischen Aktion ohne Zweifel nichts wußte, brachte dieselbe in seiner Phantasie mit Napoleon in Verbindung, eine Vermutung, deren Irrtümlichkeit natürlich nichts gegen die Echtheit seiner übersinnlichen Wahrnehmung beweist. Neben diesen speziellen Punkten gab Peters auch eine allgemeine Beschreibung des von ihm gesehenen Geistwesens. Diese Beschreibung war jedoch, wie das bei solchen Beschreibungen meistens der Fall ist, sehr allgemein und ist daher ohne wesentliche Bedeutung für den Identitätsbeweis. Sie ist auch mangelhaft protokolliert worden und ebenfalls nur mangelhaft mir in Erinnerung geblieben. Einiges wie z. B. „hohe Stirn“ paßt auf Gottfried Keller. Nur eines paßt entschieden nicht. Peters sagte nämlich, das Geistwesen sei ein großer Mann, Keller aber war von sehr kleiner Statur. In dieser Hinsicht liegt also ein Widerspruch vor. Allein dieser Widerspruch ist leicht zu erklären. Täuschungen hinsichtlich der Größe der von den Hellsehern erblickten Geistgestalten sind sehr häufig. Es würde zu weit führen, alle die Theorien zu erörtern, die man aufgestellt hat, um dies zu erklären. Ich mache hier nur darauf aufmerksam, daß die Geistgestalten oft in der Luft schweben und schon aus

diesem Grunde leicht größer erscheinen als sie sind, und daß die allgemeine Beschreibung der Geistgestalt im vorliegenden Falle der Beschreibung seiner intimen Gewohnheiten voranging, eine längere und genauere Beobachtung somit ausgeschlossen war. Auch darf man daran erinnern, daß Kellers Oberkörper von normaler Größe war und er hauptsächlich seiner kurzen Beine wegen als kleiner Mann erschien, der Hellseher also, wenn er nur den Oberkörper sah, sich leicht über die Größe täuschen konnte.

Nachträglich möchte ich noch bemerken, daß Peters englisch sprach. Da aber ein Übersetzer sofort alles, was er sagte, ins Deutsche übersetzte, konnten alle Anwesenden leicht seinen Auseinandersetzungen folgen.

Man mag die Frage aufwerfen, warum Gottfried Keller, wenn er die Absicht hatte, mir einen Test zu geben, in der Luft nur seinen Vornamen „Gottfried" erscheinen ließ, statt des vollen Namens „Gottfried Keller". Man vergegenwärtige sich aber, was eingetreten wäre, wenn letzteres geschehen wäre. Ich glaube, daß damit nichts anderes erreicht worden wäre als eine Störung der Harmonie des Zirkels. Niemand — außer mir — hätte es für möglich gehalten, daß sich der wirkliche Gottfried Keller uns manifestiere. Einige hätten wahrscheinlich gelacht und die Stimmung wäre verdorben gewesen. Auch hatte Gottfried Keller vermutlich nur die Absicht, mir persönlich einen Test zu geben. Sich auch den andern Anwesenden kundzutun lag ihm fern. Wahrscheinlich wollte er dies sogar mit voller Absicht vermeiden. Ich füge dem bei, daß der Kontrollgeist der Frau M. ihr später bestätigte, daß der sich mir in jener Sitzung des Peters kundgebende Geist wirklich Gottfried Keller gewesen und daß derselbe mit voller Absicht so vorgegangen sei, wie es geschehen war, damit nur ich allein und nur nach weiteren Nachforschungen mich von seiner Identität überzeugen könne.

Bevor Frau M. nach Zürich kam, wußte sie von Johann Kaspar Lavater nichts. Hier hörte sie, wie sie mir sagte, seinen Namen als den Namen eines Pfarrers und Schriftstellers nennen, sie kennt aber weder seine Werke noch seine Lebensgeschichte. Die mediumistischen Mitteilungen Lavaters aus seinen Werken und seinem Leben bilden daher, wenn man von der Aufrichtigkeit des Mediums überzeugt ist, bereits ein Beweismoment dafür, daß er es war, von dem dieselben ausgingen. Ein zweites Beweismoment liegt in der Redeweise, die ganz der Redeweise Lavaters in seinen Schriften entspricht. Sodann hat Frau M. ihn, nachdem sie ihn in der Sitzung vom 9. April 1899 im Trancezustand das erste Mal gesehen hatte und ebenso nach ihrer Vision in der Nacht vom 25. auf 26. März 1900 ganz richtig beschrieben. Später hat sie ihn noch oft gesehen und stets ist ihr der scharfe durchdringende Blick aufgefallen, den Lavater in der Tat besessen hat, und als ich ihr sein Bild zeigte, versicherte sie mir aufs Bestimmteste, daß es dieser Mann gewesen sei, der ihr als Lavater erschien. Was die Stimme anbetrifft, mit der Lavater durch das Medium sprach, so ist mir leider unbekannt, ob sie die früher beschriebenen Eigentümlichkeiten*) gehabt hat, jedenfalls stehen dieselben nicht im Widerspruch zu der Vorstellung, die wir uns von ihm zu machen gewöhnt sind.

Zu allen diesen Beweismomenten kommt nun noch das Zeugnis eines anderen hellsehenden Mediums, das einigen Sitzungen der Frau M. beiwohnte und in diesen das Geistwesen sah, das angab, Johann Kaspar Lavater zu sein, nämlich der in Amerika gut bekannten seither verstorbenen Frau Elise Stumpf aus Brooklyn.

Frau Stumpf war im Jahre 1900 einige Zeit in Zürich auf Besuch und nahm während dieser Zeit an den Sitzungen der Frau M. teil, sprach sogar selbst einmal im Trancezustand, auch wohnte sie einer spiritistischen Sitzung bei, die Frau M. bei einer Frau W. in einem engeren Kreise von Teilnehmern veranstaltet hatte. Sie beschrieb den sich

*) Siehe Seite 25.

in dieser Sitzung kundgebenden Johann Kaspar Lavater genau so wie ihn Frau M. beschreibt, während sie nach ihrer gewiß glaubwürdigen Aussage vorher niemals sein Bild gesehen hatte und überhaupt nichts von ihm wußte.

Abgesehen von der soeben stattgefundenen Aufzählung der Beweismomente für die Identität der in den Sitzungen der Frau M. sich kundgebenden zwei geschichtlichen Persönlichkeiten Gottfried Keller und Johann Kaspar Lavater enthalte ich mich einer Besprechung des Inhalts dieser langen Reihe spiritistischer Sitzungen. Wir dürfen nie vergessen, daß im Spiritismus und Okkultismus immer noch das Sammeln von Tatsachen die Hauptsache ist Auch würde ein Versuch, bei sämtlichen unter der Mitwirkung dieses Mediums stattgefundenen Phänomenen und intelligenten Kundgebungen festzustellen, ob und in welchem Umfang sie durch jenseitige Geistwesen verursacht oder durch das Unterbewußtsein des Mediums hervorgerufen oder gefärbt seien, und wie es sich mit der objektiven Wahrheit ihres Inhalts verhalte, eine weitläufige und schwierige Abhandlung erfordern und könnte dennoch zu voreiligen Schlußfolgerungen führen, wie z. B. hinsichtlich der uns gewordenen Mitteilungen über die Bewohner anderer Planeten.

Man wird begreiflicherweise fragen, warum diese uns so viel Schönes und Wissenswertes bietenden Sitzungen gegen den Herbst des Jahres 1900 hin aufgegeben wurden. Der Grund lag darin, daß mit der Zeit mehr und mehr ungeeignete Persönlichkeiten Eingang erlangten, Persönlichkeiten, denen es nur um Befriedigung ihrer Neugier zu tun war, und die für die wahre Aufgabe solcher Sitzungen kein Verständnis besaßen. Es lag leider nicht in der Macht des Mediums und der ernsthaften Zirkelsitzer, diese Elemente auszuschließen, weil sie vom Ehemann des Mediums eingeführt waren, und dieser sich auf den Standpunkt stellte, daß er und nicht seine Frau über die Zulassung oder Nichtzulassung der Zirkelsitzer zu entscheiden habe. Die Sitzungen verloren infolgedessen immer mehr an innerem Wert, das Medium kam langsamer und schwieriger in Trance, das Sprechen der sich kundgebenden Geistwesen wurde schleppender, und das Medium war nach der Sitzung stärker ermüdet als früher. Als endlich gar ein Neueingeführter den Versuch machte, das Medium während des Trancezustandes durch seinen Blick und Willen zu hypnotisieren, was zwar nicht gelang, aber das Medium so schwächte, daß es nachher in höchstem Grade ermüdet war und beinahe erkrankte, wußte sich dasselbe nicht anders zu helfen, als daß es die Sitzungen aufgab. Sein Kontrollgeist war damit einverstanden und erklärte später, daß, wenn die Sitzungen in dieser Weise fortgedauert hätten, das Medium einem langsamen Siechtum verfallen wäre. Er sowohl als Lavater gaben auch zu, daß sie stets ein peinliches Gefühl beschlichen habe, eine leise Besorgnis, das Medium gesundheitlich zu schädigen, wenn sie seine Sitzungen leiteten und von ihm zum Zwecke des Sprechens Besitz ergriffen, und beide erklärten unverhohlen, daß sie den Verkehr mit dem hellsehenden und hellhörenden Medium, wie er sich später entwickelte, an sich weitaus vorzögen, und dessen Benutzung als Trancesprechmedium nur gewählt hätten, weil damit den Ungläubigen leichter beizukommen sei. Wie sie sagten, hätten sie diese Art des Verkehrs gerne noch längere Zeit fortgesetzt, wenn es möglich gewesen wäre, unpassende oder kranke Zirkelsitzer auszuscheiden, selbst wenn dadurch die Zahl der Teilnehmer auf sechs herabgesunken wäre, da in diesem Fall die Gefahr, das Medium an seiner Gesundheit zu schädigen, sich auf ein Minimum reduziert haben würde. Man hätte dann ab und zu auch Gäste zulassen können, nur hätten diese nicht in den Kreis der regelmäßigen Teilnehmer hinein sitzen dürfen, welche die Kette zu bilden und dem Medium die Fluide zu liefern haben, die es seinerseits dann an die Geistwesen abgibt, um diesen das Sprechen zu ermöglichen.

Nachdem diese Sitzungen aufgehört hatten, wurde Frau M., wie schon angedeutet, zur Hellseherin und Hellhörerin ohne Trancezustand. Die gleichen Geistwesen, die in den Sitzungen regelmäßig durch sie gesprochen hatten, vor allem ihr Kontrollgeist Hilmanuel und Johann Kaspar Lavater, später auch meine Großmutter, die sich ebenfalls einige Male in jenen Sitzungen kundgegeben hatte, erschienen ihr von da an in ihren für sie, aber nicht für andere sichtbaren Astralleibern und gaben ihr in ihren familiären Sorgen, die nicht gering waren, Trost und Anleitung. Auch mir ließen sie manchen Wink zukommen.

Ich habe die Art und Weise dieses Geisterverkehrs schon in meinem Buch „Die Bedeutung der Wissenschaft vom Übersinnlichen für Bibel und Christentum" beschrieben, habe jedoch heute nach erneuerter Besprechung mit Frau M. noch verschiedene Ergänzungen beizufügen.

Zunächst möchte ich feststellen, daß Frau M. die Geister der höheren Sphären auch sieht, wenn sie die Augen schließt. Sie machte diese Entdeckung erst, nachdem ihr Geistersehen schon längere Zeit gedauert hatte. Sie sieht diese Geister sogar mit geschlossenen Augen deutlicher als mit offenen, insbesondere tritt die Helligkeit, die aus den Geistgestalten kommt und bewirkt, daß sie dieselben sogar in der finstersten Nacht sieht, stärker hervor, wenn sie die Augen schließt. Übrigens erscheinen ihr diese Geistgestalten nicht nur des Nachts, sondern — allerdings seltener — auch am Tage und scheinen ihr dann wie in einen rauchähnlichen Flor gehüllt und durch diesen zusammengehalten. Sie entwickeln sich, wie sie sagt, ziemlich rasch aus einen kleinen Räuchlein, das sie mit dem Räuchlein einer Zigarre vergleicht. Nur das Gesicht tritt deutlich hervor, der übrige Körper ist ohne scharfe Umrisse wie mit einem weißglänzenden Mantel bedeckt. Die Gestalt Lavaters verbreitet eine so große Helligkeit, daß Nachts das ganze Zimmer erhellt scheint. Diese Helle wurde auch schon von ihrer jüngeren Tochter beobachtet, die gleichfalls hellsehend ist, wenn auch in geringerem Grade als ihre Mutter. Diese Tochter hatte keine Ahnung davon, daß ein jenseitiges Geistwesen die Ursache dieser Helligkeit sei; denn sie sagte, als sie diese sah, zu ihrer Mutter: „Mutter, du hast ja dein Licht nicht ausgelöscht, es ist so hell am Bett.“

Was das Hören der Stimmen der höheren Geister anbetrifft, so sieht Frau M. ihnen an den Augen an, wenn sie sprechen wollen. Hierauf kommt ein Gefühl über sie, als ob beim linken Ellbogen etwas in ihren Körper eintrete. Dieses Gefühl geht auf die ganze linke Seite insbesondere aufs Herz über und steigt von da ins linke Ohr und in die Stirn, wo es sitzen bleibt und wo sie sodann deutlich die Worte hört, die der Geist zu ihr spricht. Sie fragt und antwortet in Gedanken, die von dem Geistwesen stets verstanden werden. Diese Art der beiderseitigen Gedankenübertragung findet jedoch nach ihrer Aussage nur im Verkehr mit höheren Geistwesen statt, also namentlich im Verkehr mit ihrem Kontrollgeist Zikel, mit Lavater und meiner Großmutter. Auch im Verkehr mit Gottfried Keller, der ihr jedoch nur selten erscheint, hat sie schon das Gleiche beobachtet. Wenn sie dagegen niedere Geister sieht, die noch an die Erde gebunden sind — mit den unteren Sphären der Geisterwelt verkehrt sie nicht — so geht dem Sprechen derselben ein starkes Klopfen oder ein Geräusch anderer Art voraus. Hierauf sieht sie, wie dieselben den Mund öffnen und sie hört sie wie lebende Menschen sprechen, jedoch mit einem unangenehmen Klang. Als ich sie fragte, ob sie diese niederen Geister auch sehe, wenn sie die Augen schließe, erklärte sie, dies nicht zu wissen, weil sie aus Angst niemals die Augen zu schließen gewagt habe. Nach ihrer Mitteilung gehen solche niedere Geister, die ihre gewohnten Kleider tragen, im Zimmer genau so herum, wie wenn sie noch auf dieser Welt lebten, und sie hört bisweilen deutlich ihre Tritte.

Man wird fragen, aus welchen Gründen ich von der Wahrheit dieses durch Hellsehen und Hellhören vermittelten Geisterverkehrs überzeugt sei, da das Medium mir ja das alles vorgelogen haben könne. Allein ich habe länger als zwölf Jahre regelmäßig die Botschaften ihrer Geister empfangen und habe alles Wichtige, was diese Botschaften enthielten, im Gedächtnis behalten, so daß ich den Zusammenhang jetzt noch deutlich vor mir habe, und ich hätte gewiß einmal den Pferdefuß der Lüge entdeckt, wenn ich ein Lügengewebe vor mir gehabt hätte. Auch war der Inhalt dieser Botschaften auffallend vernünftig und mit mir bekannten Tatsachen übereinstimmend. Die Mitteilungen meiner Großmutter bezogen sich einige Male auf kleine meinem Gedächtnis entschwundene Ereignisse aus ihrem Erdenleben, an die ich mich erst wieder erinnerte, nachdem sie mir davon gesprochen hatte, oder sie enthielten dialektische Ausdrücke, deren sie sich mit Vorliebe zu bedienen pflegte und die Frau M. fremd waren. Ich bezweifle daher nicht im geringsten, daß ich durch dieses Medium wirklich mit meiner Großmutter verkehrt habe.

Wer diesen Verkehr aus dem Unterbewußtsein des Mediums erklären will, wird vielleicht sagen, Frau M. habe die fraglichen Erinnerungen und Dialektausdrücke in meiner Seele gelesen. Allein nach meinen Erfahrungen setzt das Gedankenlesen einen gegenwärtigen Gedanken voraus und erstreckt sich keineswegs auf Erinnerungen, die uns nicht gegenwärtig sind. Auch besitzt Frau M. die Fähigkeit des Gedankenlesens nicht, wenigstens nicht in ihrem normalen Wachzustande, in dem sie den Geisterverkehr pflegt, und ist ebensowenig eine Hellseherin in die Vergangenheit oder in die Zukunft, wenn wir von der Vision absehen, die sie — offenbar unter besonderem Geistereinfluß — vor dem Hinscheiden von Du Prel gehabt hat.*)

*) Siehe Seite 49.

Zu allen diesen Beweismomenten für die Echtheit des Geistersehens und Geisterhörens der Frau M. tritt endlich noch das folgende mich persönlich enge berührende Ereignis.

Im Winter 1906 auf 1907 stellten sich bei mir ziemlich plötzlich schreckhafte Träume ein, an denen ich unter starkem Herzklopfen erwachte. Auch Gemütserregungen und körperliche Anstrengungen, selbst solche leichtester Art fingen an, Herzklopfen zu erzeugen, und ich fühlte auf der Brust eine eigentümliche Bangigkeit. Das dauerte zwei bis drei Wochen, während welcher Zeit die genannten Symptome stets zunahmen. Ich machte jedoch niemandem davon Mitteilung, auch Frau M. nicht, dagegen dachte ich bereits daran, meinen Hausarzt zu konsultieren. Da erhielt ich einen Brief der Frau M., womit sie mich ersuchte, unverzüglich zu ihr zu kommen. Als ich dieser Einladung Folge leistete, teilte sie mir mit, ihre jenseitigen Freunde haben ihr aufgetragen, mir zu sagen, daß ich an einem Herzleiden erkrankt sei und nach Verlauf von etwa drei Monaten einen Herzschlag zu gewärtigen hätte, wenn ich nicht unverzüglich nach der Riviera verreise und dort mindestens vier Wochen verbleibe. Sie nannten mir Menton als den passenden Ort und bezeichneten die heilmagnetische Behandlung als in diesem Falle wirkungslos. Gleichzeitig gaben sie mir Anweisungen über mein dortiges Verhalten. Ich sollte mich möglichst viel im Freien aufhalten, besonders am Meer, mich intensiv von der Sonne bescheinen lassen, hauptsächlich im Rücken, wenig und nur langsam gehen, dagegen so oft als möglich an der Sonne sitzen, Morgens nicht zu früh ausgehen und vor Sonnenuntergang heimkehren. Kälte, Nässe und Nebel sollte ich meiden. Auch erhielt ich einige Diätvorschriften.

Obschon sofort entschlossen, den mir gegebenen Rat zu befolgen, konsultierte ich doch noch meinen Hausarzt. Dieser untersuchte mein Herz genau, fand nichts Verdächtiges und suchte mich zu beruhigen. Meine Frage, ob ein Aufenthalt an der Riviera mir gut bekäme, bejahte er, wie ich erwartet hatte und riet mir ebenfalls Menton an. So konnte ich meiner Familie gegenüber, der ich den wahren Sachverhalt nicht mitzuteilen wagte, mich auf meinen Hausarzt berufen und Nervosität als Grund meines Aufenthalts an der Riviera vorschützen. Ich reiste hierauf unverzüglich nach Menton und fühlte dort sehr bald Besserung. Nach Verlauf von vier Wochen erhielt ich von Frau M. einen Brief, in dem sie mir mitteilte, daß ihre jenseitigen Freunde sagten, die Gefahr sei vorüber, ich dürfe ruhig nach Hause reisen. Ich reiste daher heim und das Herzklopfen sowie die Schwere auf der Brust verschwanden bald völlig. Nun nannten mir die jenseitigen Freunde der Frau M., Hilmanuel, Lavater und meine Großmutter auch die Art des Leidens, das bei mir in der Entstehung begriffen war. Es soll eine plötzlich auftretende und rasch zunehmende Verkalkung der Herzgefäße gewesen sein. Seither bin ich gesund, verbringe aber auf den Rat der jenseitigen Freunde jeden Winter vier Wochen an der Riviera.

Noch muß erwähnt werden, daß nachdem ich im Jahre 1912 aus meinen Protokollen und meiner Erinnerung die Erlebnisse mit diesem Medium so zusammengestellt hatte, wie sie im Vorangehenden vorliegen, ich glaubte, darüber den Rat Lavaters einholen zu sollen. Frau M. meldete mir hierauf, daß ich zu einer bestimmten Stunde zu ihr kommen solle, Lavater werde anwesend sein und ich solle ihm dann alles das vorlesen, was ich von der ersten Sitzung an, in der er sich kundgab, geschrieben habe. Das geschah hierauf in drei Malen. Jedesmal sah Frau M., wie sie sagte, Lavater hinter mir stehen und ihr durch Händeaufheben und Gesichtsausdruck, einmal auch mit von ihr gehörten Worten, mitteilend, ob er das Vorgelesene billige. Er beanstandete ernstlich nur eine einzige Stelle. Ich hatte gesagt, daß er und Hilmanuel, als sie die Sitzungen leiteten und durch das in Trance befindliche Medium sprachen, dies nur mit Widerwillen getan haben, weil sie eine leise Furcht beschlichen habe, das Medium gesundheitlich zu schädigen.

Das Wort „Widerwillen“ erklärte Lavater für unpassend und sprach den Wunsch nach einer andern Fassung aus. Ich entsprach natürlich diesem Wunsch und wählte die jetzige Fassung*), die ihn befriedigte.

---

*) Siehe Seite 67.

III.

Einige Erlebnisse mit anderen Medien und Sensitiven.

Nachdem die Sitzungen mit Frau M. aufgehört hatten, begann ich diejenigen einer Frau G. zu besuchen. Die damals verwitwete Frau G., jetzige Frau S., ist ein Trancesprechmedium. Sie befindet sich in ihren Sitzungen nicht immer, wie das bei Frau M. der Fall war, im bewußtlosen Volltrance, sondern ist sehr oft nur im Halbtrance und verliert dann das Bewußtsein nicht, sondern hört alles was sie spricht. Aus diesem Grunde ist sie in höherem Maße dem Verdacht ausgesetzt, ihre Botschaften mit den eigenen Ideen zu vermischen, sei es bewußt sei es unbewußt, und nach meinen Beobachtungen ebenso wie nach denjenigen anderer hat sie das auch oft getan, ja sie hat bisweilen das, was sie sagte, zweckbewußt den Umständen angepaßt. Dennoch konnte sie in einem Kreis ernster Wahrheitssucher zum Vermittler ganz vorzüglicher zweifellos echter Botschaften Jenseitiger werden. Wenn sie sich im Volltrance befand, zeigte sich auch bei ihr oft eine deutliche Veränderung der Gesichtszüge und der Stimme. Ich hörte einmal eine ihrer kontrollierenden Intelligenzen, angeblich eine frühere Schauspielerin, die sich Sophie nannte, ein so feines elegantes Schriftdeutsch mit norddeutschem Akzent sprechen, wie ich es in meinem ganzen Leben sonst nie gehört habe. Es ist dies um so merkwürdiger, als Frau G. das Schriftdeutsche mit einem stark züricherischen Akzent spricht und ganz unfähig ist, anders als mit diesem Akzent zu sprechen. Auch sprach sie im Trance wiederholt italienisch und einmal — in meiner Gegenwart — englisch, ein anderes Mal zu einer Dame, deren verstorbener erster Ehemann ein Norweger gewesen war, norwegisch.

Bei diesem Medium lernte ich ein Phänomen kennen, das ich noch nirgends in der Literatur beschrieben gefunden habe. Es besteht im Sichtbarwerden eines im Dunkeln weißlich leuchtenden, beständig in zitternder Bewegung befindlichen Fluidums, das sich wie ein bald mehr bald weniger durchsichtiger Schleier über dem Körper besonders über dem Gesicht des Mediums lagert und sich bisweilen so verdichtet oder, besser gesagt, mit dem Körper des Mediums verschmilzt, daß dieses bald auf längere bald auch nur auf kürzere Zeit ein anderes menschliches Wesen zu sein scheint.

Einmal nahm dieses leuchtende halb fluidische halb körperliche Gebilde die Form von Jesus Christus an, wie man sich ihn vorzustellen pflegt, mit einem leisen Bartanflug im Gesicht, während die seitlich ausgestreckten Hände die Spuren einer blutigen Durchbohrung aufwiesen. In einer späteren Sitzung, bei der ich nicht anwesend war, soll dann von einem durch das Medium sprechenden Geistwesen mitgeteilt worden sein, daß Geister, die in ihrem irdischen Leben Schauspielerinnen gewesen seien, diese Verwandlung veranstaltet haben, zu welchem Zweck, scheint nicht gesagt worden zu sein, wenigstens konnte ich darüber nichts in Erfahrung bringen. Vielleicht wollten sie uns glauben machen, daß der geschichtliche Jesus Christus sich uns gezeigt habe.

Doch ist dies nicht gerade wahrscheinlich, und zwar wegen der nachherigen Aufklärung, vorausgesetzt daß diese von den gleichen Geistwesen ausging, denn dadurch wurde natürlich bewirkt, daß sich unter den Teilnehmern, von denen ein Teil anfänglich an eine wahrhaftige Christuserscheinung geglaubt hatte, dieser Glaube wieder verlor.

Wie ich vermute, haben wir es hier mit einem der Geistermaterialisation ähnlichen Phänomen zu tun. Während bei dieser sich eine weißlich fluidische Wolke von Astralstoff bildet, aus der dann die Materialisation geformt wird, ist im vorliegenden Falle eine ähnliche fluidische Masse zur Bildung eines fluidalen leuchtenden Schleiers verwendet worden, der den Körper des Mediums bedeckte und sodann durch Verschmelzung mit diesem ihm den Anschein eines andern Geistwesens verlieh. Bisweilen schienen sich bei dieser Veränderung des Mediums seine Gestalt besonders seine Arme zu verlängern, stets jedoch nur auf kurze Zeit. Einmal erfaßte eine solche verlängerte Hand die Hand einer Zirkelteilnehmerin, so daß diese deutlich den Druck fühlte. Gleichzeitig gab sich ihr die durch das Medium sprechende geistige Persönlichkeit als ihre verstorbene Tochter zu erkennen. Die Entfernung war so groß, daß das Medium unmöglich seine natürliche Hand so weit hätte ausstrecken können.

Was den Inhalt der Kundgaben dieses Mediums anbetrifft, so treffen wir auch hier auf Belehrungen über religiöse Dinge, besonders über das Jenseits, die seinen Bildungsgrad weit übersteigen, und auf herzergreifende Klagen unglücklicher Geister, wie sie selbst ein hervorragender Schauspieler kaum zu äußern imstande wäre, wie beispielsweise eines Mannes, der während seines Erdenlebens wie er erzählte, zwei Menschen durch Betrug um ihr Vermögen gebracht hatte und nun unablässig von ihnen verfolgt wurde, oder sich in seiner Phantasie von ihnen verfolgt glaubte. Auch in diesem Zirkel wurden solche Unglückliche an Gott und Jesus Christus gewiesen und es wurde mit ihnen und für sie gebetet. Aber leider standen die meisten der anwesenden Personen nicht in der Gesinnung, die notwendig ist, um solche Ermahnungen und Gebete durch einen harmonischen Gedankenstrom recht fruchtbar zu machen und einen dauernden Erfolg zu sichern. Zudem suchte das Medium mit der Zeit immer mehr seine Gabe zu materiellen Zwecken auszunutzen, und fuhr fort, wie früher sich nebenbei mit Kartenschlagen und Vorausverkündigen angeblich Gewinn bringender Lotterienummern zu beschäftigen, obschon es mir versprochen hatte, diese Beschäftigungen aufzugeben. Ich zog mich daher, nachdem ich entdeckt hatte, daß es sein Versprechen nicht hielt, von den in seiner Wohnung abgehaltenen Sitzungen, die ich fast anderthalb Jahre lang allwöchentlich ein Mal besucht hatte, gänzlich zurück. Es muß indessen anerkannt werden, daß es später seinen Fehler einsah und in neuester Zeit, wenn ich richtig berichtet bin, seine Mediumschaft nicht mehr finanziell ausbeutet.

Noch muß ich einer Tatsache Erwähnung tun, die mir einen deutlichen Beweis für die Echtheit dieses Mediums zu liefern scheint. Als ich meinen jüngern Sohn im September 1899 nach Wien begleitete, wo er in die graphische Lehr- und Versuchsanstalt eintrat, nahm ich mit ihm an einer spiritistischen Sitzung in der Villa des Herrn H. in Döbling teil. Es war eine Fehlsitzung. Man sprach aber davon, daß die nicht gar lange vorher verstorbene Schauspielerin Charlotte Wolter sich oft in diesem Zirkel kundgebe und sich auch jetzt habe kundgeben wollen, daß ihr dies jedoch aus einem unbekannten Grunde nicht gelungen sei. Ungefähr drei Jahre nachher nun gab sich Charlotte Wolter in einem Zirkel, in dem neben einem andern Medium auch Frau G. anwesend war, in Gegenwart meines Sohnes durch Frau G. kund und sagte uns, sie kenne meinen Sohn, da sie ihn vor einigen Jahren in einer spiritistischen Sitzung in Wien gesehen habe. Sie rezitierte hierauf eine Strophe aus einer ihrer Lieblingsrollen, die mir leider nicht im Gedächtnis geblieben ist, und verschwand Der Frau G. war diese Schauspielerin ebenso unbekannt wie unsere Teilnahme an jener spiritistischen Sitzung in Wien, denn weder ich noch mein Sohn hatten irgend jemandem mitgeteilt, was uns in jenem Wiener Zirkel über ihre dortige Anwesenheit gesagt worden war. Für uns war das ja damals eine gänzlich bedeutungslose Tatsache gewesen, und wir hatten an dieselbe nicht mehr gedacht, bis sie uns durch die medianime Mitteilung der Frau G. ins Gedächtnis zurückgerufen wurde.

Aus meinen Erfahrungen mit einem dritten Medium, einem feingebildeten, kunstsinnigen und auch künstlerisch begabten Fräulein von damals 19 Jahren, das übrigens nur im Kreis ihrer Familienangehörigen und nächsten Freunde den Geisterverkehr pflegte, mehrere Male gemeinsam mit dem soeben erwähnten Medium Frau G., das dazu eingeladen war, will ich hier einen höchst eigenartigen Identitätsbeweis mitteilen. Dieses Medium ist lediglich Sprechmedium und bleibt bei seinen Kundgaben bei vollem Bewußtsein, ist — mit anderen Worten — ein reines Inspirationsmedium, was die mitzuteilende Tatsache übrigens nur noch interessanter macht.

Als sich einmal durch dieses Medium angeblich der verstorbene Vater eines anwesenden Herrn kundgab, bat dieser um einen Beweis, daß es wirklich sein Vater sei, der durch das Medium spreche. Da stand dieses, das bisher auf einem Stuhl gesessen hatte, auf, ging zur offenstehenden Zimmertüre und fiel hier auf der Schwelle scheinbar bewußtlos zu Boden wie in einem Anfall von Epilepsie. Alle Anwesenden waren aufs höchste bestürzt, aber der fragliche Herr rief: „Ja, du bist es mein Vater, jetzt bin ich nicht mehr im Zweifel." Sofort erhob sich auch wieder das Medium und war bei vollem Bewußtsein, wie wenn nichts vorgefallen wäre. Später erzählte jener Herr das Folgende, was vorher allen Anwesenden ein Geheimnis gewesen war. Sein Vater hatte im Herbst 1847 den Sonderbundfeldzug auf Seite der Eidgenossen mitgemacht und war mit seiner Abteilung ins Kloster Einsiedeln gekommen. Hier, im sogenannten Feindeslande, glaubte der eifrige Protestant seinen Abscheu vor dem Katholizismus dadurch zum Ausdruck bringen zu sollen, daß er — ich weiß nicht mehr ob im Innern des Klosters oder vor demselben an einem Kreuzweg — ein Bild des gekreuzigten Christus mit dem Gewehrkolben zertrümmerte. Kaum war das geschehen, so fiel er in Krämpfen bewußtlos zu Boden. Er erhob sich zwar bald wieder; aber von da an bis zu seinem nach etwa 40 Jahre erfolgten Tode wiederholte sich das Übel von Zeit zu Zeit genau in der Art und Weise, wie das Medium uns vorgezeigt hatte, ohne daß jedoch seine geistigen Fähigkeiten darunter gelitten hätten. Natürlich wurde das Vorkommnis und seine Folgen von der Familie geheim gehalten, umsomehr als die Katholiken darin eine Strafe des Himmels erblickt hätten. Ich für mich hege keinen Zweifel, daß zum mindesten das erste Mal das Übel durch den Einfluß eines Geistwesens — vielleicht auch mehrere solcher — hervorgerufen wurde, das in seinem Erdenleben ein fanatischer Katholik gewesen war und glaubte, den nach seiner Ansicht an einem heiligen Bild und an geweihter Stätte begangenen Frevel rächen zu müssen, denn daß der Vorfall an sich den Mann — etwa durch plötzlich entstehende Gewissensbisse — stark erregt hätte, ist wenig wahrscheinlich. Ob die späteren Wiederholungen ebenfalls auf Geistereinfluß beruhten, halte ich dagegen für fraglich, denn es ist sehr wohl möglich, daß schon durch den ersten Einfluß ein latentes körperliches Leiden geweckt wurde, das sich später auch ohne diesen Einfluß wiederholte. Es ist sogar denkbar, daß dieses Leiden Epilepsie war, denn Epilepsie entsteht oft durch eine einzige heftige Gemütsbewegung, wie sie unter anderem durch den gewalttätigen Angriff eines jenseitigen Geistwesens auf einen medialen Menschen hervorgebracht werden kann.

Über das Blumenmedium Frau Anna Rothe und den gegen dasselbe geführten Prozeß, der zu seiner Verurteilung wegen Betrug führte, werde ich mich im folgenden Abschnitt aussprechen. Dagegen möchte ich schon hier eines für mich persönlich nicht unwichtigen Ereignisses Erwähnung tun, das sich an meine Bekanntschaft mit der Tochter der Frau Anna Rothe, Frau Professor Sellin knüpft. Ich lernte diese kennen, als ich im März 1903 auf Veranlassung des gegen ihre Mutter geführten Prozesses in Berlin weilte. Professor Sellin führte mich bei ihr ein, und ich war hier Zeuge einer durch mediumistische Klopflaute geführten Unterhaltung zwischen ihm und unsichtbaren Intelligenzen, welche die an sie gestellten Fragen entweder mit „ja" (drei Klopflaute) oder mit „nein" (ein Klopflaut) oder mit „ich weiß nicht" (zwei Klopflaute) beantworteten, vorausgesetzt natürlich, daß es wirklich fremde Geistwesen waren und nicht bloß das Unterbewußtsein des Mediums, was die Klopflaute erzeugte. Solche intelligente Klopflaute, das eigentliche Tischklopfen, gehören nach meinen Erfahrungen keineswegs zu den häufigsten okkulten Erscheinungen. Weit häufiger sind Bewegungen (Heben oder Schieben) des Tisches, das „Tischrücken", das ebenfalls zu einer Unterhaltung mit jenseitigen Wesen oder dem Unterbewußtsein des Mediums benutzt werden kann.

Nachdem sich diese Tochter der Frau Rothe mit Professor Sellin vermählt hatte, besuchte ich sie zum zweiten Mal im Sommer 1907 in Wilmersdorf. Als wir hier des Nachmittags beim Tee zusammen saßen und nicht im geringsten an einen Verkehr mit dem Jenseits dachten, geriet sie plötzlich in Tieftrance. Es war dies um so auffallender, als mein Besuch aus rein freundschaftlichem Interesse stattgefunden hatte und Professor Sellin seine Frau, wie er mir sagte, schon längere Zeit von jedem Geisterverkehr fern hielt, in der Hoffnung, daß sich ihre mediale Begabung dadurch abschwäche, da er nicht wollte, daß sie als Trancemedium spiritistische Sitzungen abhalte und dann später vielleicht das traurige Schicksal ihrer Mutter teilen müsse. Er war daher ebenso wie ich von ihrem Trancezustand aufs höchste überrascht. Sofort begann nun ein jenseitiges Geistwesen zu sprechen, in dem ich fast vom ersten Augenblick an meine zwei Jahre vorher verstorbene Schwester erkannte, die seit dem Tode meiner Frau meiner Haushaltung vorgestanden hatte, denn das Gesicht des Mediums nahm hauptsächlich im untern Teil ganz die Züge meiner Schwester an, sein schwaches rundes Kinn wurde stärker und spitzig, so wie das Kinn meiner Schwester gewesen war, und die Mundstellung beim Sprechen war vollständig die charakteristische mir sehr gut bekannte Mundstellung meiner Schwester. Auch begrüßte sie uns, indem sie mich mit „Du“, Herrn Professor Sellin dagegen mit „Sie“ anredete. Was mir aber jeden Zweifel daran benahm, daß es wirklich meine Schwester sei, die zu mir spreche, das war der Inhalt des Gesprochenen, der in einer Warnung vor Verschleuderung meines sehr mäßigen Vermögens durch allzu große Gutmütigkeit bestand, wodurch meine Kinder benachteiligt würden. Dies war stets die Sorge meiner Schwester gewesen, als sie noch lebte, denn ich war ihrer Meinung nach viel zu geneigt, Arme, besonders arme Spiritisten finanziell zu unterstützen, sei es durch Darlehn sei es durch Geschenke, und sie hatte damit wohl nicht ganz Unrecht. Auch hatte sie mir schon vorher durch ein in der Umgebung von Zürich wohnendes Medium die gleiche Warnung zukommen lassen. Sie hatte sich durch jenes Medium in meiner Abwesenheit kundgegeben, und mußte das tun, da ich dasselbe zu jener Zeit nicht mehr besuchte, aber sie beauftragte einen anwesenden mir befreundeten Herrn, mir die fragliche Warnung zu übermitteln. Ich brauche kaum beizufügen, daß Frau Sellin von dieser Sorge meiner Schwester nichts wußte. Meine Schwester war ihr völlig unbekannt. Ich selbst dachte in jenem Augenblick nicht im mindesten an meine Schwester und ihre Sorge um meine Vermögensverhältnisse, kann aber sehr wohl begreifen, daß sie ihre lebhafte Sorge mit sich ins Jenseits hinübernahm, und mir dieselbe bei jeder sich ihr bietenden Gelegenheit mitteilte. Ich suchte sie natürlich zu beruhigen, und glaube auch diesen Zweck erreicht zu haben.

Nach dieser Kundgebung meiner Schwester erfolgte noch eine solche des kleinen Friedchens, das die Blumenapporte der Frau Rothe geleitet hatte. Ich werde später auf dieses Friedchen zurückkommen und bemerke einstweilen nur, daß mir der Gedanke an dasselbe damals gänzlich ferne lag. Ich hatte, nachdem Frau Professor Sellin in Trance geraten war und ich sah, daß sich nach meiner Schwester noch jemand durch sie kundgeben wolle, unwillkürlich an Frau Rothe gedacht. Allein gerade sie gab sich nicht kund.

Auch ein Erlebnis mit einer Somnambulen möchte ich hier erwähnen, weil ich mich dabei auf das Zeugnis des Dr. Jung, eines früheren Assistenzarztes der züricherischen staatlichen Irrenanstalt, Verfassers des im Verlag von Oswald Mutze in Leipzig erschienenen Buches: „Zur Psychologie und Pathologie sogenannter okkulter Phänomene," berufen kann. Eine Frau Fäßler, die später als Krankheits-Diagnosen stellende Somnambule eine gewisse Rolle spielte, hatte in den Jahren 1901 und 1902 die spiritistischen Sitzungen der früher erwähnten Frau G. besucht. Sie richtete damals an mich das Gesuch, sie als Medium auszubilden, was ich ablehnte. Später bildete sie sich als Somnambule aus und wurde in dieser Eigenschaft von Dr. Jung wiederholt geprüft. Ich hatte trotz meiner früheren ablehnenden Haltung gegen ihre Wünsche die Verbindung mit ihr nicht völlig abgebrochen, weil mich ihre somnambule Befähigung interessierte. So kam es, daß sie gegenüber Dr. Jung den Wunsch äußerte, mich zu einer mit ihr vorzunehmenden Prüfungssitzung in der Wohnung des Dr. Jung herbeizuziehen, welchem Wunsch dieser entsprach. Das Phänomen, das geprüft werden sollte, bestand darin, daß man ihr ein Schreiben auf den Kopf legte, worauf sie die körperlichen und geistigen Eigenschaften des Schreibers sowie dessen Krankheiten beschrieb. Sie war in dieser Hinsicht schon oft erfolgreich gewesen, doch hatten auch Fehlschläge nicht gemangelt.

Bei der Prüfung, die wir nun vornahmen, zog mich Dr. Jung ins Nebenzimmer und sagte mir dort ganz leise, ich möchte den Brief, den er mir geschrieben und durch den er mich zu dieser Prüfungssitzung eingeladen hatte, der Frau Fäßler auf den Kopf legen. Ich tat dies, und nun beschrieb diese eine Frauensperson und nannte eine Reihe körperlicher und geistiger Eigenschaften und schließlich auch die Krankheiten, an denen diese Person leiden sollte. Ich dachte natürlich, da habe sie sich einmal tüchtig geirrt. Es fiel mir jedoch auf, daß Dr. Jung so nachdenklich auf seinem Stuhle saß, und nachdem Frau Fäßler ihre Beschreibung beendigt hatte, wurde ich auch bald über den Grund dieses für mich auffallenden Benehmens aufgeklärt; denn nun rief er aus: „Wunderbar, sie hat ganz genau meine Mutter beschrieben, alles stimmt, Eigenschaften sowohl als Krankheitsverhältnisse, und sie kennt meine Mutter, die in Basel wohnt, garnicht, hat sie nur ein einziges Mal als sie bei mir in Zürich auf Besuch war, durch das Zimmer gehen sehen.“ Dr. Jung gestand mir, daß er diesen seltsamen Fall nicht zu erklären vermöge, und ich will mich gleichfalls nicht mit Hypothesen darüber aufhalten.

Nach dem Rotheprozeß, der im März 1903 zur Erledigung gelangte, habe ich nur noch einen einzigen spiritistischen Zirkel regelmäßig längere Zeit hindurch besucht, nämlich denjenigen einer Frau S., die sowohl Schreib- als Sprechmedium und zugleich Geisterseherin ist.

Die Sitzungen dieses Zirkels hatten schon im Jahre 1905 begonnen, ich beteiligte mich jedoch dabei erst vom Herbst 1908 an. Zur Zeit meines Eintritts nahmen an demselben außer der genannten Frau S. noch drei weibliche Trancesprechmedien sowie ein Herr teil, der wie Frau S. Geisterseher ist, dazu der Zirkelleiter, ein gebildeter, ruhiger Mann im Alter von etwa 57 Jahren, der den Spiritismus gut kennt, und einige andere Personen vorwiegend Männer, im ganzen mit mir zwölf bis vierzehn Personen, von denen niemand früher dem Zirkel der Frau M. angehört hatte.

Keines der Medien nahm für seine Bemühungen einen Entgelt, obwohl es ausnahmslos Personen waren, die ihren Lebensunterhalt aus ihrem Arbeitsverdienst zu bestreiten haben. Alle wollten ebenso wie der Zirkelleiter und die übrigen Teilnehmer nur der Sache dienen, als welche sie die unglücklichen, reuigen oder unwissenden Geistern durch Belehrung und Gebet zu leistende Hilfe betrachteten. Wir wußten auch, daß es, wie von den unsere Zirkel leitenden Geistwesen stets betont wurde, für den Erfolg sehr wichtig sei, regelmäßig zu den Sitzungen zu erscheinen und nur selten und bloß mit Bewilligung der Jenseitigen neue Mitglieder aufzunehmen, die dann anfänglich noch außerhalb der Kette zu bleiben hätten, Anweisungen, die leider nicht immer strikte befolgt wurden.

Die Sitzungen begannen mit einem Gebet, worauf sich durch das automatische Schreibmedium Frau S., das während des Schreibens bei vollem Bewußtsein bleibt, ein oder zwei hilfesuchende Geistwesen kundgaben. Der Zirkelleiter beobachtete ihr Schreiben und leitete ihre Kundgebungen durch seine Fragen, die Geister zur Selbsterkenntnis und zum Gebet ermahnend, und nicht selten ein Gebet sprechend, nachdem jene vorher ersucht worden waren, dasselbe im stillen nachzusprechen. Wenn ein Geistwesen zu schreiben aufgehört hatte, wurde seine Kundgabe vorgelesen, worauf oft nochmals eine Belehrung an den Schreiber gerichtet oder ein Gebet gesprochen wurde. Gewöhnlich folgte nun, wiederum durch Frau S., die schriftliche Kundgebung eines vorgeschrittenen Geistes, meistens eines regelmäßigen Besuchers unseres Zirkels, der früher durch denselben auf eine höhere Stufe gehoben worden war und sich dafür dankbar erweisen wollte, indem er uns nun Belehrungen und bisweilen auch gesundheitliche Ratschläge zukommen ließ. Diese schriftlichen Kundgebungen sind größtenteils noch vorhanden, aber sie geben kein vollständiges Bild, weil die Fragen des Zirkelleiters, seine mündlichen Belehrungen und die gesprochenen Gebete in der Regel nicht vorgemerkt sind.

Nachdem wir sodann von einem unserer höheren Geistwesen durch Frau S. die schriftliche Anweisung erhalten hatten, zum zweiten Teil der Sitzung, den Kundgebungen durch die Sprechmedien überzugehen, wurde die das Zimmer erleuchtende Gasflamme heruntergeschraubt oder gänzlich gelöscht. Völlige Dunkelheit trat indessen auch im letzten Falle nicht ein, weil im Nebenzimmer, dessen Eingangstüre, durch einen Vorhang verhängt, offen stand, eine andere Gasflamme brannte, und auch die Straßenbeleuchtung von außen einen Schimmer von Helligkeit ins Zimmer warf. Hierauf bildete man die Kette, indem man sich gegenseitig die Hände reichte, und schon nach zwei oder drei Minuten gerieten eines oder mehrere der Sprechmedien in Trance, worauf die Kette gelöst wurde. Nun sprach entweder ein Geistwesen durch eines dieser Medien, oder es führten zwei solche, einige Male sogar drei, jedes durch ein besonderes Medium, untereinander ein Gespräch. Fast immer waren es hilfesuchende Geister, die sich so manifestierten, oft solche, die weil sie rasch und unerwartet den Tod gefunden hatten, noch nicht wußten, daß sie gestorben waren. Den Zwiegesprächen lag immer eine Beziehung der miteinander Sprechenden zu Grunde, nicht selten eine gemeinsame Schuld.

So manifestierten sich einmal zwei Pfarrer, die gegen Ende des vierten Jahrzehnts des verflossenen Jahrhunderts gemeinschaftlich die große Erbschaft eines im Auslande Verstorbenen bezogen und statt sie den Erben herauszugeben, für sich behalten hatten. Um ihre Schuld zu verdecken, hatten sie aus dem Pfarrbuch, das zu jener Zeit als Zivilstandsregister diente, ein Blatt herausgerissen. Beide — der eine von ihnen hatte aus Furcht vor Entdeckung Selbstmord begangen — hatten furchtbare Gewissensqualen ausgestanden, ermutigten sich nun aber gegenseitig, ihre Schuld zu gestehen und baten uns um unser Gebet, worauf wir sie auf Jesum hinwiesen, der dem reuigen Sünder verzeihe, und mit ihnen beteten. Die beiden Medien, durch welche diese Kundgaben erfolgten, waren nicht näher mit einander bekannt und trafen sich nur in diesen Sitzungen, konnten also diese gemeinsame Manifestation nicht mit einander verabredet haben. Übrigens hatten sie ebensowenig wie die übrigen Mitglieder des Zirkels ein Wissen von diesem vor mehr als siebenzig Jahren in einer Landgemeinde eines Nachbarkantons stattgefundenen Ereignis. Anfänglich blieben auch die Nachfragen, die ich behufs Verifikation dieser Dinge anstellte, erfolglos. Erst nach etwa zwei Jahren erfuhr ich durch einen Nachkommen eines der benachteiligten Erben, daß die Sache sich genau so verhalte, wie die beiden Pfarrer angegeben hatten, und daß auch ihre Geschlechtsnamen, die sie uns mitgeteilt hatten, richtig seien.

Nach den hilfesuchenden Geistern sprach in der Regel das Geistwesen, das sie uns zugeführt hatte, gab uns bisweilen noch nähere Auskunft über sie, oder erteilte den Teilnehmern an der Sitzung gesundheitliche Ratschläge.

Von dem Augenblick an, wo halbdunkel oder dunkel eingetreten war, begannen auch die Hellseher die Geisterwesen, die anwesend waren, wahrzunehmen, und teilten uns in der Regel sofort ihre Wahrnehmungen mit. Sie sahen, wie diese Geistwesen in die Medien eintraten, und wie sich dann deren Gesichtszüge und bisweilen sogar deren Körper veränderten; was bisweilen in geringerm Maße auch die nicht hellsehenden Zirkelteilnehmer wahrnahmen.

Wenn diese Geistwesen einen gewaltsamen Tod erlitten hatten, sahen die Hellseher die Wunden, an denen sie gestorben waren, und bei vorangegangener langer Krankheit die dadurch hervorgebrachte Entstellung. Meistens konnten sie auch beobachten, auf welche Weise der Eintritt und der Austritt der Geister aus dem Medium erfolgte. Nach ihren Mitteilungen fand der Eintritt stets an der rechten Seite des Mediums statt, der Austritt dagegen an der linken, ersterer in der Regel zuerst mit dem Rumpf, nur ausnahmsweise zuerst mit dem Kopf, was fast immer das Eindringen verzögerte und mit einer Belästigung und Ermüdung des

Mediums verbunden war. Die ethische Natur der Geister konnten sie an ihrer größeren oder geringeren Helligkeit erkennen. Niedere Geister waren dunkel und unschön. Ganz böse sahen sie in Tiergestalten. Aber niemals traten solche Tiergestalten in die Medien ein, sondern sie hielten sich stets im Hintergrund oder unter dem Tisch auf. Außerdem erblickten die Hellseher oft Gedankenbilder symbolischer Natur, oder Gedenksprüche, die in der Luft schwebten, meistens auf Täfelchen geschrieben, wie man sie an den Wänden in den Wohnungen frommer Familien sieht. Einige Male waren es Gedenksprüche in fremden Sprachen, die wir nicht verstanden. So sahen die Hellseher einmal den Spruch: „Minie allie herlavant" und wurden von einer unserer Kontrollen, die sich durch ein Sprechmedium kundgab, aufgefordert, nachzuforschen, was das für eine Sprache sei und was der Spruch bedeute. Einem unserer Zirkelteilnehmer, der Sprachlehrer ist, gelang es denn auch, wie er uns später mitteilte, festzustellen, daß der besagte Spruch einem Dialekt der finnisch-lappischen Sprache entstammt, und auf deutsch heißt: „Mein ist alle Herrlichkeit."

Bisweilen vollführten die Geister, bevor sie sich durch die Sprechmedien kundgaben, vor den Augen der Hellseher die letzten Handlungen ihres irdischen Lebens. Einmal z. B. sahen die Hellseher zuerst auf dem Tisch zwei Würfel und sodann zwei Geistwesen, die diese Würfel ergriffen und warfen, worauf sie miteinander in Streit gerieten, in dem sich beide tödlich verwundeten. Gleich hernach gaben sie sich durch zwei Sprechmedien gleichzeitig kund, erzählten diesen Vorfall und wurden sodann von uns belehrt.

Die beiden Hellseher kontrollierten sich gegenseitig, wobei sich zeigte, daß das von ihnen Wahrgenommene bisweilen in nebensächlichen Punkten von einander abwich, fast immer aber ergänzten sich die Abweichungen und machten das Gesamtbild nur noch verständlicher.

Auch die Veränderungen der von ihnen gesehenen Geistwesen und Bilder, die sich bei jedem selbständig vollzogen, trugen viel zum besseren Verständnis bei, und lieferten ebenfalls einen Beitrag zur Erklärung der Verschiedenheiten in ihren Wahrnehmungen. Ich selbst sah nie das Geringste. Dagegen sah von den anderen Anwesenden, besonders von den Sprechmedien, auch wenn sie sich nicht in Trance befanden, bald der eine bald der andere auch etwas von diesen Erscheinungen aus der Astralwelt, obgleich meistens unvollkommener als unsere zwei Hellseher. Leider war Niemand hellhörend, was wir sehr bedauerten.

Wir dachten wiederholt daran, diesen zweiten Teil der Sitzung schriftlich zu fixieren und einmal machten wir den Versuch einer stenographischen Protokollierung. Allein wir gaben diesen Versuch bald wieder auf, weil er den mit Berufsarbeit überbürdeten Stenographen zu viel Zeit und Mühe gekostet hätte. Zugleich zeigte sich, daß eine getreue und vollständige Protokollierung der Beobachtungen der Hellseher neben der Wiedergabe des von den Medien Gesprochenen unausführbar sei. Auch bieten bekanntlich Protokolle über Gesichtswahrnehmungen stets nur einen schwachen Ersatz für die Wahrnehmungen selbst.

Am Schluß der Sitzungen, die etwa zwei Stunden dauerten, wurde nochmals ein Gebet gesprochen. Bisweilen mußten, bevor man auseinander ging, die Medien ausmagnesitiert werden, um jeden üblen Einfluß der Geistwesen, die durch sie gesprochen hatten, zu beseitigen. Dann begab man sich nach Hause und zu Bett. Es war uns von unseren jenseitigen Freunden verboten, nach der Sitzung ein Wirtshaus zu besuchen oder alkoholische Getränke zu genießen. Der Genuß von Alkohol, sowie das Rauchen, war uns auch vor der Sitzung untersagt, und während derselben herrschte die größte Ruhe, und wurde absolut nichts gesprochen, was nicht zur Sache gehörte. Das war uns dadurch sehr erleichtert, daß wir nie lange auf das Sprechen der Medien zu warten brauchten und der Trancezustand sich fast immer ohne jede Magnetisierung und ohne irgendwelche unnatürliche Bewegungen des Mediums gleichsam von selbst einstellte, so daß wer nicht Hellseher war oft erst wenn das Medium zu sprechen begann, merkte, daß es sich in Trance befand.

Ich habe auf Grund dieser Sitzungen die Überzeugung gewonnen, daß es für die Beurteilung der spiritistischen Phänomene außerordentlich wichtig ist, Hellseher zu besitzen, welche die sich kundgebenden Geistwesen sehen, sowohl wenn sie sich außerhalb des Mediums befinden, als auch wenn sie in dasselbe eintreten, was bei Trancesprechmedien möglicherweise immer geschieht; denn diese Kontrolle des Hellsehens ist der einfachste Weg um festzustellen, ob ein Medium von einem fremden Geistwesen inspiriert wird oder bloß vom eigenen Unterbewußtsein.*) Allerdings berechtigt diese Kontrolle nicht immer zu absolut sicheren Schlüssen über den spiritistischen Ursprung der medianimen Botschaften, denn die von den Hellsehern erblickten, in die Medien eintretenden oder sie, wie das namentlich beim medialen Schreiben vorkommt, durch Berührung beeinflussenden Geistgestalten können auch die Doppelgänger lebender Personen sein. Es ist sogar nicht ausgeschlossen, daß es bloß durch die okkulte Gestaltungskraft des Mediums oder der Zirkelsitzer erzeugte Gedankenformen sind. Freilich kommt dies meiner Ansicht nach selten vor und könnte bei längerer Beobachtung leicht festgestellt werden, da solche Gedankenformen nicht wie wirkliche Geistwesen einen lebhaften, individuellen, sich stets gleich bleibenden menschlichen Charakter besitzen. Ich habe in diesem Zirkel auch niemals irgendwelche Anzeichen dafür feststellen können, daß die von den Hellsehern wahrgenommenen, scheinbar durch ein Medium

*) Ueber das Hellsehen als Mittel zur Kontrolle der spiritistischen Sitzungen siehe auch das Buch von Schnütgen: „Die zeitgenössische Geisterseherin von Köln“, Verlag von Oswald Mutze in Leipzig.

sprechenden Geistgestalten bloße Gedankenformen waren, und daß ihr Sprechen, da bloße Gedankenformen nicht sprechen können, vom Unterbewußtsein des Mediums ausging.

Die sich häufiger kundgebenden Geistwesen bevorzugten meistens ein bestimmtes Medium. Einige zogen das Schreiben durch Frau S. dem Sprechen vor, ohne indessen das Sprechen durch sie oder andere Medien gänzlich zu meiden. Franz Müller z. B., der in der ersten Periode am häufigsten auftrat, schrieb fast immer durch Frau S. und gab sich nur ausnahmsweise durch ein Sprechmedium kund. Dagegen bevorzugte Max Rothe, der in der letzten Periode sich am häufigsten kundgebende Geist anfänglich das Sprechmedium Fräulein Sch. und erst als dieses durch Krankheit an weiterem Besuch der Sitzungen verhindert wurde, fing er an, durch Frau S. zu zu schreiben und bisweilen auch durch diese oder durch andere Medien zu sprechen.

Die Hauptaufgabe dieses Zirkels bestand, wie bereits angedeutet, darin, Verstorbene über ihren Zustand und ihre Aufgabe im Jenseits aufzuklären und dadurch, sowie durch Gebet und Fürbitte sowohl während der Sitzung als auch nachher, zum geistigen Fortschritt zu bringen. Sehr häufig waren dies Geistwesen, die noch nicht wußten, daß sie gestorben waren, sondern meinten in ihrem Erdenleib weiter zu leben, denn dieser Wahn ist keine Seltenheit, besonders bei Menschen, die der Tod plötzlich und unerwartet überrascht. Oft glaubten die Verstorbenen noch die Schmerzen zu fühlen, die ihnen der gewaltsame Tod oder ihre Krankheit bereitet hatten, und zwar nicht bloß wenn ihr Schmerzgefühl mit dem Monoïdeismus verknüpft war, immer noch auf der Erde in ihrem physischen Leib zu leben und den Todeskampf weiter zu kämpfen, wie das namentlich bei Selbstmördern häufig vorkommt, sondern auch wenn sie wußten, daß sie gestorben waren.

Sie mußten dann von uns darüber aufgeklärt werden, daß ihr Schmerzgefühl auf bloßer Einbildung beruhte, was sie oft lange nicht begriffen. Waren diejenigen, die sich in den Wahne befanden, noch in ihrem Erdenleib auf der Erde zu wandeln, oder noch die Schmerzen ihrer Krankheit oder ihrer Verwundungen zu fühlen, keine in besonders schwere Sünden Gefallene, so erzielten wir durch unsere Belehrungen und Gebete manchmal die überraschendsten Erfolge. Nicht selten sahen auch unsere Hellseher, wie mit der fortschreitenden Selbsterkenntnis und Reue eines Geistwesens sein Astralkörper vollkommener, heller und edler wurde, besonders wenn dieses Geistwesen sich wieder in späteren Sitzungen kundgab.

Wir besaßen keine Leitung durch einen besondern, mit der stetigen Überwachung unseres Zirkels und seiner Medien betrauten Kontrollgeist. Dagegen übernahmen die Geistwesen, die von uns belehrt worden waren und infolge unserer Bemühungen in höhere Sphären übergetreten waren, abwechselnd die Leitung und führten uns diejenigen Verstorbenen zu, die der Belehrung und Fürbitte bedurften und bei denen ihrer Ansicht nach Hoffnung bestand, daß sie zum geistigen Fortschritt gebracht werden könnten, oder die auch nur über ihren Zustand im Jenseits, den sie noch nicht begriffen hatten, belehrt werden mußten, denn die niedern Geister sind für Ermahnungen und Aufklärungen weitaus zugänglicher, wenn diese von irdischen Menschen ausgehen, die sie mit Hilfe der Medien sehen und hören und mit denen sie daher ganz wie auf dieser Erdenwelt verkehren können, als wenn sich jenseitige Geistwesen um sie bemühen, da sie diese meistens für bloße Halluzinationen ihrer eigenen Sinne halten, denen sie keine Realität zuschreiben. Infolgedessen bildete sich um uns ein immer größerer Kreis Jenseitiger. Diejenigen, die durch uns gefördert in die höheren Sphären eingetreten waren, erzählten uns ihre dortgemachten Erfahrungen, nahmen, wenn sie hoch genug gestiegen waren, von uns Abschied, und erschienen dann nur noch selten oder auch gar nicht mehr. Andere, die langsamer stiegen, blieben bis ans Ende der Sitzungen unsere Schüler.

Von meinen verstorbenen Verwandten und Bekannten manifestierte sich, solange ich den Zirkel besuchte, Niemand. Ich hatte auch keinen besonderen Wunsch mit ihnen zu verkehren. Dagegen sprach in einer der wenigen Sitzungen die noch nach meinem Austritt stattfanden, ein Geist durch Frau S., der behauptete, einer meiner Kollegen im Obergericht gewesen zu sein und gab den Zirkelsitzern den Auftrag, mir dafür zu danken, daß ich für ihn gebetet habe. Er nannte zwar seinen Namen nicht, aber ich glaube, daß es ein Kollege war, der im Jahr 1890 durch Selbstmord geendet hatte; denn ich hatte, nachdem ich Spiritist geworden, das Gefühl gehabt, für ihn, der mir ein sehr lieber Kollege gewesen war, und dessen Hinschied ich tief bedauert hatte, beten zu müssen, und hatte dies denn auch mehrmals getan. Die Mitglieder des Zirkels wußten schwerlich etwas von diesem Manne und seinem Selbstmord und noch weniger konnte ihnen bekannt sein, daß ich für ihn gebetet hatte, da ich mit Niemanden hierüber gesprochen hatte.

Ich lasse hier als Probe für die uns in diesem Zirkel zugekommenen Belehrungen zwei Kundgaben folgen, die wir durch unser Schreibmedium Frau S. von zwei Geistwesen erhielten, die lange Zeit unsere Schüler gewesen waren, aber, nachdem sie höhere Sphären erreicht hatten, aus unseren Schülern unsere Lehrer geworden waren.

Am 26. November 1908 kam von Mina, die wie sie sagte bei Lebzeiten Verkäuferin in einem großen Wurstwarengeschäft Zürichs gewesen und an Lungenschwindsucht gestorben war, die folgende Kundgebung:

„Mehrere unter euch werden über diese Zeit (Advent) Schweres durchzumachen haben. Gebe Gott, daß ihr Glauben und Kraft findet es auszuhalten und euch in Liebe daran erinnert, daß das euch auferlegt ist. Wir haben in unseren Regionen auch viel durchzumachen, und glaubt sicher, es wird uns vielleicht noch schwerer im Geiste alles zu halten, was wir (halten) müssen; denn es sind viele, viele Plagegeister, wie wir sagen, da, also niedere Wesen, die uns plagen, damit wir aus unseren jetzigen Sphären wieder verdrängt würden und schließlich dann wieder ärmer dastehen als zuvor.“

Auf die Frage des Zirkelleiters: „Wie könnt ihr denn verdrängt werden?“

„Weil eben diese schlechten Geister durchdringen und uns stürzen wollen, eben weil sie noch dunkel und elend sind und nicht glauben, deshalb wollen sie uns hinunterzerren.“

Auf die weitere Frage des Zirkelleiters: „Kann euch denn Niemand schützen?“

„Unsere Führerinnen und Lehrer alle. Aber in diesen Prüfungen lassen sie uns allein, um zu sehen, wie fest wir im Glauben sind. Mein armer Karl ist ja eine Stufe höher als ich, und doch hat er den Weg noch nicht gefunden aufwärts zu kommen, nur weil er einen Wink (zu befolgen) vergessen hat. Besser ist es deshalb, wenn ihr im irdischen Leben zur Erkenntnis des Guten und Bösen kommt. Dann habt ihr zwar auch unten anzufangen, aber ihr seid dann schnell und rasch hindurchgeführt. Ihr müßt wohl das grenzenlose Elend von diesen armen Seelen allen sehen, aber ihr empfindet ja nur Erbarmen und viele, viele Tränen für die Armen. Helfen freilich könnt ihr ihnen nicht, sie müssen sich alle selbst den Weg zur Erkenntnis und zum ewigen Heil bahnen. . . . .

Nur euch Lieben, eurer Fürbitte und eurem Gebet habe ich es zu verdanken, daß ich soweit bin, also haltet fest in Liebe und Gebet.“

Die zweite Kundgabe, die ich hier mitteile, stammt von Franz Müller, einer Persönlichkeit, die sich von Beginn der Sitzungen an sehr oft manifestierte und einem der später eintretenden Medien persönlich bekannt gewesen war. Sie erfolgte am 2. Dezember 1909 durch die Schreibmediumschaft der Frau S. und lautet:

„Die große Wahrheit der Erkenntnis der Ursache aller Leiden ist keine überlieferte Lehre wie ihr glaubt, sondern ein Lernen in sich selbst, ein insichschauen mit dem Auge des Geistes, eine Erkenntnis der Wahrheit, eine Offenbarung in sich selber, ein Erleuchten des Lichts, des wahren inneren Lichts, das wir und ihr haben müßt, um euch selbst erkennen zu können. . . . . . .

Ich finde, ihr Menschen suchet nur zu wenig nach dem Licht, nach der Gottesnatur in euch und in allen Kreaturen. Ein Licht, eine Leuchte, ein Abglanz der Sonne und bildlich so dargestellt, ist es aber dem Lichte der Gottheit nicht zu vergleichen. Und jetzt erst das Licht des Höchsten, des Allmächtigen, vor den wir alle gestellt sind und den wir mit der Zeit schauen werden! O, ich mahne euch alle, seid einig und stark in Liebe, Fürbitte und Gebet, und auch ihr werdet immer mehr zur Erkenntnis der Gottheit gelangen! Bitte euch, Geduld mit den armen, unglücklichen Wesen zu haben, und sie ja nicht zurückzuweisen. Das ist Frevel und Irrtum. Auch ich war ein so armer verlassener Jenseitiger, und hättet ihr mich nicht aufgeklärt, mit mir gebetet, nicht meine bejammernswerte Lage klargestellt, glaubt sicher, ich wäre noch nicht so weit, und ich könnte jetzt nicht aufjubeln und euch danken, von ganzem Herzen danken, daß ich in den vier Jahren so weit kam. Es ist ja wahr, es gibt Wesen, die den Willen so gut haben wie ich, vorwärts zu kommen, und haben oft zwanzig bis dreißig und noch mehr Jahre nötig, um so weit zu kommen, aber sie haben die innere Selbsterkenntnis noch nicht erlangt, dann geht es eben viel schwerer. Der gute Pfarrer X., (ein sich ebenfalls von Zeit zu Zeit manifestierender Geist) ist doch schon länger der irdischen Hülle entflohen und hat sicher bessere Kenntnis der Bibel und der Menschen gehabt, aber die Selbsterkenntnis fehlt ihm eben noch."

Über die Reïnkarnation sagte uns ein höheres Geistwesen, das durch eines unserer Trancemedien sprach, aber seinen Namen nicht nannte, und das von den Hellsehern als höheres Geistwesen erkannt und beschrieben wurde, daß kein Mensch, der im Jenseits die Belehrungen der höheren Geister annehme und dadurch in die höheren Sphären gelange, wieder in diese Erdenwelt zurückkehre, wohl aber alle diejenigen, die diese Belehrungen verwerfen und infolgedessen im Jenseits keinen Fortschritt machen können. Ich glaube allerdings meinerseits, daß mit diesen Worten die missionsweise Reïnkarnation auch höherer Geister nicht als unmöglich bezeichnet werden wollte, was ich der Vollständigkeit wegen hier beifüge. Wie mir der männliche Hellseher unseres Zirkels später mitteilte, glaubt er, daß dieser Geist Nikolaus von der Flüh gewesen ist, denn dieser sprach wie er mir sagte früher schon einmal, und da er damals neben ihm die Jahreszahl 14 . . erblickte, und er Nikolaus von der Flüh in ihm zu erkennen glaubte, fragte er ihn, ob er dieser sei, worauf die Antwort erfolgte: „Du hast es gesagt." Ich vermag mich dieses frühern Vorfalles nicht zu erinnern. Wahrscheinlich fand er statt, als ich noch nicht dem Zirkel angehörte.

Nach vielen Erfahrungen auf dem Gebiet des praktischen Spiritismus, die ich jedoch nirgends so deutlich gemacht habe wie in diesem Zirkel, muß man sich davor hüten, sich eine allzu ideale Vorstellung vom geistigen Fortschritt des Menschen im Jenseits zu machen. Allerdings wird er dort den niederen materiellen Genüssen des Diesseits, und zwar oft nur s e h r langsam, entfremdet, aber es dauert lange, bis er so stark geworden ist, daß er auch bei einer Berührung der Erdensphäre, wie sie in spiritistischen Sitzungen stattfindet, nicht wieder in materielle Empfindungen herabgezogen wird. Besonders gefährlich ist für ihn, wenn er sich in Sitzungen kundgibt, in denen er den Einflüssen niedrig denkender Zirkelsitzer und durch diese herbeigezogener niedriger Geister ausgesetzt ist. Da finden nicht selten schwere Entgleisungen sogar schon ziemlich vorgeschrittener Geistwesen statt, ja manchmal bedarf es nur eines geringen Anlasses und nicht einmal besonders niedriger Gedanken, um eine solche Entgleisung herbeizuführen. Der Zirkel, von dem ich hier spreche, ist davon nicht verschont geblieben, und zwar ist gerade der oben erwähnte Franz Müller das Opfer geworden. Da dieser Fall in hohem Maße lehrreich ist, soll er im Folgenden zur Darstellung gebracht werden.

Als wir die Sitzung vom 29. Oktober 1908 begannen, war eines unserer Trancesprechmedien noch nicht erschienen und der Zirkelleiter fragte den sich durch das Schreibmedium Frau S. kundgebenden Franz Müller, ob sie noch kommen werde. Darauf schrieb dieser:

„Heute nicht mehr, erst nächsten Dienstag wieder. Sie ist noch abgehalten und kommt erst morgen.“

Allein kaum hatte Franz Müller dies geschrieben, so trat das fragliche Medium ins Zimmer. Sie war zwar verreist gewesen, aber wieder zurückgekehrt. Franz Müller hatte sich also geirrt, was nur demjenigen auffällt, der glaubt, daß die Geister sich nicht irren können. Es scheinen aber unter den Anwesenden solche gewesen zu sein, unter ihnen sogar das Schreibmedium Frau S., wie mir aus dessen Miene hervorzugehen schien. Diese Gedanken wirkten so unangenehm auf Franz Müller ein, daß er glaubte sich rechtfertigen zu müssen, indem er durch das Schreibmedium schrieb: „Das habe ich nicht anders gewußt, ich sah sie auf der Reise und meinte sie noch fort. Ich hatte wenig Geistesruhe und bin jetzt immer gestört worden und durch das kam die falsche Satzreihe.“ Es scheint, daß diese Entschuldigung nicht die Wirkung hatte, die Franz Müller erwartet hatte, und nun verfiel er auf den unglücklichen Gedanken, seine Kundgebung zu schließen und eine neue zu beginnen mit den Worten: „Soeben war ein mir in meine Fußstapfen tretender Geist da, der sich für mich ausgegeben hat. Das habt ihr in den früheren Sitzungen auch schon gehabt und jedesmal seid ihr selber schuld, wenn fremde und solche Sachen gesprochen werden. Ich finde, die Liebe fehlt bei euch allen noch, denn würdet ihr euch in Liebe finden, so könnten keine solchen Verirrungen mehr stattfinden."

Dadurch entstand in unserem Zirkel eine große Verwirrung. Niemand konnte sich erinnern, daß wir in den früheren Sitzungen jemals irgend einen Verdacht gehabt hatten, auf diese Weise durch einen sich für Franz Müller ausgebenden Betrüger getäuscht worden zu sein. Und zudem war die Schrift der sämtlichen angeblich von Franz Müller ausgehenden Mitteilungen immer die gleiche gewesen.

Das Rätsel löste sich in der folgenden Sitzung vom 5. November, in der zuerst der Geist Minna schrieb, und auf die Frage, ob nicht Franz Müller trotz seiner gegenteiligen Versicherung doch stets der gleiche Franz Müller gewesen sei, antwortete:

„Ja. Ich habe ja das letzte Mal in eurer Sitzung den Armen so recht bedauert; denn er ließ sich aus seinem Kreise herausziehen durch das disharmonische Medium, denn ich weiß, daß er nun statt heute zu euch zu kommen, eine Strafe verbüßen muß."

In der Sitzung vom 12. November schrieb sodann Franz Müller:

„Ihr könnt euch denken, in welcher Verfassung ich euren vorletzten Zirkel verlassen habe, nicht am Leib gebrochen, wie man auf Erden sagt, sondern an der Seele und am Geiste. Denkt euch, was ich ausgestanden, und nur meiner raschen Abbitte, daß ich mich von verstrickten Sinnen niederreißen ließ, habe ich es zu verdanken, daß ich nicht mehr in die Stufe der Mitte retour machen mußte. Ich gebe ja meinem Schreibmedium keine Schuld, aber damit in Zukunft so etwas nicht mehr passiert, muß ich euch ernstlich mahnen, die Sache nicht so leicht aufzunehmen. Denkt alle mit einander an euer gutes Werk und tut euch in Liebe und Weisheit einander belehren, und wenn ich dann komme, kann ein solcher seelischer Mißgriff nicht mehr stattfinden."

7

Eine andere Störung der Harmonie unseres Zirkels, die im Herbst 1909 erfolgte und ebenfalls sehr lehrreich ist, wurde durch die Aufnahme zweier neuer Teilnehmer verursacht, einer medialen Frau G., die ihres innern Zustandes wegen nicht in unsern Kreis paßte, und eines stark zum Experimentieren neigenden Mannes. Es kam zwar nicht zu einer Entgleisung unserer Kontrollen wie im vorigen Fall, aber es wurden unsere besseren Geistwesen in ihren Kundgebungen beeinträchtigt, auch entstanden täuschende Phänomene, worunter der Zweck unsers Zirkels notlitt, und obschon hierauf die beiden neueren Zirkelteilnehmer entfernt wurden, machten sich doch noch längere Zeit schädigende Nachwirkungen geltend.

Zu den Geistwesen, die in unserem Zirkel häufig sowohl schrieben als sprachen, gehörte in der zweiten Periode ein sich gewöhnlich nur Max nennender Geist. Durch das neue Medium Frau G., das nachdem es einigen Sitzungen beigewohnt hatte, Versuche im automatischen Schreiben machte, gab sich nun, wenn nicht bloß das eigene Unterbewußtsein diese Manifestation bewirkte, ein Geist kund, der behauptete dieser Max zu sein, es aber nicht war. Er wurde der Lüge dadurch überführt, daß er nach seinem Geschlechtsnamen gefragt, sich Max Müller nannte, während der rechte Max Max Rothe heißt. Es schrieben dann noch andere angebliche Geistwesen durch Frau G., aber alle in der gleichen Schrift und mit ziemlich gleichmäßigem schablonenhaftem Gehalt, so daß ich mich ernstlich frage, ob nicht alle diese Kundgaben aus dem Unterbewußtsein des Mediums flossen.*) Die schriftlichen Kundgebungen durch Frau S. hörten gänzlich auf, und auch diejenigen durch die Sprechmedien kamen ins Stocken. Über die Ursachen dieser Störungen gaben nach der Entfernung der zwei fraglichen

*) Die Hellseher konnten hier nicht aufklärend wirken, weil die schriftlichen Kundgaben nicht wie die mündlichen in der Dunkelheit stattfanden, und ihr Hellsehen bei Licht oder am Tage mangelhaft ist.

Personen der echte Max sowie die ebenfalls häufig die Sitzungen leitende Minna folgende Auskunft:

In der Sitzung vom 3. Februar 1910, der ersten Sitzung nach ihrer Entfernung, schrieb Max durch Frau S.

„Ich danke euch von ganzem Herzen, daß ihr Lieben wieder allein bei einander seid. Die Einflüsse haben uns sehr zurückgebracht..... In unseren Zwischenstufen kostet es große Überwindung vorwärts zu kommen. Also tausend Dank, daß die Zirkel wieder herrlicher werden. Verliert den Mut nicht und vergeßt das Gebet am allerwenigsten."

Und Minna schrieb hierauf:

„Ich habe leider viele Sitzungen hier in der Ecke gestanden und mit Weh muß ich euch sagen, daß ich nicht zurückfallen wollte aus der jetzigen Stufe, und somit ließ ich einfach ab ins Medium einzudringen. Ich muß auch offen gestehen, daß der gute Pfarrer*) es probierte und hübsch fehl ging; denn das Medium wurde suggestioniert. Danket dem Schöpfer, daß es nicht zu noch schlimmeren Sachen geführt hat. Es ist auch der Bruder F. (der neu eingeführte) im Spiel. Er hat tatsächlich die gute Schwester S. geplagt, denn der Pfarrer war da, F. hat sie angesehen (scharf fixiert) und — weg wars (d. h. der Pfarrer wurde durch einen andern Geist verdrängt)..... Die Schwester G. mag ein ganz gutes Medium sein, aber nicht für diese Zwecke, die wir hier verfolgen; denn unsere Aufgabe ist Gutes zu tun, zu beten und in allem einander zu helfen, helfen aus der Finsternis, aus dem Elend des Lebens vor wie nach dem Tode."

Wie schon angedeutet, dauerten die durch die besagten zwei Persönlichkeiten erzeugten Störungen noch einige Zeit nach ihrer Entfernung fort und äußerten sich sogar in okkulten körperlichen Angriffen auf den Zirkelleiter, der — während meiner Abwesenheit in Menton — auf Anregung unserer jenseitigen Leiter jene zwei Personen aus dem Zirkel

*) Siehe Seite 94.

ausgeschlossen hatte, ja diese Einflüsse haben vielleicht zu seiner späteren schweren Erkrankung beigetragen. Davon später mehr, wenn ich auf meine Erfahrungen bezüglich der Gefahren des Geisterverkehrs zu sprechen komme.

Die zahlreichen Schriften wirklich oder angeblich dem Jenseits angehöriger Geistwesen, die stets behaupteten, verstorbene Menschen zu sein, von denen wir die große Mehrzahl durch die Mediumschaft der Frau S. erhielten, legten mir den Gedanken nahe, Schriftvergleichungen anzustellen zwischen diesen medianimen Schriften und der gewöhnlichen Schrift der Frau S. sowie den Schriften, welche diese Geistwesen in ihrem Erdenleben geschrieben hatten, um dadurch wenn möglich die gesetzlichen Beziehungen zwischen der Schrift des Mediums und derjenigen des Geistwesens festzustellen, das es zum Schreiben benutzt. Allein ich kam nicht weit. Die Mehrzahl der sich kundgebenden Verstorbenen war uns unbekannt, und eingezogene Erkundigungen blieben resultatlos, bei einigen vielleicht weil die Namen absichtlich unrichtig angegeben waren, um Nachforschungen vorzubeugen. Bei anderen war zwar der Verstorbene eine uns bekannte Persönlichkeit, aber wir wußten nicht, an wen wir uns wenden sollten, um Proben seiner Schrift zu bekommen. Ein Versuch, die Schrift eines uns bekannten Mannes zu erhalten, scheiterte an dem Widerwillen des deshalb Angefragten, diese Schrift zum Zweck der Vergleichung mit spiritistischen Kundgaben herauszugeben. Nur ein einziges Mal gelang es mir, eine authentische Schriftprobe zu erhalten. Ich werde diesen Fall, der auch in anderer Hinsicht von größtem Interesse ist, später einläßlich behandeln und mich dann näher über das Resultat der hierdurch ermöglichten Schriftvergleichung aussprechen.

Bei dem Schreibmedium Frau S., die während des Schreibens bei vollem Bewußtsein bleibt, zeigen die Buchstaben der automatischen Schrift ziemlich ähnliche Formen wie diejenigen der unbeeinflußten. Allein der Schriftcharakter, d.h. die gerade oder schiefe Stellung, Höhe und Breite, Stärke oder Schwäche, Schönheit oder Holprigkeit der Schrift hängt ganz vom Einfluß des sich kundgebenden Geistes ab, und ist deshalb außerordentlich verschieden. Jedes Geistwesen hat seine besondere Bleistifthaltung, was natürlich ebenfalls auf die Schrift einwirkt. Im ferneren schrieben die einen außerordentlich rasch, bisweilen viel rascher als der gewandteste Schreiber, andere so langsam, daß man sagen kann, sie malen die Buchstaben fast mehr als daß sie schreiben. Bei den meisten, die durch Frau S. schrieben, war die Schrift deutsche Fraktur, obwohl Frau S., wenn unbeeinflußt, gewöhnlich Antiqua schreibt. Die Orthographie war bisweilen höchst mangelhaft, während Frau S., wenn sie nicht inspiriert ist, nur wenige orthographische Fehler macht.

Franz Müller schrieb anfänglich einige Male durch ein anderes Medium, eine Frau L., die ich nicht kenne, weil sie zur Zeit meines Eintritts in den Zirkel nicht mehr daran teilnahm. Dann war seine Schrift verschieden von derjenigen, die er durch Frau S. schrieb. Aber der Unterschied lag hauptsächlich in den Buchstabenformen. Der Schreibduktus zeigte keine große Verschiedenheit, so daß die Schrift aus der Ferne betrachtet ziemliche Ähnlichkeit besaß.

Kein Geistwesen änderte jemals den ihm eigentümlichen Schriftcharakter. Dagegen machten wir wiederholt die Beobachtung, daß die Schrift mit dem geistigen Fortschritt des Schreibers regelmäßiger und schöner wurde, auch an Raschheit gewann. In vielen Fällen vermochte der zum ersten Mal schreibende Geist infolge innerer Aufregung nur undeutliche, zitterige Buchstaben auf das Papier zu bringen. Nicht selten auch schrieb er anfänglich ungewöhnlich groß, oder er zeichnete Figuren, um an deren Hand sich besser verständlich machen zu können. Manchmal mißlangen ihm alle eigenen Schreibversuche, so daß die Geistwesen, die ihn in unsere Sitzung geführt hatten, ihm beim Schreiben helfen mußten. Dadurch nahm seine Schrift den Charakter desjenigen an, der ihm behilflich war, nur fiel sie plumper aus, wie bei einem Kind, dem die Mutter den Griffel führt. Bisweilen halfen diese Geistwesen auch solchen, die zwar schreiben konnten, aber nur sehr schwerfällig und mangelhaft, vielleicht weil sie es im irdischen Leben wenig geübt hatten, vielleicht auch nur ihres innern Zustandes wegen. Bei einem katholischen Bauern z. B., der sein Leben durch Sturz von einem Baum verloren hatte, und den es, nachdem wir ihn überzeugt hatten, daß er nicht mehr auf der Erde lebe, hauptsächlich beunruhigte, daß er ohne Absolution gestorben war, veränderte sich die ursprünglich sehr holprige und ungelenke Schrift durch Einwirkung der ihn einführenden Geistwesen sogar zweimal. Zuerst wurde aus ihr die Schrift des Max und sodann bei den Worten: „O heilige Jungfrau steh mir bei und heiliger Joseph erhöre mich jetzt und in der Stunde des Absterbens“ wurde sie ganz die Schrift unserer Kontrolle Minna. Einmal (am 9. Januar 1909) kam es vor, daß zwei Geistwesen, die eben erwähnte Minna und ein sich Johanna nennender Geist, mit einander durch Frau S. eine Botschaft schrieben, in der sich ihre uns bekannten Schriften in eigenartiger Weise vermischten, indem bald der Schriftcharakter der einen bald derjenige der andern stärker hervortrat.

Daß der Zirkel, dessen Sitzungen ich im Vorigen geschildert habe, sich nach beinahe sechsjähriger Dauer auflöste, beruht auf dem Zusammentreffen verschiedener ungünstiger Umstände. Sehr nachteilig wirkte vor allem eine schwere Erkrankung des Zirkelleiters, die, wie ich später näher ausführen werde, mit seiner Tätigkeit in diesen Sitzungen im Zusammenhang stand und ihn auch nach teilweiser Genesung verhinderte, wieder an solchen teilzunehmen. Dazu trat die Erkrankung eines Sprechmediums und die Verhinderung eines andern durch Geschäftsüberhäufung. Auch mir wurde der Besuch durch meinen am 1. April 1911 erfolgten Wegzug in einen andern weit entfernten Stadtteil so erschwert, daß ich erklären mußte, nur noch ganz ausnahmsweise erscheinen zu können. Alle diese

Verhältnisse führten die übrigen Teilnehmer, namentlich Frau S. zu dem Entschluß, die Sitzungen einzustellen. Sie sind bis heute nicht wieder aufgenommen worden. —

Ich muß sodann des Schriftstellers Hans Freimark Erwähnung tun, denn er zählt zu meinen persönlichen Bekannten und war früher nicht nur Spiritist, sondern auch ein ganz vorzügliches Volltrancemedium für Sprechen und Schreiben sowie für physikalische Phänomene. Später ist er einer der eifrigsten Gegner sowohl des Spiritismus als auch der Theosophie geworden. Die Überzeugung von der Tatsächlichkeit der okkulten Phänomene hat er zwar nicht aufgegeben, aber er erklärt sie jetzt ganz und gar aus den unterbewußten Kräften des Mediums.

Es war im Winter 1902 auf 1903, als Hans Freimark, damals ein neunzehnjähriger Jüngling, mit seinem Freunde, dem Musiker Walter Lückhoff nach Zürich kam und hier spiritistische Kreise kennen lernte. Er verkehrte namentlich mit dem bekannten Spiritisten Freiherrn von Ehrhardt, der zu jener Zeit in Zürich wohnte, mit mir und mit dem unglücklichen mediumistischen Schriftsteller Hans Kordon in Kilchberg, dessen Medialität ich im folgenden, dem Offenbarungsspiritismus gewidmeten Abschnitt besprechen werde. Im Februar 1903 gab Freimark in der Wohnung des Freiherrn von Ehrhardt eine spiritistische Sitzung, der ich beiwohnte. Die Intelligenz, die durch den in Volltrance gefallenen Freimark sprach, gab an, ein verstorbener indischer Prinz zu sein. Was sie sprach, ist mir nicht mehr in Erinnerung. Freimark war zu jener Zeit körperlich leidend, und da ihm das Klima von Zürich nicht so zusagte, wie er gehofft hatte, verreiste er nach dieser Sitzung zusammen mit Lückhoff zuerst nach Locarno und dann an die Riviera. Die Beiden kehrten jedoch bald wieder nach Zürich zurück, und nun machten sie noch nähere Bekanntschaft mit dortigen spiritistischen Kreisen. Freimark hielt auch im Lokal des spiritistischen Vereins im Anschluß an die von ihm empfohlene bekannte Broschüre von Karl

Wald einen Vortrag. Er entwickelte sich nun rasch zu einem physikalischen Medium. Die wichtigsten Sitzungen, in denen er als solches funktionierte, waren diejenigen in der Wohnung einer Familie B., wo für ihn auf Verlangen seines Kontrollgeistes Ines ein besonderes kleines Kabinett hergerichtet worden war. Hier fanden 17 Sitzungen statt, meistens im Dunkel oder Halbdunkel. Freimark saß dabei im Kabinet, in der Regel von den Teilnehmern so gefesselt, daß er die Hände nicht rühren konnte. Bisweilen wurden seine Fesseln noch vernäht oder versiegelt, und er wurde an den Stuhl im Kabinett angebunden. Dessenungeachtet wurden die Teilnehmer außerhalb des Kabinetts von Händen berührt. Einmal sah man im Halbdunkel, wie er im Kabinett die Hände aus den Fesseln herauszog und später wieder hineinschlüpfte, ohne daß sie nachher im geringsten verändert waren. Ein anderes Mal wurden die Fesseln, nachdem er als Ines daraus hinausgeschlüpft und aus dem Kabinett herausgetreten war, während er sich noch draußen herumbewegte, unversehrt auf seinem Stuhl im Kabinett gefunden. Auch traten, während das Medium im Kabinett gefesselt auf dem Stuhl saß, Apporte ein, zuerst solche von größeren Kieselsteinen, hernach, und zwar in mehreren Sitzungen, solche von Blumen und Pflanzenzweigen verschiedenster Art. Ferner wurden in von einander entfernten Ecken des Zimmers aufgestellte Instrumente, Zither, Kuhglocke, Tamburin und Knarre gespielt, bisweilen alle gleichzeitig. Es wurden auch Abdrücke von Händen und Füßen auf berußtem Papier und in Lehm erhalten. Von Betrug etwa durch die Mithilfe eines Zirkelsitzers kann nicht die Rede sein. Nur ein einziges Mal glaubte einer der Zirkelsitzer eine betrügerische Nachhilfe des Mediums entdeckt zu haben, wobei es jedoch eine offene Frage bleibt, ob der Betrug bewußt oder unbewußt verübt wurde.

Bei allen diesen Phänomenen befand sich Freimark in bewußtlosem Tieftrance. Es war Ines, ein weibliches Geistwesen, welche, wie sie durch ihn schriftlich mitteilte, diese

Phänomene erzeugte. Dabei waren seine Gesichtszüge gänzlich verändert. Bisweilen sprach er auch im Trance. Das waren dann andere Geister, meistens ein Indier, der sich Bradharé nannte, zweimal auch ein mit jüdischem Akzent sprechender Jude namens Abraham Hanek, der behauptete, zu Christi Zeit gelebt zu haben, von diesem vom Kreuz herab geheilt worden und später als Märtyrer für Christi Lehre gestorben zu sein.

Über alle diese Sitzungen, deren letzte am 13. Februar 1904 stattfand, wurde ein Protokoll geführt, das noch vorhanden ist. Dann verließen Freimark und Lückhoff Zürich und begaben sich in die esoterische Kolonie von Josua Klein in Amden am Wallensee.

Ich habe keine Veranlassung zu der Annahme, daß Freimark damals nicht ein überzeugter Spiritist gewesen ist, noch daß er in seinen Sitzungen die Teilnehmer bewußt betrogen habe. Ein Mann in diesem jugendlichen Alter ist nicht so leicht ein Heuchler und Betrüger. Wenn er daher später in einer Reihe von Zeitungsartikeln, Büchern und Broschüren die spiritistische Hypothese ebenso wie die Theosophie lebhaft bekämpft, muß in seinen Überzeugungen eine Umwandlung stattgefunden haben. Obschon das bei einem so jungen Manne nicht auffallen kann, muß es doch seine bestimmten Ursachen gehabt haben und es dürfte von Interesse sein, diesen Ursachen etwas nachzugehen, denn sie sind in mehrfacher Hinsicht typisch für unsere Zeit.

Aus den Schriften Freimarks scheint hervorzugehen, daß die okkultistische Forschung der neuesten Zeit, die es immer wahrscheinlicher macht, daß alle okkulten Phänomene ohne Ausnahme, selbst Geistermaterialisationen, auch von besonders dazu begabten irdischen Menschen erzeugt werden können, seine frühere Überzeugung vom spiritistischen Ursprung des größeren Teils dieser Phänomene erschüttert hat.

Dazu kam das Milieu, in das er geriet, nachdem er Amden verlassen hatte. Ich meine damit das von Dr. Magnus Hirschfeld geleitete „wissenschaftlich-humanitäre“ Komitee, dessen Sekretär er wurde. Obschon diese Stellung, wie er mir am 22. September 1907 schrieb, ihn innerlich leer ließ und er daher — durch meine Vermittelung — eine andere suchte, scheint er doch davon beeinflußt worden zu sein. Denn wahrscheinlich durch diesen Einfluß wurde er auf den Zusammenhang zwischen den okkulten Erscheinungen und der Sexualität aufmerksam, den er sodann näher studierte, worauf er sein Buch: „Okkultismus und Sexualität“ schrieb. Da dieser Zusammenhang bei den animistischen okkulten Erscheinungen am stärksten hervortritt und sich bei den spiritistischen auf diejenigen beschränkt, die aus den niedrigsten noch stark materiellen Stufen der Jenseitswelt stammen, mußten diese Studien begreiflicherweise seine sich langsam entwickelnde Anschauung vom rein animistischen Ursprung aller okkulten Phänomene begünstigen.

Dennoch scheint mir, daß seine jetzige Stellungnahme gegen Spiritismus und Theosophie, die immer mehr polemischen Charakter annimmt, noch einen andern Grund habe, der für unsere Zeit ebenso charakteristisch ist wie die Hinneigung zur allzu starken Betonung des sexuellen Moments. Freimark, einsam und ohne finanzielle Mittel in der Welt stehend und schon aus gesundheitlichen Gründen für anstrengende Büroarbeit ungeeignet, war gezwungen, sein Brot wenigstens teilweise durch Schriftstellerei zu verdienen, worauf ihn auch Begabung und Neigung hinwiesen. Da lag es ihm denn am nächsten, seine durch Erfahrung und Studium gewonnenen bedeutenden Kenntnisse auf dem Gebiet des Okkultismus schriftstellerisch zu verwerten, er konnte aber auf finanziellen Erfolg nur rechnen, wenn er das Lager der Spiritisten verließ und in dasjenige der Animisten überging. Gleichwie das Gefühl, im Spiritismus religiöse Befriedigung zu finden, manchen verleitet, sich ausschließlich mit denjenigen okkultistischen Phänomenen zu befassen, bei denen der spiritistische Ursprung näher liegt als der animistische, und im Zweifel dem spiritistischen den Vorzug zu geben, bewirkte bei Freimark das Gefühl, nur in der Bekämpfung des spiritischen Ursprungs die Möglichkeit einer lohnenden Schriftstellerei zu finden, daß er einerseits die Bezeugungen solcher Phänomene, die allzu deutlich auf spiritistischen Ursprung hinweisen, viel zu sehr beargwohnt, andererseits überall den animistischen Ursprung verficht, auch da wo der spiritistische weit näher liegt. Er braucht sich dieses ihn treibenden Gefühls nicht bewußt geworden zu sein. Solche Gefühle machen sich auch unbewußt geltend.

So ist Freimark einseitig geworden. Der irdische und der entkörperte Geist besitzen, weil von gleicher Wesenheit, die gleichen Kräfte und Fähigkeiten, und die okkulten Phänomene können daher ebensowohl von irdischen Menschen als von entkörperten hervorgebracht werden, meiner Ansicht nach allerdings von ersteren nur auf Grund einer abnormen Lockerung der Verbindung zwischen Astralleib und grobstofflichem Leib. Aber daraus folgt nur, daß die Verhältnisse des einzelnen Falles darüber entscheiden, welche von diesen zwei Möglichkeiten zutrifft, und ob nicht etwa, was gar nicht selten vorkommt, das Phänomen zum einen Teil animistisch, zum andern spiritistisch ist. Diese Entscheidung zu treffen, ist freilich oft außerordentlich schwierig, und man kann den spiritistischen Ursprung niemals mit so absoluter Bestimmtheit beweisen wie eine mathematische Wahrheit, und kann ihn daher niemals allen Menschen zur verstandesgemäßen Überzeugung bringen. Allein es gibt doch eine große Zahl von Fällen, wo er so außerordentlich viel näher liegt, daß ein Mensch mit gesundem Menschenverstand unmöglich für den rein animistischen Ursprung eintreten kann, es wäre denn, er gehe von der aprioristischen Annahme aus, daß es keine entkörperten Seelen und überhaupt kein Jenseits geben könne.

Hätte aber wirklich Hans Freimark keine ökonomische Existenz finden können, wenn er sein Talent statt gegen den Spiritismus und die Theosophie zu gunsten des einen oder andern verwendet hätte, wobei er ja ebenfalls alle Extravaganzen hätte rügen können? Diese Frage ist leider heute noch — namentlich für das deutsche Sprachgebiet — aufs bestimmteste zu verneinen. Es gibt unter den das große Publikum bedienenden deutschen Zeitungen und Zeitschriften kein einziges Blatt, das seine Spalten einer Verteidigung der spiritistischen Wahrheiten öffnen würde und nur sehr wenige, die für die Theosophie ein schüchternes Wort zu sprechen wagen. Man darf ihnen daraus keinen allzu großen Vorwurf machen, denn sie sind durch ihre Abonnenten zu dieser Haltung gezwungen. Ich wurde im Herbst des Jahres 1903 von Herrn Friedrich Zahn in Neuchâtel, einem bekannten Verleger, eingeladen, ihm für seine illustrierte Zeitschrift: „Fürs Schweizerhaus" einige Artikel über Spiritismus und Okkultismus zu liefern. Natürlich leistete ich dieser Aufforderung Folge. Das Resultat war, wie mir Herr Zahn nachher schrieb, ein Entrüstungssturm, der sich sogar in der Tagespresse geltend machte, und der Verlust von 200 Abonnenten.

Wer entschieden für den Spiritismus oder die Theosophie eintritt, kann dies gegenwärtig nur in den zur Förderung dieser Lehren extra geschaffenen Zeitschriften oder in Büchern tun, die nur von einigen wenigen Buchhandlungen verlegt werden, da die andern sich weigern, solche Bücher zu verlegen. Das schließt eine ins große Publikum dringende Reklame aus. Auch abgesehen von der ungenügenden Reklame, werden solche Zeitschriften und Bücher wenig gekauft, weil sie dem Zeitgeist zuwiderlaufen. Infolgedessen muß der spiritistische oder theosophische Schriftsteller in Deutschland auf einen finanziellen Erfolg seiner Schriftstellerei verzichten. Es könnte etwas besser sein, wenn Spiritisten, Okkultisten und Theosophen mehr zusammenhielten. Allein davon sind wir in deutschen Landen noch weit entfernt. Spiritisten und Theosophen bekämpften sich bis vor kurzem aufs heftigste, und auch heute noch ist es unentschieden, ob dieser Kampf sich fortsetzen oder ob er aufhören wird. Außerdem gibt es in beiden Lagern innere Spaltungen, die nicht bloß auf sachlichen, sondern auch auf rein persönlichen Differenzen beruhen. Die Folge ist, daß in Deutschland zurzeit ein Schriftsteller, der für diese Lehren wirken will, nicht einmal einen sichern moralischen, geschweige denn einen finanziellen Halt in einer starken lebenskräftigen Organisation besitzt und absolut keine Aussicht für einen gewinnbringenden Absatz seiner Geistesprodukte. Es gibt auch keine einzige der Verbreitung dieser Lehren dienende Zeitschrift, die ihrem Redaktor und ihren Mitarbeitern ein anständiges Honorar bezahlen könnte, während der Gegner nicht nur für seine Bücher weit bessern Absatz findet, sondern auch den großen illustrierten oder wissenschaftlichen Zeitschriften sowie der Tagespresse gutbezahlte Artikel liefern kann, besonders wenn er, wie das bei Freimark zutrifft, das okkulte Gebiet kennt und eine gute Feder führt. Ich glaube ihm sogar aufgrund seiner jetzigen Stellungnahme eine glänzende schriftstellerische Zukunft prophezeien zu dürfen, ob er aber damit der Wahrheit und dem wahren Fortschritt dient, ist eine andere Frage.

Zu den Medien, mit welchen ich in regelmäßigem Verkehr stehe, gehört das Schreibmedium Frau Anna Sch., eine deutsche Schweizerin, die in Chiasso wohnt. Mutter von zwölf Kindern, seit dem Jahre 1877 verwitwet und stets in ungünstigen ökonomischen Verhältnissen lebend, hat sie einen schweren Lebensgang hinter sich. Jetzt führt sie einem unverheirateten Sohn, der sich in Chiasso in geschäftlicher Stellung befindet, die Haushaltung. Spiritistische Bücher hat sie nur ganz wenige gelesen und zwar erst in späterer Zeit. Sie hat den Spiritismus eigentlich erst durch mich kennen gelernt. Dagegen hörte sie schon verhältnismäßig früh von Swedenborg und seiner Lehre.

Zuerst schrieb durch Frau Sch. ihr Sohn Ernst, der als zwölfjähriger Knabe im Rhein ertrunken war. Wie das bei den meisten Schreibmedien geschieht, meldeten sich bald auch andere Intelligenzen, zuerst ein Onkel und sodann eine Intelligenz, die sich für Swedenborg ausgab.

Dieser Swedenborg unterschied sich jedoch ziemlich unvorteilhaft von dem Sohne Ernst. Während dieser höchst interessante Mitteilungen über sein Leben im Jenseits machte, beschränkte sich „Swedenborg“ auf fromme Redensarten, und forderte, — was ihm offenbar die Hauptsache war — das Medium stets auf, öffentlich für den Spiritismus einzutreten, indem er ihm vorschwatzte, daß es eine große Mission in der Welt zu erfüllen habe als inspirierte Sprecherin in öffentlichen Versammlungen. Ich will nicht untersuchen, ob dieser „Swedenborg“ eine Schöpfung des eigenen Unterbewußtseins oder ein niederes Geistwesen des Jenseits war, halte freilich ersteres für wahrscheinlicher. Tatsache ist, daß als Frau Sch. nach längerem, innerem Kampf und auf den Rat guter Freunde hin seine Zumutungen endgiltig ablehnte, er zu schreiben aufhörte. Von da an schrieben längere Zeit hindurch nur noch ihr Sohn Ernst und ausnahmsweise ein im Alter von $2^1/_2$ Jahren verstorbener Sohn Josef Albert, bis sie, nachdem im März 1909 ihre bei ihr wohnende unverheiratete Tochter Marie gestorben war, auch von dieser regelmäßige Botschaften erhielt.

Wenn Frau Sch. mit ihren verstorbenen Angehörigen durch ihre Schreibmediumschaft verkehren will, setzt sie sich an ein Tischchen und schreibt in der Regel die Fragen nieder, deren Beantwortung sie wünscht, worauf der in ihrer Hand befindliche Bleistift zu schreiben beginnt. Sie bleibt dabei bei vollem Bewußtsein. Die Schrift scheint eine Mischung ihrer gewöhnlichen Schrift mit der Schrift des Verstorbenen zu sein, der die Autorschaft beansprucht. Die Buchstabenformen gleichen wie bei Frau S.*) den Buchstabenformen ihrer gewöhnlichen Schrift besonders

---

*) Siehe Seite 100.

wenn Fraktur geschrieben wird, wie der Sohn Ernst tut, und wie auch die Mutter zu tun gewohnt ist. Nur der Schreibduktus ist ein etwas anderer. Wenn Marie schreibt, wird Antiquaschrift verwendet, die Marie ausschließlich schrieb. Die Schrift des Sohnes Ernst ist schülerhaft, langsam und sorgfältig. Aber auch die Mutter kann langsam und sorgfältig schreiben und dann ist der Unterschied zwischen ihrer Schrift und derjenigen des Sohnes Ernst sehr gering. Fast die gleiche Schrift schreibt auch der Sohn Josef Albert. Als die Mutter ihn einmal fragte, weshalb er überhaupt schreiben könne, da er es doch auf der Erde nicht gelernt habe, erhielt sie die folgende Antwort:

„Liebe Mutter, du bist in einem Wahn befangen, wenn du meinst, ich könne nicht mit dir schreiben, weil ich es auf eurer Erde nicht in der Schule gelernt habe. Ich führe nicht deine Hand, sondern ich bin über dir und teile dir meine Gedanken mit, und du schreibst sie."

Um ein ungefähres Bild vom Inhalt dieser Botschaften zu geben, mögen die drei ersten Kundgaben der Tochter Marie hier folgen. Ich habe diese Tochter persönlich gekannt, und sie hat mir den Eindruck eines liebevollen, pflichttreuen, anspruchslosen Wesens gemacht, das mehr für andere als für sich besorgt war, was mir die Mutter bestätigte.

Kundgabe vom 20. April 1909 (die erste Kundgabe, die Frau Sch. von ihrer Tochter erhielt).

O liebe Mama! Ich warte schon lange, ob du es probieren wollest, mit mir zu schreiben, um dir mitteilen zu können, wie mein Zustand seit meinem Tode ist. Es war mir ein Trost, daß du nicht wie unwissende Menschen durch mein Hinscheiden niedergedrückt worden bist, sondern daß du die Gewißheit hast, daß ich fortlebe unter den Seligen und wir uns alle hier wiederfinden werden. O meine liebe Mama! Ich habe vieles, sehr vieles dir mitzuteilen, aber zuerst will ich dir den ersten Zustand nach meinem Verscheiden in deinen Armen mitteilen. Du wirst

Dich erinnern, daß ich die Nacht vor meinem Tode träumte, daß ich in der Buceda (das Verkaufslokal, das die Verstorbene besorgt hatte) gewesen bin, und als ich nach Hause gehen wollte, mich zwei Engel bis zur Haustüre begleiteten. Ich muß in einem Schlafe nach meinem Verscheiden geruht haben, und als ich aus demselben erwachte, waren wieder dieselben zwei Engel bei mir, die mich von der Buceda bis zu unserem Hause begleitet hatten. Ich fühlte eine Liebe zu ihnen wie zu den liebsten Menschen auf Erden und sie sprachen so liebevoll zu mir: „Wir sind Brüder von dir, du bist unsere liebe Schwester, und wir sind hier, um dich in den Himmel zu führen. Du bist nun befreit von deiner Krankheit und wirst fortan glücklicher als auf Erden sein." Ich kann es dir nicht beschreiben, wie es zuging, denn es war wie ein Gedankenflug. Die beiden Engel führten mich in eine Gegend so wunderschön, daß ich nicht im Stande wäre, diese Schönheit mit Worten zu schildern. Hier begrüßte mich zuerst Papa und dann alle meine verstorbenen Geschwister Joseph Albert, Ernst, Walter, Otto, Hugo und Luise.*) O wie wundervolle schöne Engel sie geworden sind! O liebe Mama, freue dich, daß deine Kinder hier sind! Ein großes Glück wiederfährt dem Kinde, das von seinem Engel zum Himmel getragen wird. Was ich bis dahin gesehen, gleicht wohl unserer Erde, aber an Schönheit unvergleichlich. Die Engel hier leben in einem Liebeszustande wie es in der glücklichsten Familie auf Erden nicht sein kann, hier ist die Liebe das Leben. O liebe Mama, die Mühsale des Erdenlebens sind unbedeutend gegen die Herrlichkeit des Himmels, die den Abgeschiedenen offenbar wird. Die Liebe, die ein Mensch seinen Mitmenschen gegenüber ausgeübt hat, wird ihm tausendfach vergolten. Hier sind meine Brüder die Engel, die mich in den göttlichen Wahrheiten unterrichten. Ich bin hier sehr unwissend angekommen, aber durch diese Erkenntnis

*) Alle als Kinder gestorben.

steigen auch die himmlischen Freuden. Daß ich in einem unbeschreiblich glücklichen Zustande bin, wird dir der beste Trost sein. Ich kenne deinen sehnlichsten Wunsch. Du möchtest mich sehen, ob im Traum oder wachend, in welcher Gestalt ich jetzt bin. Ich kann mich dir noch nicht sichtbar machen, aber wisse, daß ich in dem ähnlichen Leibe wie auf Erden fortlebe, frei und verjüngt, wie wenn ich erst zwanzig Jahre alt wäre. Hier sieht man keine Abgestorbenen, die alt aussehen. Alles erscheint in jugendlicher Gestalt. Die menschlichen Gebrechen bleiben im Grabe zurück. O liebe Mama, freue dich mit uns Allen, die wir hier sind, denn wir sind unendlich glücklich durch die reinste Liebe Gottes. In dieser Erkenntnis bin ich auf Erden weit zurückgeblieben. Liebe Mama, suche es mit der Zeit einzurichten, daß du öfters mit mir und Ernst schreiben kannst, du machst uns damit eine große Freude.

Alle deine Lieben grüßen dich durch deine Marie.

Zweite Kundgabe (vom 23. Mai 1909).

Meine liebe Mama! Es ist mir unmöglich, dir meinen jetzigen Zustand in Worten auszudrücken. Ich lebe in Gemeinschaft unzähliger Engel. Hier ist nur Liebe das Leben aller; denn alle erkennen sich als Kinder eines Vaters, der die reinste Liebe ist. Diese Erkenntnis ist Seligkeit. O welche stumpfen Begriffe haben wir Menschen auf Erden von unserem Gott und Erlöser, welcher der Menschheit sein Reich geöffnet hat, in welches nach dem Tode der Abgeschiedene aufgenommen wird zu seiner geistigen Vervollkommnung, um immer höher zu steigen in der Erkenntnis, der Liebe und Weisheit, von welcher der Mensch auf Erden einen so schwachen Begriff hat! Alles was der liebe Gott dem Menschen zu tragen auferlegt, muß zu seinem geistigen Wohle dienen. Durch jedes Leid trägt es edlen Samen, den er mitbringt und der hier Früchte bringt. Ich habe dir schon mitgeteilt, daß da wo ich bin eine Ähnlichkeit mit unserer Erde sei. Es sind hier wundervolle Naturschönheiten, Berge, Seen, Wälder, Blumen, Haine, prachtvolle Tempel und Gebäude. Der Mensch wird hier ausgebildet und wird ein Diener Gottes bei den Menschen, und dieser Zustand erfüllt ihn mit Freude und Seligkeit. Kein Abgestorbener ist untätig, alle dienen zu einem nützlichen Zwecke. Nach eines jeden Fähigkeit wird er ausgebildet. Der Geist ruht und schäft nie. Wohin der Gottmensch, wie er nach seinem Tode ist, denkt, da ist er auch sofort mit seinem geistigen Leibe, denn Raum und Zeit ist ihm kein Hindernis. Ich bin oft bei dir, aber du siehst mich nicht; denn du kannst nur im Traum mit den geistigen Augen geistige Erscheinungen sehen. Was meine Seligkeit zeitweise trübt, ist die Erkenntnis, daß ich durch meinen Hauptfehler (Heftigkeit) euch Herzeleid bereitet habe. Ich bete aber, daß der Segen Gottes möge über euch kommen, damit der Schaden, den ich angerichtet habe, sich wieder ausgleicht. Lege deine Sorgen in die Hände unseres liebevollen Vaters und vertraue auf ihn, er wird alles zu einem guten Ende führen! Ich bin immer in deiner Nähe, wenn du zu Bette gehst und betest. Du hast immer noch ein mühevolles Leben mit Sorgen. Trage geduldig; denn es ist nur eine Kleinigkeit gegen das, was dich hier erwartet. Du kannst dir unmöglich einen Begriff machen von den Wunderwerken unseres Vaters, die geoffenbart werden. Der Mensch auf Erden kann sich so wenig eine Vorstellung von der Größe und Schönheit des Universums machen als ein neugebornes Kind. Hier kommt es nicht auf die Religion an, zu welcher ein Mensch sich auf Erden bekennt, sondern auf seine Liebe zu Gott und zu den Mitmenschen. Auch alle Gelehrtheit nützt ihm nichts, sondern nur die Werke der Liebe. Ein liebeloser Mensch hat hier nichts zu ernten, und wenn er auch auf Erden die höchsten Ehrenstellen eingenommen hätte. Nur Liebe führt zum Genuß himmlischer Freuden und in die Gemeinschaft der Seligen. Ich freue mich sehr, daß ich mit dir durch die Schrift verkehren kann. Du sollst Gott danken für diese Gabe. O wie viele wollten sich ihren hinterlassenen

Trauernden mitteilen, wenn sie es könnten! Das will ich dir mitteilen, daß der liebe Vater unser aller nicht will, daß eine Menschenseele verloren gehe, sondern daß alle zur Seligkeit gelangen. Die Strafe des sündhaften Menschen, der hier ankommt, besteht darin, daß er sich arm und elend fühlt, bis er zur Erkenntnis seines verfehlten Erdenlebens kommt und es ihn reut, daß er im Guten zurückgeblieben ist.*) Dann aber nehmen gute Geister sich seiner an und belehren ihn und führen ihn allmählich zum Licht. Die uneigennützige Liebe, diese reinste Liebe decket viele Sünden zu und sie ist die Erfüllung aller Gesetze. Schreibe bald wieder mit mir, und es wird dir von Nutzen sein.

Alle meine Lieben grüßen dich durch deine Marie.

Dritte Kundgabe (vom 10. März 1910).

Meine liebe Mama! Du weißt, wie sehr ich in meinem Leben dort die Kinder liebte und wie sie mir nachgesprungen sind. Diese meine Kinderliebe hat mich hier ein glückseliges Los finden lassen. Ich bin mit Tausenden von Engeln und Kindermüttern mit den lieben kleinen Engelein beschäftigt. Du weißt schon, daß die Kinder, die hierher kommen, nicht Kinder bleiben; denn sie wachsen durch ihre Erziehung wie die Kinder auf Erden von der Nahrung wachsen. O wie freuen wir uns alle, zu sehen, wie schnell sie sich geistig entwickeln und dann als reine Geister dem Herrn dienen können. Ja wahrhaftig ihrer ist das Himmelreich. Die ganz kleinen Kindersäuglinge

*) Den gleichen Standpunkt vertritt die durch den Journalisten William Stead schreibende Julia. Man beachte jedoch, daß Julia (Seite 50 der deutschen Auflage der „Briefe von Julia" Verlag Karl Rohm in Lorch-Württemberg) sagt: „Ich habe nicht viel von dieser bösen Seite des Lebens (im Jenseits) kennen gelernt und meine Berichte darüber sind daher mehr oder weniger aus zweiter Hand. Auch Marie kennt die niedern Sphären des Jenseits nicht aus eigener Anschauung. Daraus erklärt sich der scheinbare Widerspruch mit der Schilderung der niedern Sphären durch andere Geister, die diese Sphären besser kennen. Siehe Seite 29!

haben eine gewisse Zeit die Milchflasche, natürlich geistig. Da gibt es auch keine Wäsche. O ich bin so überaus glücklich im Dienste dieser Engelein und in der Gemeinschaft der Engelmütter, und auch von diesen werde ich in allen Dingen zur göttlichen Erkenntnis geführt, denn ich war sehr arm an derselben, als ich hier ankam. Aber die Liebe, welche die Engel denen, die von der Erde hierher kommen, entgegenbringen, hilft ihrer Schwachheit nach allen möglichen Seiten, auf daß sie zum Lichte und zur Erkenntnis der unendlichen Liebe Gottes gelangen. Hier waltet nur Liebe und diese macht den Himmel. O wie viel schöner könnte das Erdenleben für die Menschen sein, wenn die Nächstenliebe überall Wurzel gefaßt hätte! Es gibt aber doch auch unter den Erdbewohnern viele edle Menschen, und der Geist Gottes teilt sich durch seine Offenbarungen vielen mit, sodaß sie zur Erkenntnis Gottes, seiner unendlichen Liebe, Weisheit und Gerechtigkeit gelangen. Wie auf der Erde jetzt in den Kirchen die Leidensgeschichte des Herrn gepredigt wird, so wird in den Himmeln das wunderbare Geheimnis, das zur Zeit auch von den Jüngern des Herrn dem Volke gepredigt wurde, vom Ratschlusse Gottes, der Menschwerdung, seines schmachvollen Todes und der Auferstehung des Herrn, und des Sieges über die Hölle gepredigt. Diese Predigten sind wunderbar herzergreifend und lassen die Geister einblicken in die Tiefe der Liebe und Weisheit und Gerechtigkeit Gottes. Gegenüber den Predigten hier sind die auf Erden wie laues Wasser. Doch tröstet euch! Alle von der Erde, die ihr guten Willen seid, ihr werdet auch hier von Gott gelehret sein.

Liebe Mama! Ich weiß, daß du mich vermissest und dich einsam fühlst. Aber ich besuche dich ja oft, obwohl du mich nicht mehr siehst. Wir werden uns ja hier wiedersehen. Im Traume kannst du mich ja oft sehen. Freue dich über meine Seligkeit, die soll dich trösten und schreibe mit mir so oft du kannst, wenn möglich immer zur gleichen Stunde. Meine verstorbene kleine Schwester ist ein wundervoller schöner Engel und schon reif zum Dienste des Herrn. Sie ist hochentwickelt in der Erkenntnis Gottes. Ich habe noch lange zu lernen, bis ich auf ihrer Stufe bin. Alle meine verstorbenen fünf Brüder sind groß geworden in himmlischer Schönheit als Jünglinge und sind auch dienstbare Geister geworden. O könnte ich es allen Unglücklichen auf Erden mitteilen, welch ein herrliches Erbe ihrer wartet, und daß die Leiden des Erdenlebens nicht wert sind der Herrlichkeit, die sich ihnen offenbart.

Alle deine Kinder grüßen dich durch mich. Ich grüße dich und alle meine lieben Brüder. Eure Maria."

Unter den mir persönlich bekannten Medien Zürichs befindet sich eines, eine seither verstorbene Frau Isler, die in einem Strafprozeß eine bedeutsame Rolle gespielt hat, da ihr die Entdeckung der Täterschaft eines Giftmordes zu verdanken ist.

Im Jahr 1910 wurde in Zürich die Ehefrau eines Angestellten der städtischen Straßenbahn, namens Carli, mittels Strychnin vergiftet. Man wußte anfänglich nur, daß zwei Frauen bei ihr gewesen waren und ihr das Gift in einem Glase Wein beigebracht hatten. Der Verdacht der Täterschaft richtete sich sofort gegen eine Frau Widmer, mit welcher der Ehemann Carli ein ehebrecherisches Verhältnis unterhalten hatte. Es fanden sich auch bald zwei Zeugen, welche aussagten, daß sie diese Frau Widmer mit noch einer andern Frau, die sie ebenfalls erkannt haben wollten, zur kritischen Zeit in das Haus haben gehen sehen, in dem Frau Carli wohnte. Auf Grund ihrer Aussagen wurden diese beiden Frauen verhaftet, und die Zeitungen machten diese Verhaftungen und ihren Grund bekannt.

Als Frau Isler diese Zeitungsberichte las, wurde sie von einer innern Unruhe ergriffen und fühlte einen immer stärker werdenden Drang, zu einer Kartenschlägerin namens Frau Bucher zu gehen, die ihr oberflächlich bekannt war.

Warum sie gerade zu dieser Frau gehen sollte, wußte sie nicht, aber sie konnte dem innern Drange nicht widerstehen. In der Wohnung der Frau Bucher angekommen, mußte sie, wiederum innerer Eingebung folgend, dieser ins Gesicht sagen, daß sie beim fraglichen Morde beteiligt gewesen sei, und Frau Bucher, durch dieses Auftreten verwirrt, legte ihr das Geständnis ab, daß sie und mit ihr eine Frau Küng die beiden Frauen gewesen seien, welche bei Frau Carli waren, und daß Frau Küng eine Flasche Wein mitgebracht habe, die sie dann miteinander getrunken haben, nachdem jene ein weißes Pulver in das Glas der Frau Carli geschüttet hatte. Frau Isler, immer noch unter Inspiration stehend, verlangte nun, daß Frau Bucher dies der Behörde anzeige, und ging dann weg. Zu Hause angekommen, ließ sie mich zu sich bitten, erzählte mir ihr Erlebnis und fragte mich, was sie tun solle. Mein Rat ging dahin, unverzüglich Anzeige zu machen, da von den beiden Verhafteten jedenfalls die eine völlig unschuldig sei. Ich hielt es für das beste, wenn Frau Bucher veranlaßt werden könnte, selbst diese Anzeige zu machen. Frau Isler ging deshalb nochmals zu ihr, erhielt aber von ihr die Antwort, sie sei krank und fühle sich dazu nicht stark genug. Ich ging daher am folgenden Morgen selbst auf das Büro des Bezirksanwalts, machte diesem Anzeige von den Aussagen der Frau Bucher und anerbot mich, ihn zu dieser Frau, deren Wohnung mir Frau Isler angegeben hatte, zu begleiten. Er ging auch mit mir hin, indem er anerkannte, daß es seine Pflicht sei, alle Spuren des Verbrechens zu verfolgen, teilte mir aber unterwegs mit, daß die zwei Frauen, die bei der Frau Carli gewesen, bereits festgestellt seien, und daß er die Selbstanzeige der Frau Bucher für die Aussage einer geisteskranken oder hysterischen Person halte. Er erzählte mir auch von einem ähnlichen Fall, der ihm kürzlich begegnet sei. Im Verhör mit Frau Bucher, das er anfänglich in meiner Gegenwart vornahm, erkannte er aber sehr bald die Realität der Anzeige, und noch am gleichen

Tage wurden sowohl Frau Bucher als Frau Küng verhaftet. Beide gestanden ihre Schuld und nannten als Anstifter jene Frau Widmer und den Ehemann Carli. Das Endresultat war, daß das Schwurgericht alle diese vier Personen des Mordes schuldig erklärte und zu lebenslänglichem Zuchthaus verurteilte.

Ohne das Vorgehen der Frau Isler wäre das über diesen Mord schwebende Dunkel wahrscheinlich niemals aufgehellt worden. Dagegen hätten vermutlich die zwei Belastungszeugen ihre Aussagen auch vor dem Schwurgericht aufrecht erhalten und es wäre dann vielleicht neben der wenn auch nur als Anstifterin mitschuldigen Frau Widmer auch eine völlige Unschuldige verurteilt worden. Psychologisch sind die irrigen Zeugenaussagen leicht daraus zu erklären, daß da sowohl Frau Widmer als auch jene andere Frau zur kritischen Zeit wirklich sich auf der Straße in der Nähe der Carlischen Wohnung befunden hatten, erstere um auf die beiden physischen Täter zu warten und ihren Bericht entgegenzunehmen, letztere weil sie in jener Straße Geschäfte zu besorgen hatte, und die Zeitungen bereits berichtet hatten, daß zwei Frauen zu jener Zeit den Mord begangen hätten, und Frau Widmer ihres Verhältnisses mit dem Manne Carli wegen als verdächtig bezeichneten, die Phantasie der Zeugen unter der durch diese Zeitungsberichte erzeugten Suggestion das, was sie wirklich gesehen hatten, weiter ausspannen, so daß sie schließlich wirklich glaubten, die beiden Frauen nicht nur auf der Straße erblickt sondern auch gesehen zu haben, wie sie in das Haus hineingingen, in dem Frau Carli wohnte.

Endlich noch einige schriftliche Mitteilungen, die ich von einer hochsensitiven schweizerischen Lehrerin erhielt, die das Schicksal in einen Winkel Ungarns, nach Marmaros Sziget verschlagen hatte. Diese Lehrerin, eine gläubige Katholikin, hatte sich niemals mit der spiritistischen Praxis befaßt, stand aber den spiritistischen Lehren toleranter gegenüber als die meisten ihrer Glaubensgenossen und trat deshalb mit mir in Korrespondenz. In ihren an mich gerichteten Briefen erzählt sie unter anderem das folgende Erlebnis:

Eine Walachin aus der Umgegend von Marmaros Sziget, Mutter von 9 Kindern, war scheinbar gestorben, lag auch bereits im Sarge und der Geistliche verrichtete die letzten Gebete, als sie auf das Jammergeschrei ihrer Kinder wieder zu sich kam und völlig gesund wurde. Sie erzählte hierauf: „Ich ging auf einer grünen Wiese. Auf einer Seite waren schöne weiße fette Schafe, über denen das Gras beinahe zusammenschlug, auf der andern Seite war das Gras klein, die Schafe ganz mager, traurig und verkrümmt. Ich ging weiter und kam zu einer großen unendlich schönen Halle. Was ich in dieser Halle sah, das darf ich niemand sagen. Darauf kam ein Mann und führte mich des Wegs zurück und zeigte mir einen Stamm verfaulten Holzes und befahl mir, da hinein zu kriechen. Ich tat es mit schwerer Not und kaum war es geschehen, so hörte ich das Weinen der Kinder, den Gesang des Priesters und richtete mich im Sarge auf.“ Sie verweigerte jede Auskunft über das, was sie in jener Halle gesehen hatte, nur eins sagte sie, dürfe sie mitteilen: „Gebt o gebt den Armen, das ist das Einzige was wir mitnehmen, dieses Einzige hilft uns dort drüben.“ Und das ist offenbar Wahrheit, schreibt meine Korrespondentin, denn eine walachische Bäuerin würde niemals sagen: „Gebt den Armen, wenn ihr selig werden wollt!“, wenn sie diese Worte nicht wirklich gehört hätte, sondern: „Horcht auf die Pfarrer, geht in die Kirchen und haltet alle Feiertage, katholische, russische, unierte und walachische!“

Dieser Erzählung füge ich noch zwei Erlebnisse aus dem eigenen Leben meiner Korrespondentin bei.

Ich nahm, so schreibt sie, eine Wohnung zusammen mit einer andern Lehrerin, einer unglücklichen, mit sich selbst und der Welt zerfallenen Dame, die sich zuletzt dem Trunke ergab. Bald genug hatte ich alle Ursache meine Tat zu bereuen; denn ich hatte unter ihrem Haß genug zu leiden, schwieg aber still, bis sie mir einmal die toten Eltern im Grab besudelte; dann aber brach mein Jähzorn los und ich sagte ihr bittere Wahrheiten unter anderen jene mit der Flasche und ging in mein Zimmer, wo ich jedoch gleich mein rasches Reden bereute. Der versöhnlichste Zug im Charakter meiner Feindin war eine gewisse wehmütige Zärtlichkeit für ihre tote Mutter, und an diese dachte ich jetzt. Was würde sie wohl denken, fragte ich mich, wenn sie wüßte, was ich ihrer Tochter vorgehalten habe. In diesem Moment hörte ich einen Schrei, so markerschütternd, so über alles schmerzlich, wie ich nie vorher oder nachher nur annähernd etwas gehört habe. Es war ein Laut, der sich mit nichts vergleichen läßt. Das erste Mal im Leben wollten mir die Sinne schwinden, und dazu hörte ich im anstoßenden Zimmer das gellende Lachen der bewußten Dame, ein Beweis, daß nicht sie es war, die den Schrei ausgestoßen hatte.

Ich suchte hierauf eine andere Wohnung in einem Hause, das als besonders unglücklich galt; denn alle Einwohner hatten Unglück jeder Art. Ich aber nahm mir vor, jeden Abend lange für die armen Seelen zu beten und tat dies die 14 Monate, die ich dort wohnte, und hatte Glück in jeder Hinsicht. Meinen Hausherrn aber ereilte das Schicksal Aller, die vor ihm das Haus bewohnt hatten, er mußte ausziehen und auch mir wurde die Wohnung gekündigt, da der folgende Einwohner sie ganz brauchte. An einem der letzten Abende saß ich mit einer Handarbeit beschäftigt bei Tisch und dachte: „Die armen Seelen, die möglicherweise an dieser Stelle leiden, werden es aber bedauern, wenn ich ausziehe und keiner mehr für sie betet.“ In diesem Moment fiel ein schwerer Tränentropfen auf meine Hand, die viel zu weit von meinem Gesicht war, als daß meine eigenen Tränen hätten darauf fallen können, wenn ich geweint hätte, was ich aber keineswegs tat.

Zum Schlusse dieses Abschnitts ein Wort über die oft gehörte Behauptung, daß die Medien hysterische oder geisteskranke Personen seien, oder daß die Medialität, wie Hans Freimark sagt, mit einer sexuellen Abnormität im Zusammenhang stehe, die in einem femininen Aussehen der medialen Männer und einem virilen der medialen Frauen zu Tage trete. Auf Grund meiner Erfahrungen muß ich allen diesen Behauptungen aufs Bestimmteste entgegentreten. Richtig ist, daß die Medialität sich unter den Frauen häufiger findet als unter den Männern. Aber die medialen Frauen, die ich kennen gelernt habe, waren weder hysterisch noch sonst geistig abnormal, und keine von ihnen hatte ein ausgeprägt viriles Aussehen und Benehmen. Ich habe unter ihnen sehr energische Persönlichkeiten gefunden, die in aufopferndster und zugleich verständigster Weise für ihre Familie sorgten, in einigen Fällen ohne Mithilfe des Mannes, sei es weil sie Witwen waren, sei es weil der Mann seine Pflicht als Versorger der Familie nicht erfüllte. Aber deshalb kann man solche Frauen noch nicht viril nennen. Und unter den medialen Männern meiner Bekanntschaft befanden sich einige, die nahezu Ideale echter Männlichkeit genannt werden können. Allerdings traf ich auch sowohl weibliche als männliche Medien von zarter Konstitution, und ich möchte nicht bestreiten, daß die Medialität ein empfindsames Nervensystem voraussetzt. Ein solches schließt jedoch Gesundheit und Kraft keineswegs aus.

Das einzige körperliche Merkmal der Medialität, das mir nicht gefällt, das ich übrigens nur beim kleinern Teil der mir bekannt gewordenen Medien deutlich ausgeprägt vorgefunden habe, ist ein eigentümlicher schwer zu beschreibender Ausdruck der Augen. Wie mir scheint deutet dieser Ausdruck auf die Gefahr der Besessenheit hin, von welcher als von der Hauptgefahr des Verkehrs mit der Geisterwelt später einläßlich die Rede sein wird. Ich gebe auch zu, daß mediale Personen, besonders wenn sie häufig den Geisterverkehr pflegen oder gar denselben mißbrauchen, der Besessenheit und infolgedessen auch den Geisteskrankheiten in höherem Grad ausgesetzt sind als nicht mediale.

Sie teilen damit das Schicksal der künstlerisch Begabten, die gleichfalls in dieser Hinsicht stärker gefährdet sind als Alltagsmenschen; denn auch die künstlerische Begabung beruht auf einer Lockerung der Verbindung zwischen Körper und Geist und hat daher große Ähnlichkeit mit der Medialität, kann vielleicht sogar als eine besondere Art dieser letzteren aufgefaßt werden.

IV.

Der Prozeß des Blumenmediums Frau Anna Rothe.

Zu den Medien, die ich persönlich kennen lernte, gehört auch die am 8. September 1850 geborene Frau Anna Rothe, die im März des Jahres 1903 von der ersten Strafkammer des Landgerichts II in Berlin des Betrugs in 48 Fällen und des Betrugsversuchs in 12 Fällen schuldig erklärt und zu anderthalb Jahren Gefängnis verurteilt wurde. Ich bin in diesem Prozeß als Entlastungszeuge aufgetreten und habe das bezeugt, was ich — und mit mir alle Anwesenden — in den von Frau Anna Rothe in den Jahren 1899 und 1901 in der Schweiz veranstalteten spiritistischen Sitzungen beobachtet hatten. In diesen Sitzungen haben echte okkulte Blumenapporte stattgefunden. Das schließt natürlich nicht aus, daß die Apporte der Frau Rothe in den der Anklage zu Grunde liegenden Fällen auf bloßer Taschenspielerei beruhten, und daß sie daher, wenn sie einen übersinnlich okkulten Ursprung vorspiegelte, einen Betrug begangen hat, vorausgesetzt, daß auch die andern Voraussetzungen dieses Vergehens vorlagen. Wenn ich aber das Urteil des Berliner Gerichts prüfe, welcher Prüfung ich freilich nur seine Entscheidungsgründe, einige Berichterstattungen der Presse und meine persönlichen Wahrnehmungen zu Grunde legen kann, halte ich den Beweis für eine betrügerische Absicht der Angeklagten nicht für erbracht.

Dem gewöhnlichen Publikum galt begreiflicherweise die betrügerische Absicht schon dadurch für erwiesen, daß bei der Verhaftung der Angeklagten während einer spiritistischen Sitzung, in der man okkulte Apporte von Blumen erwartet hatte, Blumen, Apfelsinen und Zitronen in ihren Kleidern gefunden wurden. Anders urteilt wer weiß, daß in spiritistischen Sitzungen mit physikalischen Medien oft höchst sonderbare, scheinbar auf Betrug hinweisende und dennoch anders zu erklärende Vorgänge stattfinden*), wenn, was nach meiner Überzeugung absolut sicher nachgewiesen ist, Frau Rothe ein physikalisches Medium war. Ein solcher muß es für durchaus innerhalb der Grenzen der Möglichkeit liegend halten, daß die in den Kleidern der Angeklagten gefundenen Blumen usw. auf okkultem, die betrügerische Absicht ausschließendem Wege an diesen Ort gelangt waren, vielleicht infolge einer plötzlichen Störung der Harmonie des Zirkels durch den polizeilichen Eingriff, und muß daher, um an eine betrügerische Absicht glauben zu können, verlangen, daß diese noch durch andere Beweismomente wahrscheinlich gemacht werde.

Auf den ersten Blick scheint allerdings ein weiterer Beweismoment für die betrügerische Absicht vorzuliegen und zwar ein sehr schwerwiegendes, denn in den Entscheidungsgründen des Urteils heißt es, Frau Rothe habe bei ihrer Verhaftung unter ihrem Oberkleid einen grauwollenen Unterrock in Falten tütenartig zusammengelegt vorgebunden gehabt, so daß er zwischen den Beinen hing, festgehalten durch ein Band, dieser Unterrock sei feucht gewesen und in ihm haben sich wohlgeordnet 153 Blumen, 3 sehr starke Apfelsinen und 3 Zitronen von ebenfalls auffälliger Größe befunden. Allein von dem allem ist nur

*) Siehe hierüber: „Cesare Lombroso, hypnotische und spiritistische Forschungen“, deutsche Auflage, Verlag Julius Hoffmann, Stuttgart, Seite 366 und ff.

bewiesen, daß sich die fraglichen 153 Blumen usw. wohlgeordnet in ihren Kleidern vorfanden, das übrige ist unbewiesene Vermutung, und es liegt im Gegenteil sehr nahe, daß diese Dinge einfach zwischen dem Oberrock und dem Unterrock lagen, den Frau Rothe ordnungsmäßig um den Leib gebunden trug.

Die einzige Grundlage für den in der fraglichen Stelle des Urteils niedergelegten Tatbestand sind Zeugenaussagen, denn es ist unterlassen worden, den Unterrock mit seiner angeblich beutelartigen, durch ein Band zusammengehaltenen Vorrichtung zu konfiszieren.

Hauptzeuge ist ein Fräulein Bingenheimer, eine frühere Gefangenenwärterin, welche bei der Verhaftung der Angeklagten die Leibesuntersuchung vorgenommen hatte. Sie ist in der mündlichen Verhandlung zweimal über ihre Wahrnehmungen einvernommen worden. Am ersten Verhandlungstage sagte sie laut Berichterstattung der Chemnitzer Zeitung „Neueste Nachrichten“, Frau Rothe habe unter dem Oberrock einen beutelartigen Unterrock getragen, der 153 Blumen, drei Apfelsinen und zwei Zitronen enthielt. Dann fährt die Berichterstattung fort: „Die Zeugin weiß nicht, ob die Angeklagte den Rock (Unterrock) vorne als eine Art Tasche trug, oder ob der Rock rings um den Körper herum getragen wurde.“ Unter dem „rings um den Körper herum tragen“ kann nichts anderes verstanden werden als die ordnungsmäßige Befestigung eines jeden Unterrocks. Am Schluß der Verhandlung wurde die Zeugin nochmals hierüber einvernommen, und in der Berichterstattung der Berliner Zeitung „Der Tag“ heißt es über diese zweite Einvernahme: „Die Zeugin bleibt dabei, daß der Unterrock schürzenartig um den Leib genommen, also nicht angezogen war.“ Schon der in diesen zwei Aussagen liegende Widerspruch erweckt Bedenken an der Glaubwürdigkeit dieser Zeugin. Eine genauere Untersuchung läßt ihre Unglaubwürdigkeit noch viel stärker hervortreten.

Die Zeugin muß in der Voruntersuchung angegeben haben, der Unterrock sei nicht ordnungsmäßig angezogen, sondern schürzenartig um den Leib genommen gewesen. Dies geht daraus hervor, daß sie in ihrer zweiten Einvernahme vor dem Gericht sagt, sie „bleibe dabei“, daß der Unterrock schürzenartig um den Leib genommen und nicht ordnungsmäßig angezogen gewesen sei, und daß die Polizeikommissäre von Kracht und Leonhardt sowie eine Frau Budig das Gleiche bezeugen, ohne Zweifel, wie ich das später genauer feststellen werde, weil Fräulein Bingenheimer es ihnen gesagt hatte. Unter diesen Umständen konnte nur das Bewußtsein des Ernstes der Situation, wie es in der ersten Befragung vor Gericht an die Zeugin herantrat, diese bewegen, zuzugeben, daß sie das nicht sicher wisse, und man darf ruhig annehmen, daß darin das Zugeständnis liege, anfänglich nicht ganz die Wahrheit gesagt zu haben, ein Zugeständnis, das durch die spätere Wiederaufnahme der ursprünglichen Aussage nicht aufgehoben wird.

Sodann macht es einen gewaltigen Unterschied, und ist sehr leicht von einander zu unterscheiden, ob ein Unterrock schürzenartig vorgebunden oder ordnungsmäßig angezogen ist. Wenn die Zeugin daher sagt, sie wisse nicht mehr, welche von diesen zwei Befestigungsarten vorgelegen habe, muß sie sehr ungenau beobachtet haben, vielleicht weil sie die Schuld der Angeklagten durch das Auffinden von Blumen usw. in ihren Kleidern für genügend erwiesen hielt, und deshalb ihr Augenmerk einzig auf diese richtete, was zum Mindesten beweist, daß sie eine schlechte Beobachterin ist. Möglicherweise aber schützt sie Nichtwissen bloß vor, weil sie nicht zu bekennen wagt, daß der Unterrock in Wirklichkeit ordnungsmäßig angezogen war.

Die von ihr anfänglich und dann wieder am Schluß aufgestellte Behauptung, daß die Angeklagte einen schürzenartig vorgebundenen Unterrock getragen habe, der als Versteck für die Blumen usw. gedient habe, setzt zudem voraus, daß der Unterrock nicht bloß oben mit einem Band an den Leib festgebunden, sondern auch unten zusammengebunden oder zusammengenäht war, da er nur so als Tasche dienen konnte, und davon weiß niemand etwas, auch die Bingenheimer selbst nicht. Außerdem ist nicht einzusehen, weshalb Frau Rothe, wenn sie betrügen wollte, ein so sonderbares und unbequemes Versteck hergerichtet hätte, da ihr eine unter dem Oberrock aber über dem Unterrock getragene leichte Baumwollschürze oder der richtig umgebundene Unterrock selbst, gehörig umgestülpt und durch Zunähen oder Zubinden in einen Beutel umgeschaffen, den gleichen Dienst geleistet hätte.

Das Urteil sagt allerdings, der beutelartig zugerichtete Unterrock sei durch ein Band festgehalten worden. Allein abgesehen davon, daß man sich nicht vorstellen kann, was mit diesem unklaren Ausdruck eigentlich gemeint ist, liegt auch nicht der Schatten eines Beweises dafür vor, daß irgend ein Band bei der Angeklagten gefunden worden sei. Weder die Bingenheimer noch ein anderer Zeuge sagen davon etwas, wenigstens erwähnen die Zeitungsberichte nichts der Art, und es ist höchst unwahrscheinlich, daß sie diesen wichtigen Fund unerwähnt gelassen hätten, wenn er von den Zeugen auch nur mit einem Wort berührt worden wäre. Ein Zeuge, der davon gesprochen, wäre zudem sicherlich angehalten worden, zu sagen, wie dieses Band ausgesehen habe und wie es benützt worden sei, um den Unterrock in einen vorgebundenen Beutel umzuwandeln, groß genug, um alles in sich zu fassen, was darin gefunden wurde, denn ein schürzenartig vorgebundener Unterrock muß, um einen Beutel zu bilden, in dem 153 Blumen, drei große Apfelsinen und drei ebenfalls große Zitronen Platz finden, wie bereits bemerkt, nicht bloß oben am Leib befestigt, sondern auch unten zusammengebunden oder zusammengenäht sein, und wenn ein Zeuge darüber Auskunft gegeben hätte, ist es kaum denkbar, daß die Zeitungsberichte die erteilte Auskunft unerwähnt gelassen hätten. Daß irgend ein Zeuge in der Voruntersuchung von einem solchen Bande gesprochen habe, ist gleichfalls kaum denkbar, weil der Vorsitzende des Gerichts ihn dann in der Hauptverhandlung auf seine Aussage hingewiesen und eine genaue Beschreibung verlangt hätte. Endlich ist ganz unwahrscheinlich, daß ein einziges Band genügt hätte, um das fragliche Versteck so herzustellen wie es hergestellt werden mußte, um seinen Zweck zu erfüllen.

Sodann wäre ein solches Band, wenn auf der Angeklagten vorgefunden, zweifellos konfisziert worden. Eine sorgfältige Kriminalpolizei hätte sogar den ganzen in einen Beutel umgewandelten Unterrock konfisziert und hätte der Angeklagten, wenn dies der Kälte wegen wünschbar gewesen wäre, einen anderen Unterrock verschafft. Wenn sie das nicht getan hätte, wäre ihr Vorgehen vom Standpunkt polizeilicher Konstatierung eines Tatbestandes aus geradezu ein Musterbeispiel dafür, wie es nicht gemacht werden soll. Allein ich bezweifle sehr, daß die beiden hier amtierenden höheren Polizeibeamten wirklich so ungeschickt waren und durch Unterlassung der Konfiszierung das corpus delicti dem Gericht entzogen, sondern glaube weit eher, ja ich bin dessen fast sicher, daß ein solches corpus delicti, nämlich ein die betrügerische Absicht beweisender in einen Beutel umgewandelter, schürzenartig vorgebundener Unterrock gar nicht vorhanden war, sondern lediglich ein ganz gewöhnlicher in richtiger Weise um den Leib gebundener, wie die Angeklagte immer behauptet hat, und einen solchen zu konfiszieren hatten die Polizeibeamten natürlich keine Veranlassung.

Aus allen diesen Gründen halte ich es für ausgeschlossen, daß der Unterrock so am Leibe befestigt war, wie in den Entscheidungsgründen des Urteils gesagt ist, und die Worte „festgehalten durch ein Band“ scheinen mir einfach der Phantasie desjenigen zu entstammen, der diese Entscheidungsgründe redigiert hat. Da er sich nämlich nicht vorstellen konnte, wie der Unterrock ohne Befestigungsmittel einen die Blumen usw. fassenden Beutel hätte bilden können, und die Zeugenaussagen darüber keine Auskunft gaben, wollte er dies mit ein paar möglichst allgemein gehaltenen Worten einigermaßen verständlich machen, und kam so zu diesem unklaren Zusatz. Die sachbezüglichen Angaben der Bingenheimer erkläre ich mir als einen ebenfalls nur ihrer Phantasie entsprungenen Aufputz, unter suggestiver Beeinflussung einerseits dadurch, daß sie in einer früheren Sitzung der Rothe, als sie mit ihrer Hand unter den Stuhl an die Kleider der Angeklagten langte, wie sie sagt, „glaubte“ einen naßkalten beutelartigen (!?) Gegenstand zu fühlen, andererseits dadurch, daß die ganze Tagespresse von einem Kautschukbeutel gesprochen hatte, welchen Frau Rothe zwischen den Beinen getragen habe, obwohl es nicht unmöglich ist, daß die Bingenheimer selbst das Märchen von diesem Kautschukbeutel aufgebracht hat, da es gar nicht unwahrscheinlich ist, daß die Zeitungsreporter sich an sie um nähere Auskunft gewendet hatten und nur berichteten, was sie von ihr gehört hatten.

Allerdings waren außer der Bingenheimer noch andere Personen anwesend, als diese die fragliche Leibesuntersuchung vornahmen. Zwar kaum viele, denn Kriminalkommissar Leonhardt hatte, bevor die Untersuchung begann, die Männer aus dem Zimmer herausgeschickt. Als Zeugen sind über diese Untersuchung außer der Bingenheimer nur die beiden Kriminalkommissäre von Kracht und Leonhardt sowie eine Frau Budig einvernommen worden. Was die beiden Polizeibeamten anbetrifft, so habe ich bereits darauf hingewiesen, daß sie die Vorrichtung, welche das gerichtliche Urteil als vorhanden gewesen annimmt, schwerlich selbst gesehen haben, ansonst sie dieselbe sicherlich konfisziert hätten. Es leuchtet auch ein, daß sie die Leibesuntersuchung nicht selbst vornahmen, sondern ganz und gar der Bingenheimer überließen. Wenn sie daher aussagen, die Blumen usw. seien im Unterrock der Frau Rothe, den sie tütenartig um den Leib gehabt, gefunden worden -- von einem Band, durch welches dieses Versteck zusammengehalten worden sei, sagen sie nichts — so beweist das keineswegs, daß sie die fragliche, sonderbare und schwer erklärliche Vorrichtung selbst gesehen haben. Nicht viel anders verhält es sich mit dem Zeugnis der Frau Budig. Auch sie sagt nur, Frau Rothe habe den Unterrock wie eine Schürze um den Leib gehabt. Wahrscheinlich standen alle diese Zeugen im Glauben, die Tatsache, daß sich Blumen usw. in den Kleidern vorfanden, beweise zur Genüge den Betrug, und bekümmerten sich daher wenig um die Beschaffenheit des Verstecks, in dem die Blumen lagen, sondern sagten einfach das, was sie darüber von der Bingenheimer gehört hatten. Daraus erklärt sich auch am einfachsten, daß ihre Aussagen ziemlich gleich und ebenso unbestimmt lauten wie diejenige der Bingenheimer. Vielleicht hatten sie erst als die Möglichkeit einer Konstatierung des Tatbestandes durch direkte Wahrnehmung nicht mehr bestand, die Bingenheimer darüber befragt, worauf diese ihnen aus ihrer konfusen, durch eigene und fremde Suggestion verwirrten Erinnerung heraus das sagte, was sie hernach bezeugten. Sie konnten um so leichter übersehen, daß sie damit nicht eine eigene Wahrnehmung bezeugten, als dies ihnen wahrscheinlich höchst nebensächlich schien im Vergleich mit der Tatsache, daß überhaupt Blumen gefunden wurden. An eine eigentlich dolose, d. h. mit vollem Bewußtsein der Unwahrheit gemachte Entstellung des Tatbestandes durch die Bingenheimer oder gar an ein von allen vier Zeugen geschmiedetes Komplott kann ich dagegen nicht glauben, denn in diesem Falle wäre die Beschreibung des Verstecks der Blumen deutlicher und innerlich wahrscheinlicher ausgefallen, und hätte die Bingenheimer vor dem Gericht nicht so leichthin zugegeben, daß sie sich nicht mehr erinnern könne, auf welche Weise der Unterrock am Leib befestigt gewesen sei.

Wenn es sich mit dem Versteck, in dem die Blumen, Apfelsinen und Zitronen lagen, so verhält, wie ich unter diesen Umständen vermuten muß, wenn nämlich diese Dinge einfach zwischen dem Oberkleid und dem ordnungsmäßig umgebundenen Unterrock lagen, vielleicht in einer Falte des letzteren und solange die Angeklagte auf dem Stuhl saß durch ihre Oberschenkel am herunterfallen verhindert, ist nicht nur ein wichtiges Schuldindizium verschwunden, sondern man muß sich auch sofort fragen, wie die Angeklagte alle diese Dinge hätte ins Sitzungszimmer bringen können, ohne daß sie herausgefallen wären. Bis ins Haus, in dem die Sitzung stattfand, hätten sie jedenfalls in irgend einem Gefäß (oder Beutel) verwahrt sein müssen, und es hätte großer Geschicklichkeit bedurft, um dieses Gefäß zu beseitigen, ohne daß es jemand bemerkt hätte, und ebenso wäre es schwierig gewesen, sie einfach im Unterrock von der Hausflur in das Sitzungszimmer zu bringen.

Im ferneren wären die 153 Blumen, als sie in den Kleidern der Angeklagten gefunden wurden, schwerlich „wohlgeordnet“ gewesen, wie die Entscheidungsgründe des Gerichts gestützt auf das Zeugnis der zwei Polizeibeamten sagen, wenn Frau Rothe dieselben wer weiß wie lange in ihren Kleidern mit sich herumgeschleppt hätte, während sich dies leicht erklärt, wenn sie durch einen okkulten Apport herbeigeschafft und dann materialisiert worden waren.

Endlich wäre es der Angeklagten kaum möglich gewesen, diese Blumen usw. während der Sitzung aus ihrem Versteck hervorzuholen und dem Publikum vorzuspiegeln, daß sie ihr aus der Luft zugeflogen kämen. Das Urteil spricht zwar von einer Vermutung der Polizeibeamten, daß Frau Rothe beabsichtigt habe, die Blumen durch einen Schlitz ihres Oberkleides hervorzuziehen und sie dann solange unter ihrer Schürze zu halten, bis der geeignete Moment gekommen wäre, um sie in die Höhe zu bringen. Allein diese Polizeibeamten haben vergessen, festzustellen, ob ihre Vermutung, daß das Oberkleid an der richtigen Stelle einen genügend großen Schlitz hatte, um die Blumen herauszuziehen, richtig sei, obgleich diese Feststellung sehr leicht zu machen gewesen wäre.

Steht es schon so bedenklich schwach mit dem Nachweis einer betrügerischen Absicht bei dem Vorgang, der die Verhaftung der Angeklagten zur Folge hatte, so schwach, daß ein Okkultist in Anbetracht der Tatsache, daß Frau Rothe nach vielen Zeugenaussagen wiederholt echte Apporte erzeugte, die oben ausgesprochene Vermutung einer ohne ihr Wissen stattgefundenen Materialisation der Blumen usw. in ihren Kleidern nicht mehr einfach als unmöglich von der Hand weisen darf, so ist der Beweis einer betrügerischen Absicht in den sechszig Fällen, in denen sie des Betrugs oder Betrugsversuchs schuldig erklärt wurde, noch viel weniger geleistet.

Das Gericht hat den Versuch gemacht, in seinen Entscheidungsgründen außer dem bei seinen Anschauungen begreiflicherweise stark in Betracht fallenden Indizium, daß sich bei der Verhaftung der Angeklagten Blumen usw. in ihren Kleidern vorfanden, noch weitere Schuldindizien zu konstruieren. Die meisten sind wenig schlüssig oder es sind gar bloße auf oberflächliche Beobachtung von Zeugen gestützte Vermutungen. Insbesondere der Okkultist findet darunter manches wie beispielsweise die verschiedenen Albernheiten und Irrtümer der durch sie sprechenden „Geister", was nach seiner Überzeugung jeder Beweiskraft entbehrt.

Auch ist ein großer Teil von dem, was diese Geister sagten, sehr richtig und vernünftig, wie wir z. B. aus dem Protokoll der Sitzung vom 14. August 1901, das allerdings dem Gericht nicht vorlag, ersehen. Was den Blumenkauf in Zürich anbetrifft, bei dem einzig sicher festgestellt ist, daß die gekauften Blumen vier bis fünf Stunden nachher apportiert wurden, so werde ich später, wenn ich diese Sitzung besonders bespreche, zeigen, daß dessen ungeachtet die Echtheit des Apports nicht anzuzweifeln ist.

Einzig zwei Schuldindizien bedürfen einer genauern Besprechung, weil sie auch in meinen Augen einigermaßen den Verdacht einer betrügerischen Absicht erwecken. Es sind dies die Tatsache, daß Frau Rothe in einer Sitzung bei Gerling einem Photographiealbum eine Photographie entnommen, in die Tasche gesteckt und nachher als angeblichen Geisterapport wieder zum Vorschein gebracht haben soll, und einige Zeugenaussagen, die sich auf Apporte von Topfgefäßblumen beziehen, die in den Wohnungen der Veranstalter der Sitzung abgebrochen worden waren. Was den ersten Punkt anbetrifft, so hat man es mit der Aussage eines Kindes zu tun, das selbstredend seinem Vater als glaubwürdig gilt, vielleicht mit Recht, auf dessen Einzelaussage abzustellen jedoch einem aus Juristen zusammengesetzten ständigen Gericht schwerlich erlaubt ist. Hinsichtlich des zweiten Punktes halte ich es für wohl möglich, daß die Zeugen lediglich nachträglich den Defekt wahrnahmen, nachdem sie gesehen hatten, wie Frau Rothe die früher in den Töpfen vorhandenen Blumen apportiert hatte, daß sie also nicht sahen, wie sie die Blumen abbrach, sondern dies nur aus den Verhältnissen folgerten und ihre Schlußfolgerung später als Wahrnehmung bezeugten. Immerhin bleibt in diesen zwei Punkten ein gewisser Verdacht auf der Angeklagten sitzen, vorausgesetzt, daß die dem Anschein nach betrügerischen Handlungen nicht etwa unbewußt unter hypnotischem von Dieseitigen oder Jenseitigen ausgehendem Zwange stattgefunden haben; denn das ist bei Medien wenn sie sich im Trance befinden, keine Seltenheit. Die bekannte Eusapia Palladino hat wiederholt ähnliche scheinbar betrügerische Handlungen verübt. Wie Lombroso in seinem Buch „Hypnotische und spiritistische Forschungen“, Seite 367 der deutschen Auflage sagt, ertappte sie Faifofer einmal, als sie vor einer Sitzung in der Dunkelheit Blumen pflückte, die zu Apporten benutzt werden sollten.

Es wäre zwar leicht erklärlich, wenn Frau Rothe in der letzten Periode ihrer spiritistischen Sitzungen einzelne Apporte betrügerisch bewerkstelligt hätte, denn es war ein grober Fehler, daß sie ihre okkulte Begabung in so hohem Maße zum Gelderwerb benützte, wie das erwiesener Maßen, obgleich weniger zum eigenen Nutzen als zum Nutzen anderer, geschehen ist. Das konnte nämlich sehr leicht die Folge haben, daß ihre okkulten Kräfte abnahmen, und es wäre nicht verwunderlich, wenn sie dann bisweilen zu betrügerischen Manipulationen gegriffen hätte. Indessen darf diese bloße Möglichkeit nicht als Schuldindizium verwertet werden, am wenigsten hinsichtlich der in einer früheren Periode ihres Auftretens stattgefundenen Apporte, zumal wenn die Echtheit des Apports in vielen Fällen zweifellos nachgewiesen ist.

Ich vermisse sodann in den Entscheidungsgründen des Urteils jede ernstliche Würdigung der Aussagen der Entlastungszeugen. Während alles, was die Angeklagte wirklich oder scheinbar belastet, sorgfältig aufgeführt wird, werden die Aussagen der zahlreichen Entlastungszeugen, durch welche absolut sicher festgestellt ist, daß Frau Rothe sehr oft echte okkulte Apporte bewirkt hat, mit der auffallenden aktenwidrigen Behauptung abgetan, das von ihnen Wahrgenommene unterscheide sich in Nichts von demjenigen, was die Skeptiker und scharfen Beobachter gesehen haben und was auf natürlichem Wege. hervorgebracht worden sei. Offenbar lag der wahre Grund ihrer Nichtbeachtung darin, daß das Gericht mit dem Sachverständigen Dr. Max Dessoir annahm, es liegen den Aussagen der Entlastungszeugen Sinnnestäuschungen zugrunde.

Wenn aber das Gericht glaubte, daß nur diejenigen Zeugen, die nichts für die Echtheit der Apporte Sprechendes wahrgenommen haben wollen, scharfe Beobachter gewesen seien, und alle andern in Sinnestäuschungen befangene schlechte Beobachter, so hätte es höher gebildete, intelligente und angesehene Männer und Frauen, von denen es wußte, daß sie den Sitzungen beigewohnt hatten und die nicht einvernommen worden waren, als Zeugen vorladen und abhören sollen. Warum ist beispielsweise Hofprediger

Stöcker nicht einvernommen worden, obgleich das Gericht ganz sicher wußte, daß er bei einigen Sitzungen zugegen gewesen war? Sicherlich hat sich Frau Rothe auch auf ihn berufen, denn mir hat sie, als sie im August 1901 in Zürich war, erzählt, Stöcker sei in einer ihrer Sitzungen dicht an ihrer Seite gesessen und habe ihr nachher gesagt, er zweifle jetzt nicht mehr an der Echtheit ihrer Apporte, obwohl er dafür keine Erklärung finden könne.

Zwei wichtige für die Schuldlosigkeit der Angeklagten sprechende Momente, die durch Aktenvervollständigung vermutlich noch bedeutend an Gewicht gewonnen hätten, sind vom Gericht ganz unberücksichtigt gelassen worden.

In den Entscheidungsgründen des Urteils heißt es, die Frische der apportierten Blumen, die stets von allen Entlastungszeugen betont worden sei, erkläre sich dadurch, daß sie in feuchtem Behälter — bisweilen zwischen Schnee und Eis — aufbewahrt worden seien, diesen Behälter habe die Angeklagte zwischen den Beinen getragen. Das ist nicht bloß unbewiesen sondern ganz unmöglich. Die Angeklagte ist vor den meisten Sitzungen von zwei Frauen aus dem Publikum am Leibe untersucht worden, und wenn bei oberflächlicher Untersuchung auch einzelne Blumen der Wahrnehmung durch die Untersuchenden hätten entzogen werden können, so doch niemals ein derartiger Behälter, der sehr groß hätte sein müssen. Auch hätte ein solcher Behälter den Zweck, die Blumen bis zu ihrer Apportierung frisch zu erhalten, nicht erfüllt. Wenn Blumen im freien Raum mit den Stielen in ein mit Wasser gefülltes Gefäß gestellt, oder an den Stielen mit Eisstücken oder Schnee umwickelt aufbewahrt werden, bleiben sie allerdings lange frisch. Aber in einem mit Wasser, Schnee oder Eis angefülltem Gefäß oder Beutel zwischen den Beinen getragen und daher hin- und hergeschüttelt, werden die Blumen vollständig durchnäßt, wodurch sie unansehnlich gemacht werden, und erhalten sich trotzdem ebenso wenig erheblich längere Zeit frisch, als wenn sie im Trockenen aufbewahrt werden. Vollständig durchnäßte Blumen sind auch nie apportiert worden.

Prüfen wir übrigens einmal die Frage der Möglichkeit des Apports frischer unversehrter und nicht durchnäßter Blumen hinsichtlich der in der Sitzung vom 9. August 1901 in Zürich apportierten, worüber ich aus eigener Anschauung berichten kann.

In dieser Sitzung, die in meiner Wohnung stattfand, wurden apportiert (ich folge hier dem darüber aufgenommenen von den Anwesenden unterzeichneten Protokoll)

6 Uhr 20 M.: ein rosenroter Gladiolus, taufrisch, unzerknittert, ca. 30 cm lang.

7 Uhr: Zwei Seerosen, fünf Kornblumen und einige andere Blumen, ebenfalls ganz frisch.

7 Uhr 8 M.: ein großes Farrenkraut.

7 Uhr 10 M.: verschiedene Heliotropen, eine Nelke, eine Gladiolusknospe, eine Skabiose.

7 Uhr 20 M.: Zwei rote Gladiolen.

7 Uhr 28 M.: verschiedene Blumen und Farrenkräuter sowie mehrere Bärlappranken.

7 Uhr 40 M.: ein ineinander geflochtener Bärlappkranz.

7 Uhr 45 M.: drei frische Rosen, eine rosenrote noch nicht aufgebrochene, eine vollständig aufgeblühte dunkelrote mit einer Unmasse kleiner zarter Dornen, die sämtliche unversehrt sind, eine weiße.

Der 9. August 1901 war ein glühend heißer Sommertag. Punkt 4 Uhr traf ich Frau Rothe und Herrn Jentsch unserer Verabredung gemäß im alkoholfreien Restaurant „Karl der Große“. Von diesem Augenblick an standen beide stets unter meiner und anderer ihnen, von Professor Sellin abgesehen, unbekannter Personen Beobachtung. Wenn Frau Rothe die von ihr apportierten Blumen in ihren Kleidern versteckt hätte, müßte sie dies somit früher getan haben, etwa im Zimmer ihres Hotels, das mindestens 10 Minuten vom Restaurant „Karl der Große“ entfernt liegt. Wir begaben uns nun zu Fuß zum Halteplatz der Straßenbahn an der Waldmannstraße (etwa 5 Minuten) und stiegen dort mit anderen Eingeladenen in den nach Oberstraß fahrenden Wagen der Straßenbahn. In Zürich haben die Straßenbahnwagen die Sitzplätze an den Längsseiten und dazwischen einen Gang, in dem die Passagiere stehen können. Frau Rothe saß hier enge eingekeilt zwischen ihr unbekannten Personen, und der Zwischengang war vollständig mit Stehenden ausgefüllt, so daß mir, der ich ebenfalls enge eingekeilt auf der Plattform des Wagens stand, schon damals der Gedanke kam, daß, wenn Frau Rothe jetzt Blumen unter ihren Kleidern trage, dieselben unfehlbar zerdrückt werden müßten. Nachdem wir in Oberstraß aus dem Straßenbahnwagen ausgestiegen waren, mußten wir wieder eine Strecke von etwa 5 Minuten bis zu meiner Wohnung zu Fuß gehen. Hier wurde Frau Rothe von zwei ihr unbekannten Frauen am Leibe untersucht. Ich habe später mit diesen Frauen ein Protokoll über ihre Untersuchung aufgenommen, wobei ich jede von ihnen getrennt verhörte. Dadurch ist festgestellt, daß Frau Rothe die Blumen, die sie nachher apportierte, unmöglich unter ihren Kleidern in die Sitzung gebracht haben kann, am allerwenigsten in einem mit Wasser oder Eis gefüllten Gefäß. Die Blumen können sich übrigens schon deshalb nicht in einem solchen Gefäß befunden haben, weil sie, wenn auch taufrisch, doch keineswegs vernäßt waren. Gleichzeitig mit Frau Anna Rothe wurde auch Herr Jentsch von mir und meinem jüngeren Sohn körperlich untersucht.

Damit verliert die Tatsache, daß ein Teil der apportierten Blumen am gleichen Nachmittag etwas vor 2 Uhr von Frau Rothe in einem Blumenladen gekauft worden war, jede Bedeutung eines Indiziums dafür, daß sie diese Blumen in ihren Kleidern in die Sitzung gebracht habe, sondern beweist nur, daß diese Blumen, die eben vor dem Apport irgendwo in der materiellen Welt vorhanden sein und von da weggeschafft werden mußten, in diesem Fall — vielleicht im Trancezustande oder unter dem hypnotischen suggestiven Zwang der Geister, die ihre Apporte leiteten — von ihr gekauft worden waren, um nachher, aber auf okkultem Wege, in die Sitzung gebracht zu werden. In anderen Fällen hat schon die Wegnahme der Blumen von ihrem Standorte auf okkultem Wege stattgefunden. So apportierte Frau Rothe in der Sitzung in Emishofen im Jahre 1899, der ich beiwohnte, Rosen, deren Stiele wie mit einem glühenden Draht abgebrannt und dadurch geschwärzt waren, und die höchstwahrscheinlich aus dem Garten einer Sitzungsteilnehmerin stammten, wo, wie am folgenden Morgen festgestellt wurde, an einigen Rosenbäumchen Rosen mangelten, deren zurückgebliebene Stielteile die gleichen Merkmale der Beseitigung durch Abbrennen trugen. Frau Rothe hätte diesen Garten nicht betreten können, da sie sich unter steter Aufsicht befand. Ähnlich in der Sitzung vom 14. August 1901 in Zollikon. Professor Sellin hatte das Medium während des ganzen Tages unter seinen Augen. Frau Rothe geriet nun, wie Professor Sellin berichtet, gegen 11 Uhr vormittags in ihrem Hotelzimmer plötzlich in einen kataleptischen Zustand. Auf Magnetisieren hin richtete sie sich nach etwa einer Minute auf, und eine aus ihr sprechende Stimme — angeblich ihr geistiger Führer Flemming — bat im Namen der geistigen Freunde, sie nicht zu stören, weil sie die Sitzung vorbereiten möchten und dazu des Astralkörpers des Mediums bedürften. Dann trat wieder kataleptische Starre ein und dauerte einige Minuten. Hieraus scheint mir hervorzugehen, daß die Geistwesen, welche die Blumenapporte leiteten, nur dann imstande waren, die große Menge von Blumen, die in dieser Sitzung apportiert wurden, von ihren vielleicht weit entfernten Standorten herbeizuholen, wenn sie sich dazu des Astralkörpers des Mediums bedienen konnten.

Es braucht wahrhaftig nur einen gesunden Menschenverstand, um einzusehen, daß, wenn in der Sitzung vom 9. August und ebenso in derjenigen vom 14. August 1901 ein Apport von in den Kleidern der Rothe verborgenen Blumen stattgefunden hätte, diese verwelkt und zerknittert zum Vorschein gekommen wären. Wenn aber der Laienverstand dem Gericht nicht genügte, um sich über die Frage der Unmöglichkeit eines taschenspielerischen Apports frischer Blumen in den fraglichen Sitzungen wie übrigens auch in anderen ein Urteil zu bilden, so hätte es Sachverständige (Gärtner oder Blumenhändler) herbeiziehen sollen, und diese hätten vor den Augen des Gerichts oder des Untersuchungsrichters Proben anstellen können, wie sich zarte Blumen (Gladiolen, völlig aufgeblühte Rosen, Seerosen usw.) konservieren, wenn sie drei bis vier Stunden oder mehr bei heißer Witterung im Unterrock einer Frau verborgen sind, die längere Strecken Weges zu Fuß geht und Straßenbahn fährt, und wie umgebundene Eisstücke die Konservierung beeinflussen, ob sie nicht weil sie schmelzen und die Blumen durchnässen, deren Konservierung eher ungünstig als günstig beeinflussen, vielleicht auch wie es sich mit der Konservierung verhält, wenn die Blumen in einem mit Wasser angefüllten Gefäß oder Beutel stecken, der in den Kleidern verborgen ist, obschon dies mir unnötig geschienen hätte, weil ein solches Gefäß oder Beutel bei der den meisten Sitzungen vorausgehenden Leibesuntersuchung nicht hätte verheimlicht werden können.

Aus dieser Konstatierung hätte möglicherweise ganz positiv auf die Schuldlosigkeit der Angeklagten geschlossen werden können, besonders wenn man auch noch in einigen der eingeklagten einzelnen Vorfälle die Zeit festgestellt hätte, die von dem Momente, in dem es der Angeklagten noch möglich war, Blumen in ihren Kleidern unbemerkt zu verbergen, bis zum Moment ihrer Apports verstrichen ist.

Eine auch den Entlastungsmomenten nachgehende Untersuchung hätte noch auf einem anderen Wege mit Hilfe einer geeigneten Aktenvervollständigung ein wichtiges Beweismoment für die Schuldlosigkeit der Angeklagten finden können. Frau F. S. R., Verfasserin des im Verlage von Oswald Mutze erschienenen Buchs: „Rätselhafte Erlebnisse aus dem Leben einer Nichtspiritistin“, erzählt in diesem Buch von zwei Sitzungen mit Frau Rothe, in denen neben Blumenapporten mehrfach Erscheinungen materialisierter Geister vorkamen, ähnlich denjenigen, welche Crookes in seinen berühmten Sitzungen mit Florence Cook beobachtet hat. Frau F. S. R. hat dies auch im Prozeß bezeugt. Dies hätte den Untersuchungsrichter veranlassen sollen, jene Geistermaterialisationen genauer auf ihre Echtheit zu prüfen und zwar durch Einvernahme der Teilnehmer an den fraglichen Sitzungen. Damit wären wahrscheinlich die okkulten Kräfte der Angeklagten außer Zweifel gestellt worden. Der Beweis der Echtheit ist nämlich bei Geistermaterialisationen leichter zu erbringen als bei Apporten, weil Geistermaterialisationen nur mit Hilfe kostspieliger Apparate und geschickter Helfershelfer nachgeahmt werden können. Dann hätte niemand mehr bestreiten können, daß auch die Apporte möglicherweise echt seien, und das Gericht hätte mit Rücksicht auf die vielen Zeugenaussagen, die sich für deren Echtheit aussprachen, zur Freisprechung gelangen müssen.

Alle diese Ausstellungen an der Strafuntersuchung gegen Frau Rothe und dem sie des Betrugs schuldig erklärenden Urteil lassen die Unparteilichkeit und Fähigkeit der Polizeibeamten, des Untersuchungsrichters und des Gerichts unangetastet; denn ihre Stellungnahme zu Ungunsten der Angeklagten hat eine ganz besondere Ursache, und gerade das ist es, was diesem Prozeß seine weit über den Spezialfall hinausreichende Bedeutung verleiht. Diese Untersuchung und dieses Urteil sind der Ausfluß eines Vorurteils der öffentlichen Meinung, der sich die staatlichen Beamten und Richter ebenso wenig entziehen konnten als das gewöhnliche Publikum und dessen Sprachrohr, die Tagespresse. Insbesondere die unrichtige Würdigung der die Angeklagte entlastenden Zeugenaussagen, deren Zahl noch ganz bedeutend hätte vermehrt werden können, wenn das Gericht die Protokolle der spiritistischen Sitzungen, die bei einer Haussuchung mit Beschlag belegt worden waren, zu den Akten gezogen und deren Unterzeichner als Zeugen einvernommen hätte, ist ganz und gar auf dieses Vorurteil zurückzuführen. Nur dadurch wurden die Richter zu dem Glauben geführt, die Wahrnehmungen der Entlastungszeugen beruhten auf Sinnestäuschung. Natürlich sind Sinnestäuschungen niemals gänzlich ausgeschlossen. Warum aber so viele geistig gesunde, teilweise in höheren Lebensstellungen befindliche Zeugen, die fast alle anfänglich die Möglichkeit okkulter Apporte bezweifelten, — auch ich gehörte zu diesen — einer Sinnestäuschung unterlegen sein sollten, wenn sie solche Apporte entgegen ihrer Erwartung sich vor ihren Augen manchmal in handgreiflichster Form vollziehen sahen, ist schwer zu begreifen. Weit näher scheint mir zu liegen, daß vieles, was die Belastungszeugen als für den Betrug sprechend wahrgenommen haben wollen, auf einer Vermischung der wirklichen Wahrnehmung mit einer unter Einfluß ihres Vorurteils aus dieser gezogenen Schlußfolgerung beruhte, wodurch gänzlich harmlose Dinge wie etwas auffällige Bewegungen des Mediums und sein Mienenspiel, die zum Teil von okkulten uns noch unbekannten Gesetzen abhängen mögen, zu Schuldindizien gestempelt wurden.

Sodann haben die Gutachten der Sachverständigen Dr. Henneberg und Professor Dr. Max Dessoir die Richter wie ganz natürlich stark beeinflußt.

Dr. Henneberg hat nach den Entscheidungsgründen des Urteils gesagt: „Mit den zur Zeit geltenden Ergebnissen der Wissenschaft in Widerspruch stehend sind die sogenannten Materialisationen, Dematerialisationen, Apporte, Transporte und direkten Schriften als gänzlich unwahrscheinlich zu bezeichnen, da sie niemals in exakter Weise nachgewiesen sind.“ Daß das unrichtig ist, weiß jeder, der die spiritistische und okkulte Literatur vollständig kennt, und seit dem Rotheprozeß haben in dieser Hinsicht so wichtige neue Konstatierungen stattgefunden, daß man ziemlich sicher auf eine baldige Anerkennung aller dieser okkulten Phänomene durch die maßgebendsten wissenschaftlichen Größen hoffen darf, vielleicht schon auf dem zweiten internationalen Kongreß für Experimentalpsychologie, der während der Osterferien des Jahres 1913 in Paris stattfinden wird, unter dessen Traktanden sich auch das Problem der okkulten Apporte befindet. Die Frage des animistischen oder spiritistischen Ursprungs wird allerdings schwerlich auf diesem Kongreß besprochen werden. Allein für die Frage der Schuld oder Nichtschuld der Frau Rothe fällt nur in Betracht, ob es okkulte Apporte gibt, oder ob alle sogenannten okkulten Apporte auf Taschenspielerei beruhen; denn wenn ersteres vom Gericht als erwiesen betrachtet worden wäre, hätte die Angeklagte freigesprochen werden müssen, weil zu viele Zeugen sich für den okkulten Ursprung aussprachen und man ihr den guten Glauben hinsichtlich des von ihr behaupteten spiritistischen Ursprungs nicht hätte absprechen können; denn solche wunderbaren Dinge Geistern zuzuschreiben, mußte ihr doch am nächsten liegen, selbst wenn das ein Irrtum wäre. Daraus würde sich auch leicht erklären, daß ihr Unterbewußtsein im Trancezustand diese Geister zu nennen und von ihnen als den Urhebern der Apporte zu erzählen wußte.

Am Schluß der mündlichen Verhandlung wurde noch Prof. Dr. Max Dessoir als Oberexperte herbeigezogen, und dieser hat nach den Zeitungsberichten gesagt, man müßte, um an die Möglichkeit der okkulten Apporte glauben zu können, unsere ganze, Jahrtausende alte wissenschaftliche Erfahrung, die ganze wissenschaftliche Feststellung von dem Wesen der Materie über den Haufen werfen. Nur dann könnte diese Möglichkeit zugegeben werden, wenn ein ganz strenger, ganz objektiver und strikter Beweis dafür geführt würde. Damit hat er zwar dem Richter nicht die Möglichkeit abgeschnitten, diesen Beweis für geleistet zu betrachten, aber er hat doch deutlich durchblicken lassen, daß derselbe durch die Zeugenaussagen bloßer „Laien“ nicht geleistet werden könne, und hat so durch sein Gutachten die Richter ermutigt, in ihrem sich auf die öffentliche Meinung stützenden Vorurteil, das möglicherweise durch die außerordentlich positiven Aussagen der Entlastungszeugen doch etwas ins Schwanken geraten war, zu verharren.

Übersinnlich okkulte Phänomene und ganz besonders okkulte Apporte sind wenn auch nicht häufig doch keineswegs sehr selten. Aber die suggestive Macht des Vorurteils, daß es keine solchen geben könne, ist so groß, daß man heutzutage alle die rätselhaften Produktionen sowohl europäischer Taschenspieler als orientalischer Gaukler durch ihre Fingerfertigkeit, die Benutzung besonderer Apparate und die Mitwirkung von Helfershelfern erklärt, obgleich die von ihnen erzeugten Phänomene sehr oft jede andere Erklärung als diejenige durch okkulte Kräfte ausschließen. Das verhindert glücklicherweise nicht, daß die Wahrheit ab und zu durchsickert, und daß selbst europäische angebliche Taschenspieler, sei es gedrängt sei es spontan, anerkennen, daß das, was sie dem Publikum als Taschenspielerkünste vorführen, echte okkulte Phänomene sind.

Schon du Prel berichtet von einem Taschenspieler, den er in Neapel traf, der ihm ein offenes Bekenntnis abgelegt habe, daß seine Taschenspielerei okkulte Phänomene in sich schließe, und ich habe im ersten Abschnitt dieses Buches*) ein eigenes Erlebnis mit einem Taschenspieler erzählt, aus dem ich schließe, daß auch er okkulte Phänomene dem Publikum als Taschenspielerei vorführte. Später habe ich noch weit deutlichere Beweise für diese Art von Taschenspielerei erhalten.

Gegen Ende des Jahres 1911 produzierte sich im Corsotheater in Zürich ein Amerikaner namens Thorn nebst Frau als Taschenspieler. Ich habe seine Vorstellung nicht selbst

---

*) Siehe Seite 5.

besucht, wohl aber mein Sohn, der mir nachher darüber Bericht erstattete. Zufällig kam mir nun — leider erst ganz kurz vor der Abreise Thorns — ein Aufsatz von Hübbe-Schleiden in der „Spinx“ vom Jahre 1886*) in die Hände, den ich hier, soweit er auf solche Taschenspieler und speziell auf den obgenannten Thorn Bezug hat, wörtlich wiedergebe. Er lautet:

Zu der Frage taschenspielender Medien und mediumistischer Taschenspieler wollen wir doch nicht unterlassen, hier auf eine Einsendung aufmerksam zu machen, welche dem Herausgeber des „Medium and Daybreak“ (No. 835 vom 2. April 1886) aus Italien zugegangen ist. Dieselbe datiert aus Florenz und ist unterzeichnet „G. Damiani“.**) Dieser Herr führt drei Fälle an, in denen starke physikalische Medien ihre Produktionen für „antispiritistische“ Taschenspielerei ausgegeben haben, um bei dem heutigen großen Publikum mehr Anklang zu finden und sich ein besseres Einkommen zu sichern. Allesamt haben dies auch privaten Sachkundigen gegenüber offen eingestanden. Diese drei waren in Neapel 1876 Miß Lizzie Andersen, die Tochter des sogenannten Wizard of the North (Zauberer des Nordens), in Florenz Februar 1886 Chevalier Giacinto Giordano und ebendaselbst im März 1886 ein Amerikaner namens Thorn und dessen Frau. Bei all diesen Vorstellungen handelte es sich um das Kunststück des sog. magischen Kastens, das aber ohne die sonst notwendigen geheimen Federn gemacht wurde, und um Vorstellungen à la Davenport. Als Damiani den Herrn Thorn interpellierte und ihm sofort sagte, die Leistungen seien jedenfalls mediumistisch, sagte dieser ganz ruhig: „Gewiß, mein Herr, und ich bin gerne bereit, Ihnen Privatsitzungen zu geben, ich habe das überall getan, wo ich Spiritisten gefunden habe.“ — „Aber warum nennen Sie die Sitzungen

*) Siehe Seite 350.

**) Der Entdecker der Mediumschaft der Eusapia Palladino.

antispiritistisch?" — „Um das Publikum anzuziehen, mein Herr." — „Sie meinen wohl die Laffen?" — „Ganz recht, mein Herr."

Im Februar 1912 gab Marco Tertz, angeblich ein Russe, der nur sehr mangelhaft deutsch sprach, im Schwurgerichtssaal der Stadt Zürich ähnliche Vorstellungen. Einer derselben wohnte ich bei und kann daher aus eigener Wahrnehmung bezeugen, daß ganz wesentlich — ich glaube sogar ausschließlich — okkulte Phänomene vorgeführt wurden. Das Kunststück, das ich am besten beobachten konnte, weil es sich höchstens in der Entfernung von zwei Fuß von meinen Augen vollzog, war eine echte Stoffdurchdringung, ähnlich denjenigen, die das amerikanische Medium Slade in Gegenwart der Professoren Zöllner, Weber und Fechner in Leipzig vorgezeigt hatte. Ein in meiner Nachbarschaft sitzender Herr hatte Tertz seinen steifen Filzhut gegeben. Ich und mein neben mir sitzender Sohn sahen nun ganz genau, wie, nachdem Tertz einige Fünffrankenstücke in diesen Hut hineingelegt hatte, diese auf der unteren Seite des von ihm mit der einen Hand in der Höhe meiner Augen gehaltenen Huts herauskamen und von ihm mit der darunter gehaltenen anderen Hand aufgefangen wurden. Der Hut war nachher vollständig unverletzt.

In der vorangegangenen Vorstellung, der ich nicht beigewohnt hatte, hatte Tertz, wie mir einige Besucher erzählten, sich von fünf Herren aus dem Publikum an einen Stuhl festbinden lassen, worauf, ohne daß diese Herren, die ihn umstellt hatten und von denen einer auf seinen Knieen saß, ihre Stellung veränderten, und ohne daß seine Fesseln sich lösten, von seinem Stuhle aus eine Menge Blumen ins Publikum geworfen wurden. Also echte okkulte Blumenapporte. Tertz selbst soll den okkulten Ursprung dieser Produktion, die in dem von ihm vorher verteilten gedruckten Programm als „spiritistische Sitzung" bezeichnet war, ausdrücklich anerkannt haben. Das Publikum jedoch protestierte lebhaft gegen diese Bezeichnung und gab als seine Ansicht kund, daß es diesen Apport für bloße Taschenspielerei halte. Tertz hatte natürlich kein Interesse, es mit dem Publikum zu verderben, und verhielt sich diesem Protest gegenüber still. Das nächste Mal ließ er die fragliche Nummer ausfallen und überklebte im Programm die Worte „Spiritistische Sitzung“ mit Papier.

Taschenspieler, die nicht im Stande sind, okkulte Phänomene zu erzeugen, begnügen sich natürlich mit Taschenspielerkunststücken. Weil sie aber die echten okkulten Phänomene, die von ihren okkultistisch begabten Kollegen dem Publikum vorgeführt werden, sowie die okkulten durch echte Medien bewirkten Phänomene kennen, suchen sie dieselben nachzuahmen. Es ist interessant, diese Nachahmungen mit den echten Phänomenen zu vergleichen.

Ich hatte zweimal, das erste Mal im Herbst 1910 in einer von einem französischen Taschenspieler, dessen Name mir entfallen ist, in der Pension Meister in Paradiso bei Lugano gegebenen Vorstellung, das zweite Mal in der Vorstellung eines „Professors“ Emrof im Restaurant des Glaciers in Menton, die Gelegenheit, zu sehen, wie der Experimentator durch intelligente Telekinesie bestimmte Karten aus einem Kartenspiel, das in einen Ständer gesteckt worden war, in die Höhe steigen ließ. Der Ständer, der vom Publikum untersucht worden war und nichts außergewöhnliches aufwies, befand sich etwa zwei Meter vom Experimentierenden entfernt, und jede Verbindung mit denselben durch einen Faden oder einen im Boden verborgenen elektrischen Draht war ausgeschlossen, so daß kein Zweifel bestand, daß die Karte durch eine okkulte Kraft in die Höhe gehoben wurde. Ähnliches kommt ja in spiritistischen Sitzungen häufig vor. Dieses Phänomen nun wird von anderen Taschenspielern, die nur Taschenspieler sind, nachgeahmt, wie wir aus dem Buch des Taschenspielers Dicksonn „Trucs et Mystères dévoilés“, Paris, Albert Méricant éditeur, ersehen. Der Taschenspieler nimmt ein geripptes Kristallglas, das auf der Seite eine kleine Öffnung hat, die man infolge geschickten Schleifens der Rippen nicht leicht bemerkt, und legt das Kartenspiel so in dieses Kristallglas, daß diejenige Karte, die aus demselben emporsteigen soll, durch geschicktes Mischen sich neben dieser Öffnung befindet, hält dann das Glas so vor sich hin, daß das Publikum nur die dieser Öffnung entgegengesetzte Seite sieht, und schiebt nun mit einem Finger, an dem sich etwas Wachs befindet, die dicht an der Öffnung liegende Karte in die Höhe.

Ein anderes berühmtes okkultes Kunststück ist das Verschwindenmachen eines Käfigs, in dem sich gewöhnlich ein Kanarienvogel befindet. Ich habe dieses Experiment, das Thorn im Jahr 1911 in Zürich zum besten gab, im Februar 1912 durch den bereits genannten Emrof in Menton zweimal in tadelloser Weise ausführen sehen. Emrof, ein großer vierschrötiger Mann, das direkte Gegenteil des Taschenspielers, wie man sich ihn vorzustellen pflegt, hatte in einer Ecke des Restaurants, in dem er seine Vorstellung gab, ein kleines Tischchen aufgestellt, hinter welchem sich ein metallener Käfig mit einem Kanarienvogel befand. Diesen Käfig nahm er und betrat damit einen etwa zwei Meter entfernten Schemel, hielt den Käfig, ohne ihn, wie das gewöhnliche Taschenspieler tun, mit einem Tuche zuzudecken, gegen das Publikum gewendet mit beiden Händen in die Höhe und zählte: eins, zwei, drei. Wie er das „drei" ausgesprochen hatte, waren Käfig und Kanarienvogel verschwunden, seine Hände aber befanden sich noch am gleichen Platze in freier Luft. Auch sein Rücken war frei, denn er wendete sich sofort um und holte den Käfig samt Kanarienvogel wieder hinter dem Tischchen hervor. Dann machte er das gleiche Experiment zum zweiten Mal. Ich saß, als dies geschah, kaum zwei Meter von ihm entfernt. Neben mir saßen meine Bekannten, die ich mit mir genommen hatte, und alle machten die gleichen Wahrnehmungen wie ich. Emrof bezeichnete die Kunststücke, die er vorführte, als hohe Magie (haute magie), ohne begreiflicherweise anzudeuten, auf welche Weise er dieselben zustande bringe. Es wäre ihm wohl auch nicht möglich gewesen, dies seinen Zuschauern zu erklären, denn es waren ausschließlich okkulte Phänomene. Das fragliche Käfigexperiment war eine echte Dematerialisation, das Gegenstück des Apports oder der Materialisation; Professor Zöllner würde es eine Versetzung in die vierte Dimension genannt haben.

Wie dieses Experiment taschenspielerisch nachgeahmt wird, läßt sich leider ohne Bild nicht gut beschreiben, und wer es vollständig verstehen will, muß es in Dicksonns oben erwähntem Buch, sowie in einem anderen Buch des gleichen Schriftstellers betitelt „Mes Trucs“ nachlesen. Bei dieser Nachahmung befindet sich kein Kanarienvogel im Käfig. Er würde bei der Ausführung erdrückt werden. Der metallene Käfig ist so konstruiert, daß er mit Hilfe einer besonderen Vorrichtung rasch zusammengeklappt und in den Ärmel des Experimentators geschoben werden kann. Es bedarf, damit der Trick nicht bemerkt werde, einiger Geschicklichkeit, die Ausführung wird aber sehr erleichtert, wenn man während der Hauptaktion den Käfig mit einem Tuche bedeckt.

In den beiden eben genannten Fällen beruht die Nachahmung des okkulten Phänomens auf der Anwendung besonderer Apparate. Es gibt aber Fälle, darunter gerade die Nachahmung mancher Arten der okkulten Apporte, in denen es der Mitwirkung von Helfershelfern bedarf. Wenn z. B. ein vorgeblicher Taschenspieler irgend einen Gegenstand einer weit von ihm entfernten Person in die Tasche, oder wie ich das bei Emrof gesehen habe in die Taschenuhr „hineinzaubert“, so läßt sich das weder durch Apparate noch durch Fingerfertigkeit zustande bringen, wohl aber dadurch, daß entweder die Person, in deren Tasche oder Uhr dieser Gegenstand oder ein anderer, der ihm ähnlich sieht, sich findet, den Helfershelfer macht, oder dadurch, daß ihr ein Helfershelfer einen solchen Gegenstand heimlich in die Tasche oder Uhr hineinschiebt. Beides kann natürlich vorkommen. Aber niemand, der dieses Kunststück öfters gesehen hat, wird im Ernst behaupten wollen, daß ihm nicht schon Fälle begegnet sind, in denen die Mitwirkung von Helfershelfern ausgeschlossen war. Absolute Sicherheit, daß kein Helfershelfer beteiligt gewesen sei, besitzt freilich nur derjenige, der den fraglichen Gegenstand in seiner eigenen, sorgsam verwahrten Tasche oder Taschenuhr vorfindet. Aber wenn dieser ein Ehrenmann ist und seinen Freunden auf Ehrenwort versichert, daß er nicht den Helfershelfer gemacht habe, werden diese ihm glauben. Nur wenige freilich ziehen daraus die nicht zu umgehende Schlußfolgerung, daß ein okkulter Apport stattgefunden habe, und diesen wenigen mangelt meistens der Mut, andern gegenüber für ihre Überzeugung einzutreten.

Es gibt kaum ein okkultes Phänomen, das nicht taschenspielerisch nachgeahmt würde. Selbst Geistermaterialisationen werden nachgeahmt, ebenso die Levitation der Medien (das freie Schweben in der Luft) und das in spiritistischen Sitzungen ziemlich häufige Heben des Tisches, sowie das Tischklopfen, ferner das namentlich in Amerika gepflegte Schiefertafelexperiment, das, wenn echt, einen guten Beweis für die direkte Geisterschrift liefert, und das Experiment, bei welchem das Medium in einen Kasten gesperrt und auf einem Stuhl festgebunden wird, worauf es nach kurzer Zeit, wenn man den Kasten öffnet, in der gleichen Stellung, jedoch ohne Kleider, wiedergefunden wird. Wer wissen will, wie diese Experimente von Taschenspielern oder falschen Medien ausgeführt werden, findet die Aufklärung in dem schon erwähnten Buche von Dicksonn und in der Revue du Psychisme Expérimental und deren Fortsetzung, dem Journal du Magnétisme et du Psychisme Expérimental von Hector und Henry Durville, 23 rue Saint-Merri, Paris, in den Jahrgängen 1910, 1911 und 1912, sowie in dem Buch „Moderne Wunder“ des Karl Willmann, eines Fabrikanten magischer Apparate in Hamburg, erschienen 1886 im Verlag von Otto Spamer in Leipzig, letzteres eine Tendenzschrift gegen den Spiritismus, aber gerade deshalb interessant, weil man annehmen muß, der Verfasser habe alle ihm bekannten taschenspielerischen Kunststücke, die okkulte Phänomene nachtäuschen, erwähnt.

Alle diese taschenspielerischen Nachahmungen sind, abgesehen von einigen durch Helfershelfer bewirkten, so leicht von den echten okkulten Phänomenen zu unterscheiden, daß wer sie kennt fast auf den ersten Blick sieht, ob er ein echtes Phänomen oder eine Nachahmung vor sich hat und daher ohne große Mühe sowohl falsche Medien, die ihre taschenspielerischen Kunststücke für okkulte Phänomene ausgeben, als auch Taschenspieler, die echte okkulte Phänomene unter der falschen Flagge einer meistens als Antispiritismus bezeichneten Taschenspielerei vorführen, zu entlarven vermag. Freilich muß er auch darauf achten, daß nicht selten Echtes und Falsches absichtlich mit einander vermischt wird und zwar sowohl von Medien als auch von Taschenspielern.

So sehr es befremdet, daß es Taschenspieler und Gaukler sein sollen, die, obschon meistens unter falscher Flagge und oft mit Taschenspielerkünsten vermischt, für die Wissenschaft so wichtige Phänomene wie die okkulten Materialisationen und Dematerialisationen und die Apporte, wie man Phänomene nennt, bei denen die Dematerialisation der Materialisation vorangeht, zuerst und zwar ziemlich häufig vor die große Öffentlichkeit gebracht haben und noch bringen, so liegt darin doch nichts Auffallendes. Auch der Hypnotismus und die hypnotischen Suggestionen sind anfänglich einem schaulustigen Publikum von Personen vorgeführt worden, die sich damit einen Verdienst verschaffen wollten, und das Gleiche ist der Fall hinsichtlich der nicht minder wichtigen Phänomene der Gedankenübertragung und des Gedankenlesens, die beide wohl auch taschenspielerisch nachgeahmt werden können, aber doch nicht selten dem Publikum echt vorgeführt werden, wie z. B. in der oben erwähnten Vorstellung Emrof's von einer ihn begleitenden

Frauensperson und zwar ohne Berührung und auf weite Distanz. Ebenso wird das Hellsehen in die Zukunft im wachen und somnambulen Zustand in umfassendster Weise zu Erwerbszwecken ausgebeutet. Und wie lange schon werden von umherziehenden Artisten rechnende, lesende und kartenspielende Hunde vorgezeigt, ohne irgend einen Eindruck auf die wissenschaftlichen Psychologen zu machen, obgleich es ganz unmöglich ist, daß die Hunde ohne einen menschenähnlichen Verstand rechnen, lesen und Karten spielen können! Ja es ist sogar fraglich, ob die sorgfältigen Versuche Kralls mit Pferden, von denen er in seinem Buch „Denkende Tiere" berichtet, die Professoren der Psychologie auf die möglicherweise umwälzende Bedeutung der von ihm gewonnenen Resultate für die ganze Psychologie aufmerksam machen werden, denn Krall ist eben ein Laie, und von einem solchen wollen sich deutsche Professoren wie Professor Dexler, der Kralls Buch zur Schundliteratur zählt, nicht belehren lassen.*)

Wir ersehen hieraus, daß sich eigentlich jedermann, der die Produktionen der Taschenspieler fleißig besucht und ein guter Beobachter ist, von der Möglichkeit okkulter Apporte überzeugen kann, besonders wenn er aus Büchern die hauptsächlichsten Tricks der Taschenspieler kennen gelernt hat. Wir erkennen aber gleichzeitig, wie außerordentlich groß das Vorurteil der Masse und der Schulgelehrten gegen diese Wahrheit ist und wie mächtig der von ihnen ausgehende suggestive Einfluß. Dieser große suggestive Einfluß, unterstützt durch die Gutachten der herbeigezogenen angeblichen Sachverständigen ist für mich, wie schon früher angedeutet, die einzig richtige und auch eine völlig ausreichende Erklärung der Verurteilung der Frau Anna Rothe. Ich möchte dies hier nochmals ausdrücklich feststellen, auch gegenüber Andeutungen, die mir vom Westen her gemacht worden sind, als ob dieser Verurteilung ein Befehl von

---

*) Siehe „Psychische Studien" vom Juni 1912.

oben her zu Grunde gelegen habe. Durch diese Erklärung der Verurteilung einer jedenfalls in der Hauptsache völlig Unschuldigen wird der deutsche Richterstand in keiner Weise erniedrigt, sondern es wird damit nur eine psychologisch hochinteressante Tatsache festgestellt, die einer spätern Zeit diese Schulderklärung verständlich machen wird. Der Fall Rothe steht ja auch nicht vereinzelt da, sondern hat verschiedene Parallelen, wie beispielsweise die Verurteilung des Mediums Slade in England ebenfalls wegen Betrugs, über welche Lombroso in seinem Buche „Hypnotismus und Spiritismus“ auf Seite 372 der deutschen Übersetzung sagt:

„Die Untersuchung gegen Slade wurde im Interesse der Wissenschaft geführt und die Verurteilung gründete sich auf die bekannten Naturgesetze. Das Urteil ging von einem Vorurteil aus: „„Die bekannten Naturgesetze schließen die Möglichkeit der medianischen Phänomene aus. Das Unmögliche kann nicht geschehen, sondern nur vorgetäuscht werden. Also sind alle Medien Schwindler.““ Es folgt auch daraus, daß alle Spiritisten, die an der Möglichkeit des Unmöglichen glauben, Dummköpfe sind. Daher werden sie auch niemals als Sachverständige herangezogen, obgleich sie doch die einzigen sind, die über die vorliegenden Fälle entscheiden können, die einzigen kompetenten Beurteiler. Man verhört sie wohl auch als Zeugen, aber man glaubt ihnen nicht.“

Allein welches sind denn die Ursachen des so außerordentlich rätselhaften okkulten Phänomens der Apports?

Um vollständige Klarheit über die von Frau Rothe hervorgebrachten Apportphänomene zu gewinnen, muß auch diese Frage erörtert werden. Es stehen sich hier drei Hypothesen gegenüber, die alle drei ihre Verteidiger besitzen. Die erste erblickt die Ursache der okkulten Apporte ausschließlich in der magisch-okkulten Kraft eines irdischen Menschen, die zweite in Verstorbenen, die jedoch zu ihrer Hervorbringung der Mithilfe eines irdischen Menschen, eines

„Mediums“ bedürfen, die dritte in Elementargeistern, einer besondern Klasse übersinnlicher Wesen, die zwar unter dem Menschen stehen, aber besondere okkulte Kräfte besitzen, deren sich dieser unter anderem zur Erzeugung solcher Phänomene bedienen kann, wenn es ihm gelingt, sich solche Elementargeister dienstbar zu machen. Ich neige mich der Ansicht zu, daß es hier nicht heißt: „Entweder — oder“ sondern: „Sowohl — als auch“, bin sogar mit den Theosophen darin einverstanden, daß die magischen Kräfte, mit deren Hilfe ein irdischer Mensch — vielleicht unter Mitwirkung dienstbarer Elementargeister — okkulte Apporte hervorruft, durch Yogaübungen erworben werden können. Andererseits bin ich überzeugt, daß verstorbene Menschen solche Apporte nicht bloß mit Hilfe von Medien sondern auch, wenn sie noch sehr materiell sind, selbständig erzeugen können, wie manche Spukvergänge beweisen, und daß es Sensitive gibt, die vermöge einer besonderen Naturanlage sehr leicht von Verstorbenen und vielleicht auch von Elementargeistern zur Hervorbringung von Apporten benutzt werden können. Eine Sensitive dieser Art war Frau Rothe, ebenso wie der im vorangegangenen Abschnitt erwähnte Hans Freimark. Sie wollte ja auch nichts anderes sein. Doch scheint bei ihr ein äußerlich wahrnehmbarer Trancezustand nicht immer notwendiges Erfordernis des Erfolgs gewesen zu sein. Ich sah einmal im Sommer 1901 auf der Alp Prod, wie während eines Spazierganges, als sie sich in eifrigem Gespräch befand, dicht neben ihr durch das Geäst einer Tanne eine größere Zahl Steine herabfielen, und ein anderes Mal war ich Zeuge, wie, während ich mit ihr in einer Gartenwirtschaft am Tisch saß und mit ihr plauderte, eine noch in der grünen Schale befindliche Wallnuß mit großer Wucht auf den Tisch herabfiel, obwohl sich um uns herum nirgends Nußbäume befanden, und das alles, obgleich sonst der Trancezustand bei ihr sehr auffällig hervortreten konnte und bisweilen völlig gegen ihren Willen, wie am 14. August 1901 auf dem Platz vor der Eisenbahnstation

Zollikon, wo wir sie halten mußten, damit sie nicht umfalle, ein für sie wie für uns höchst peinlicher Vorfall, da viele fremde Personen neben uns standen, die natürlich ihre Blicke auf uns richteten. Wer weiß, ob nicht der Trancezustand mehr ein Erfordernis für die Herbeischaffung der zu apportierenden Gegenstände war, besonders wenn sich dieselben nicht ganz in der Nähe befanden*), als ein Erfordernis der Verbringung aus dem unsichtbaren in den sichtbaren Zustand!

Die Frage nach der Ursache der Apportphänomene kompliziert sich bei Frau Rothe durch die rätselhafte Natur der angeblichen Hauptüberbringerin der Blumen, des kleinen Friedchens.

Das gerichtliche Urteil sagt über dieses Friedchen, es habe behauptet, zwölf Jahre alt zu sein, habe aber mit lispelnder dünner Kinderstimme gesprochen, wie sie ein Kind in besagtem Alter nicht mehr besitze, und habe auch hinsichtlich des Inhalts seiner Kundgebungen einen kindlichen Charakter gezeigt. Mit Bezug auf die Schuldfrage ist das natürlich ohne Bedeutung, weist sogar darauf hin, daß das Oberbewußtsein der Angeklagten bei diesen Kundgebungen ausgeschaltet war da nicht einzusehen ist, weshalb sie sich bei vollem Bewußtsein in einen solchen Widerspruch verwickelt hätte, und bildet somit eher ein Entlastungs- als ein Belastungsmoment. Ich habe aber aus anderen Quellen Mitteilungen über dieses Friedchen erhalten, die vielleicht dazu beitragen, später einmal das Dunkel, das über diesem rätselhaften Geistwesen schwebt, etwas zu lichten.

Nachdem Frau Rothe Zürich verlassen hatte, gab sich dieses Friedchen durch das früher erwähnte Medium Frau G. kund, redete ebenfalls wie ein kleines Kind und sang mit kindlicher Stimme einige Lieder. Das Gesicht des Mediums nahm dabei den Ausdruck eines Kindes an. Es erzählte uns, es sei im Alter von hundert Tagen gestorben und sei

*) Siehe Seite 139.

immer noch ein Kind. Ganz das Gleiche sagte mir Friedchen, als es sich mir im Sommer 1907 durch Frau Professor Sellin kundgab*), und wieder hatte es eine vollkommen kindliche Sprache. Meine Frage, ob es im Jenseits nicht wachse, verneinte es, bejahte aber die weitere Frage, ob es geistig wachse, was übrigens auf der Hand liegt, da es als hundert Tage altes Kind weder sprechen noch singen könnte.

Noch muß ich erwähnen, daß, als im Juni 1903 ein Deutschamerikaner Namens Linke, ein Psychometer und Geisterseher wie Alfred Vout Peters, im Lokal des spiritistischen Vereins in Zürich einige Sitzungen gab, dieser zu mir sagte, es zeige sich über mir ein Kindergeist, der Blumen auf mich herabwerfe und sage, er tue dies, um mir ein Zeichen der Dankbarkeit dafür zu geben, daß ich öffentlich für ein Medium eingetreten sei. Er fügte dem bei, er glaube zu hören, daß dieser Kindergeist jetzt seinen Namen nenne, er heiße Friedel. Als ich nachher Linke fragte, ob er schon von dem Medium Frau Anna Rothe und seinem Prozeß gehört habe, sagte er, er habe in Amerika, von wo er soeben angekommen sei, diesen Namen als den Namen eines Mediums nennen hören, aber über seinen Prozeß in Berlin habe er nichts vernommen. Ich weiß natürlich nicht, ob diese Angaben der Wahrheit entsprechen. Aber gesetzt, Linke habe von diesem Prozeß und selbst von der Persönlichkeit Friedchens als der Überbringerin der Blumen sprechen hören, ist schwer zu erklären, weshalb er von einem Kindergeist Namens Friedel sprach. Dagegen erklärt sich die Verwechslung des Namens Friedchen oder Frieda mit Friedel leicht, wenn man annimt, er verdanke diesen Namen, wie er sagte, seinem Hellhören, denn beim Hellhören schleichen sich leicht kleine Hörfehler ein.

Durch alle diese die Persönlichkeit des kleinen Friedchens betreffenden Erlebnisse wird begreiflicherweise das Dunkel, das über diesen seltsamen Geistwesen schwebt,

---

*) Siehe Seite 82.

nicht völlig aufgehellt. Ich beabsichtige auch nicht, Hypothesen darüber aufzustellen, wer dieses Friedchen gewesen sein mag, das angeblich astralkörperlich nicht wächst wie sonst die verstorbenen Kinder, das aber dennoch geistig fortschreitet, sondern überlasse es der Zukunft, die wahre Natur dieses sonderbaren Wesens zu entwirren.

Im Unterschied zu Frau Rothe sind wahrscheinlich die meisten der als Taschenspieler auftretenden Hervorbringer okkulter Phänomene keine passiven Medien, sondern wirken aus eigener magischer Kraft, vielleicht unterstützt durch Elementarwesen, wie die Theosophen anzunehmen geneigt sein werden. Doch glaube ich, daß sie in der Regel ihre Begabung nicht wie die indischen Fakire durch Yogaübungen erworben haben, sondern dieselbe von Natur besitzen und zufällig entdeckten, wie ja auch Frau Rothe zufällig entdeckte, daß sie die Fähigkeit der Apporte besaß. Mehr als eine bloße Wahrscheinlichkeit, daß diese unter falscher Flagge segelnden Taschenspieler keine passiven Medien sind, besteht jedoch nicht. In Sonderheit darf man dies nicht daraus schließen, daß sie ihre Kunststücke scheinbar ohne Trancezustand in jeder beliebigen Umgebung und zu jeder beliebigen Zeit produzieren. Auch Frau Rothe befand sich, wie bereits gesagt, nicht immer in wahrnehmbarem Trance, wenn sich ihre Apporte einstellten, und diese fanden ebenfalls zu jeder Zeit statt, oft in zahlreicher Gesellschaft und auch im Beisein ihr unfreundlich gesinnter Personen. Nur nach ihrer Verhaftung bis zu ihrer Entlassung aus dem Gefängnis versagte ihre Kraft, wogegen sie sich nachher wieder zeigte, wie aus den Berichten der „Zeitschrift für Spiritismus“ über einige nach ihrer Entlassung stattgefundene spiritistische Sitzungen hervorgeht.

Es liegt natürlich am nächsten, dieses zeitweise Versagen ihrer Kraft aus den hemmenden Einflüssen der sowohl ihr persönlich als auch den Phänomenen ungünstig gesinnten Umgebung sowie aus ihrem deprimierten und gleichzeitig doch wieder aufgeregten Gemütszustand zu erklären. Ich halte es jedoch für ebenso gut möglich, daß ein höherer Einfluß die Geistwesen, die sonst ihre Apporte leiteten, davon zurückhielt, denn wenn während der Untersuchung oder im Gefängnis und in Gegenwart von Amtspersonen Blumenapporte in der Weise und in dem Umfange stattgefunden hätten, wie ich sie in Emishofen, in Zürich und in Zollikon gesehen habe, so hätten sie so überzeugend wirken müssen, daß ein vollkommener Triumph des Mediums die Folge gewesen wäre. Das hätte diesem aber durchaus nicht zum wahren Heil gereicht. Frau Rothe war nämlich — namentlich durch den Einfluß des Jentsch — in die jedem erfolgreichen Medium verderbliche Bahn der Selbstüberhebung und skrupellosen finanziellen Ausbeutung ihrer Gabe gedrängt worden, so daß sie die Warnungen ihrer wahren Freunde wie des Professors Sellin, die sie von dem Mißbrauch ihrer Begabung zu Erwerbszwecken abhalten wollten, mißachtete, und diese Selbstüberhebung, sowie ihre auf materiellen Gewinn gerichtete Gesinnung wären durch einen solchen Triumph ins Maßlose gewachsen. Wenn ihre guten Geister, vor allem ihr Schutzgeist, dies verhüteten, und so ihre Schuldigerklärung herbeiführten, haben sie nur für ihr wahres Wohl gewirkt, das eine Demütigung erforderte.

Zum Schluß möchte ich noch einige Befürchtungen zerstreuen, die man von juristischer Seite herbeigezogen hat, um die Theorie der okkulten Apporte zu bekämpfen.

Meine Zeitungsgegner *) haben darauf hingewiesen, daß jeder Dieb, auf dem gestohlene Sachen gefunden werden, behaupten könnte, dieselben durch einen okkulten Apport erhalten zu haben, und daß er dann nach dem Grundsatz in dubio pro reo (im Zweifel zugunsten des Angeklagten) freigesprochen werden müßte. Allein in Wirklichkeit könnte er mit dieser Ausrede in der Regel noch weit weniger eine Freisprechung erwirken als mit der ähnlichen, die ge-

*) Siehe Seite 16.

stohlenen Sachen von einem Unbekannten gekauft zu haben, es wäre denn, daß er beweisen könnte, zu den höchst seltenen passiven Medien zu gehören, welche von jenseitigen Geistwesen zu okkulten Apporten benutzt werden, ohne daß sie dabei bewußt mitwirken.

Ernstlicher ist die Befürchtung, es könnten diejenigen, die aus eigener okkulter Kraft Apporte herbeizuführen imstande sind, ihre Befähigung zum Diebstahl mißbrauchen, oder es könnten dies die Geistwesen tun, die durch Medien Apporte bewirken. Doch ist auch diese Befürchtung schon aus dem Grunde ohne große Bedeutung, weil die okkulten Apporte selten sind. Außerdem fällt in Betracht, daß sich hier starke Gegentendenzen geltend machen. Verstorbene, die mit Hilfe okkulter Apporte einen Diebstahl begingen, würden wahrscheinlich weit strenger bestraft als irdische Diebe und könnten sich niemals der Entdeckung entziehen. Auch aktive Magier haben sicherlich das Gefühl, daß sie sich, wenn sie ihre okkulte Fähigkeit zum Diebstahl benützten, eines schwerern Verbrechens als eines gewöhnlichen Diebstahls schuldig machten, und ich habe noch nie gehört, daß solche Magier, die ja gewöhnlich als Taschenspieler auftreten und daher in der Öffentlichkeit bekannt sind, auf diese Weise Diebstahl begangen hätten, worin mir — nebenbei bemerkt — auch wieder ein Beweis dafür zu liegen scheint, daß ihre Kunststücke okkulter Natur sind, denn wenn sie auf wirklicher Taschenspielerei beruhten, wäre die Versuchung, ihre Kunst zum Diebstahl zu benutzen, viel größer, und hätten wir wohl schon wiederholt gehört, daß sie das getan haben. Auch wäre dann nicht zu begreifen, weshalb berufsmäßige Taschendiebe, die ihre Fingerfertigkeit systematisch ausbilden und zudem nicht nur selbst die Fähigkeit besitzen, die Aufmerksamkeit ihrer Opfer abzulenken, sondern in diesen Bemühungen meist noch von Helfershelfern unterstützt werden, nicht ebenfalls solche Apporte oder ähnliche Kunststücke auszuführen vermögen.

V.

Offenbarungsspiritismus und Vatermediumschaft.

Die Meinungen darüber, was man unter einem Offenbarungsspiritisten zu verstehen habe, sind sehr geteilt. Wer durch die spiritistischen und okkulten Phänomene zwar überzeugt worden ist, daß der Mensch nach dem Leibestode individuell fortlebt, es aber für unmöglich hält, mit Hilfe dieser Phänomene sicheren Aufschluß über die Beschaffenheit des Jenseitslebens zu gewinnen, weil seiner Ansicht nach die Schwierigkeit vom Jenseits in das Diesseits hineinzuwirken die okkulten Phänomene außerordentlich beeinträchtigt und trübt, und der jenseitige Zustand des Menschen so verschieden von seinem diesseitigen Zustand ist, daß wir ihn nicht zu begreifen vermögen, nennt jeden, der glaubt, mit Hilfe solcher Phänomene einen Einblick in die Art des Jenseitslebens gewinnen zu können, einen Offenbarungsspiritisten. Die Theosophen bezeichnen denjenigen als einen Offenbarungsspiritisten, der solche Aufschlüsse durch mediumistische Kundgaben zu erlangen hofft, verbitten sich jedoch diese Bezeichnung für den Hellseher und Hellhörer, besonders den Eingeweihten oder Adepten, den sie für durchaus befähigt halten, Einblicke ins Jenseitsleben zu tun und dadurch dessen Beschaffenheit kennen zu lernen, obwohl seine Erkenntnis subjektiv ist und daher nur in sehr beschränktem Maße wissenschaftlich nutzbar gemacht werden kann.

Nach meiner Ansicht können alle Botschaften aus dem Jenseits, die wir durch Medien oder von Hellsehern und Hellhörern erhalten, mögen diese die Gabe des Hellsehens und Hellhörens als Naturanlage besitzen oder durch Yogaübungen nach der Methode der Theosophen erworben haben, und ebenso alle anderen okkulten Phänomene der Erforschung der Beschaffenheit des Jenseitslebens dienstbar gemacht werden, und ich halte es für eine der wichtigsten Aufgaben der Wissenschaft, diese Botschaften und Phänomene zu beobachten, zusammenzustellen, zu sichten, ihren animistischen oder spiritistischen Ursprung festzustellen, und daraus Schlüsse auf die Art und Beschaffenheit des Jenseitslebens zu ziehen. Nur wer den medianimen Botschaften *angeblicher oder auch wirklicher Bewohner des* Jenseits oder den Erzählungen der somnambulen oder auch tagewachen Hellseher und Hellhörer kritiklos Glauben schenkt, ist in meinen Augen ein Offenbarungsspiritist. Leider aber gibt es sehr viele solche, und sie haben schon ungeheures Unheil angerichtet, weit häufiger freilich, wenn die Mitteilungen, die sie wirklich oder angeblich aus dem Jenseits erhielten und denen sie Glauben schenkten, sich auf irdische Dinge als wenn sie sich auf die Beschaffenheit des Jenseits bezogen.

Besonders gefährlich ist der Offenbarungsspiritismus, wenn er sich auf Kundgebungen gründet, die den Anspruch erheben, von Gott, Jesus Christus, einem Engel oder Erzengel oder von einer hohen menschlichen Autorität wie etwa von einem Apostel Jesu auszugehen, um so gefährlicher als dieser Anspruch keineswegs prinzipiell verworfen werden darf. Ich habe schon in meinen früheren Schriften darauf hingewiesen, wie fehlerhaft es wäre, angesichts der Offenbarungen der alttestamentlichen Propheten und der Apostel Jesu, die in der Bibel verzeichnet sind, die Inspiration eines Mediums, Hellsehers oder Hellhörers durch hohe und höchste Geistwesen des Jenseits für unmöglich zu halten. Allein nicht einmal der vorzüglichste Hellseher der die Geistgestalten, mit denen er verkehrt und die ihn inspirieren, deutlich sieht, kann aus seinen Wahrnehmungen sicher auf ihre Qualität schließen. Diese Gestalten können sehr wohl Schöpfungen des eigenen Unterbewußtseins oder von fremden Geistwesen erzeugte Gedankenformen ohne selbständige Individualität sein, oder auch zwar wirkliche Geistwesen des Diesseits oder Jenseits, aber solche, die sich einen falschen Namen beilegen, ohne daß der Hellseher dies erkennt. Auch über die Helligkeit einer Geistgestalt, die sonst im allgemeinen die höhere oder niedrigere Entwicklungsstufe verrät, sind Täuschungen möglich. Und da zweifellos die große Mehrzahl der Kundgebungen, die von Gott, Jesus oder dessen Aposteln auszugehen beanspruchen, unecht sind, ist derjenige der ihnen blos ihres angeblichen Ursprungs wegen Glauben schenkt, den schlimmsten Täuschungen ausgesetzt.

Es dürfte zur Beurteilung der Vatermedien, wie man in Deutschland diejenigen Medien, Hellseher und Hellhörer nennt, die vorgeben, von Gott oder Jesus Christus inspiriert zu werden, von Interesse sein, wenn ich mitteile, was im Oktober 1912 durch das im zweiten Abschnitt einläßlich besprochene Medium Frau M. von dem Geiste Johann Kaspar Lavater über die Ursachen der Vatermediumschaft gesagt worden ist.

Nach dieser Mitteilung, die wie stets bei Frau M. durch Hellsehen und Hellhören erfolgte, lassen sich, wenn man von eigentlichen Betrügern, die sich im Jenseits ebenso wie im Diesseits finden und von den Selbsttäuschungen des Unterbewußtseins der Medien absieht, die Inspiratoren der Vatermedien in zwei Kategorien scheiden.

Unser Herr Jesus Christus beauftragt oft seine Diener, die höheren Geister, in seinem Namen den irdischen Menschen Botschaften zu überbringen, zu welchem Zweck diese die medialen Menschen benutzen. Es kommt nun vor, daß diese Geister, wenn sie ihre Botschaft als vom Herrn ausgehend bezeichnen, was mitzuteilen sie in der Regel befugt sind, unterlassen, zu sagen, daß sie nur die Vermittler seiner Botschaft sind. In diesem Falle glauben dann die Medien oder diejenigen, die durch solche die Botschaft erhalten, daß es der Herr direkt sei, der zu den Medien oder durch sie spreche. Es ist das eine bloße Unachtsamkeit der Vermittler der Botschaft, die aber dennoch nicht ohne Ahndung bleibt und meistens zur Folge hat, daß diesen Geistern die Übermittlung derartiger Botschaften für längere Zeit entzogen wird.

In anderen Fällen sind die Geister, die ein Medium inspirieren und sich für Gott oder Jesus Christus ausgeben, in dem Wahn befangen, dies zu sein. Oft sind es Geister, die auf Erden ein religiöses Leben geführt haben. Es ist die Eigenart des Übertritts ins Jenseits und des Lebens im Jenseits, in Verbindung mit aus dem Erdenleben hinüber genommenen Anschauungen, die in ihnen diesen Wahn hervorruft, in den sie sich dann immer mehr einspinnen und in dem sie manchmal sehr lange verharren.

Dieser Mitteilung Lavaters über den Größenwahn vieler Geister möchte ich als eigene Vermutung noch beifügen, daß in diesen Wahn wohl hauptsächlich Geister verfallen, die auf Erden mehr bloß in religiösen Ideen und Gefühlen geschwelgt als sich im praktischen Leben als Christen betätigt haben. Im weiteren möchte ich darauf aufmerksam machen, daß, wie ich glaube, der Wahn, diese oder jene hohe Persönlichkeit zu sein, im Jenseits überhaupt häufig vorkommt und daß, gleich wie sich Verstorbene einbilden können, Jesus oder gar Gott zu sein, sie sich auch einbilden können, sein Gegenstück der Satan oder ein hoher satanischer Dämon zu sein, und die in solchen Wahnideen Befangenen finden leicht im Jenseits ebenso wie im Diesseits Anhänger, die sich von ihnen kritiklos leiten lassen, und sie dadurch in ihrem Wahn bestärken. Wer die hochinteressante Geschichte der Besessenheit der Gottliebe Dittus in Möttlingen kennt, die durch das Gebet von

Pfarrer Blumhardt geheilt wurde,*) weiß, daß Blumhardt, obschon überzeugt, daß sich unter den Geistern, welche diese Besessenheit verursacht hatten, verstorbene Menschen befanden, doch das Haupt der dabei beteiligten Geisterschar für einen höheren bösen Dämon hielt, und daß dieser sich ihm auch als solchen bezeichnete. Wer wie ich überzeugt ist, daß es im Jenseits keine bösen Dämonen gibt, sondern nur verstorbene böse Menschen, erklärt dies am leichtesten daraus, daß dieser angebliche böse Dämon ein Verstorbener war, der im Wahn stand, ein solcher Dämon zu sein, und als solcher die Herrschaft über eine große Geisterschar ausübte, die dies ebenfalls glaubte, und mit ihm zusammen alle die Phänomene verursachte, die mit der Besessenheit der Gottliebe Dittus zusammenhängen.

Diese sich an die Mitteilung Lavaters anschließenden eigenen Ausführungen über die Inspiration durch wahnbefangene Verstorbene las ich, nachdem ich sie redigiert hatte in einer durch Frau M. vermittelten Zusammenkunft mit Lavater diesem vor, und er erklärte sich damit einverstanden. Dagegen machte er eine kleine stilistische Korrektur, was nicht ohne Interesse ist. In meinem Entwurf befand sich an Stelle des Wortes „Anhänger“ das Wort „solche“. Als ich eben im Begriffe stand, dieses Wort auszusprechen, also noch bevor dies geschehen war, machte mir das Medium die Bemerkung, „Lavater sage ihr „Anhänger“. Es war das somit eine Korrektur, die er machte, weil er bereits in meinen Gedanken oder auf dem Papier, das ich vor mir hatte, das Wort „solche“ gelesen hatte und es war zweifellos eine stilistische Verbesserung. Frau M. sah die ganze Zeit, während ich vorlas, die Gestalt Lavaters dicht hinter mir stehen und in mein Manuskript hineinschauen. Gleichzeitig erblickte sie hinter ihm an der Wand des Zimmers einen auffallend

*) Siehe das Buch von Pfarrer Mandel: „Der Sieg von Möttlingen“, Verlag von Oswald Mutze in Leipzig.

hellen etwa handgroßen Fleck, den sie schon vorher, als Lavater noch in einer Ecke des Zimmers stand, dicht neben ihm wahrgenommen hatte.

Nun zu meinen persönlichen Erfahrungen mit Offenbarungsspiritisten und Vatermedien.

Im Frühling des Jahres 1899 lernte ich durch ein Mitglied des spiritistischen Vereins Zürich die Werke der „christlichen Neutheosophie" kennen. Die wichtigsten dieser Werke sind von dem im Jahr 1864 in Graz verstorbenen hellhörenden Jakob Lorber geschrieben. In meiner „Bedeutung der Wissenschaft vom Übersinnlichen für Bibel und Christentum" habe ich Lorbers Werke in einem besonderen Abschnitt besprochen, und kann hier einfach auf diese Besprechung verweisen. Ich glaubte, dort sowie in einer im Jahr 1900 im Verlag von C. F. Landbeck erschienenen Broschüre betitelt: „Moderne Prophetie", den Anspruch, den Lorbers Werke erheben, Diktate unsers Herrn und Heilandes Jesus Christus als des fleischgewordenen göttlichen Vaters zu sein, nicht gänzlich von der Hand weisen zu dürfen, wenn ich auch schon damals die Ansicht vertrat, daß vieles in denselben seine Entstehung dem Unterbewußtsein Lorbers verdanke. Heute gebe ich zu, daß ich diese Schriften, die übrigens nicht alle gleichwertig sind, zu jener früheren Zeit wahrscheinlich etwas zu hoch eingeschätzt habe.

Nachdem ich verschiedenes aus den Werken Lorbers und ebenso aus denjenigen von Gottfried Mayerhofer und Johanne Ladner, die ebenfalls Vatermedium zu sein beanspruchen, gelesen hatte, trat ich in persönlichen Verkehr mit den in Zürich wohnenden Anhängern dieser „christlichen Neutheosophie" und lernte sehr bald auch ihren Verleger, C. F. Landbeck in Bietigheim-Württemberg, näher kennen. Unter diesen christlichen Theosophen, die keine festkonstituierte Sekte bilden, habe ich echt christliches Leben und namentlich viel Gottvertrauen gefunden, so daß ich nur bestätigen kann, was der sonst sehr kritische Hans

Freimark über sie sagt, daß sie noch das Christuswort befolgen „Liebe deinen Nächsten wie dich selbst".*) Freilich fand ich auch Einseitigkeit und Buchstabenglauben, gibt es doch unter ihnen solche, die alles, was Lorber geschrieben hat, für buchstäbliche Wahrheit halten, und daher sehr ernsthaft über die verschiedenen Widersprüche und „offensichtlichen tatsächlichen Irrtümer" debattieren, die sich in den Lorberschen Werken noch weit zahlreicher finden als in der Bibel, was nicht selten zur Folge hat, daß der eine oder andere Anhänger den Glauben an den göttlichen Ursprung dieser Werke verliert. Die Mehrzahl freilich weiß sehr wohl, daß Lorbers Bücher nur geistige Wahrheiten, besonders die große, so einfache und doch so weitreichende Grundwahrheit der göttlichen Allliebe durch Bilder (Gleichnisse) besser verständlich machen wollen.

Meine Beziehungen zu diesen christlichen Theosophen verschafften mir bald einen Einblick in das Tun und Treiben einer großen Zahl sowohl verstorbener als noch lebender Vatermedien.

Solcher Vatermedien gibt es nämlich noch viele außer Lorber, Mayerhofer und Johanne Ladner, und meistens sind sie aus dem Schoß der Anhänger dieser Theosophie hervorgegangen, denn einem Medium, das sich zu diesen Theosophen rechnet, liegt der Gedanke nahe, daß es ebenso gut als Lorber, Mayerhofer und Johanne Ladner vom Herrn die innere Stimme erhalten könne. Ich habe unter diesen Vatermedien durch und durch ehrliche und demutsvolle Männer und Frauen gefunden. Da es diesen jedoch höchst unangenehm wäre, wenn ich ihre Namen der Öffentlichkeit preisgeben würde, muß ich darauf verzichten, sie zu nennen. Auf der andern Seite lernte ich die schweren Entgleisungen kennen, denen jedes sich für göttlich inspiriert haltende Medium ausgesetzt ist, besonders wenn es eine es verherr-

*) Siehe Hans Freimark: „Moderne Theosophen und ihre Theosophie", Verlag von Wilhelm Heims, Leipzig. (Seite 59.)

lichende Anhängerschaft um sich sammelt. Und leider gewinnen gerade die am stärksten entgleisten Vatermedien, obwohl gewöhnlich nur für kurze Zeit, den größten Einfluß; denn sie treten autoritativ auf und wirken dadurch hypnotisch-suggestiv auf die Willensschwachen. Unterstützt werden sie meistens dadurch, daß sie die nahe Wiederkunft Jesu und den Beginn des tausendjährigen Reichs verkündigen, eine Erwartung, die ja auch in vielen sich ganz nur an den Buchstaben der Bibel haltenden christlichen Sekten eine übergroße Rolle spielt.

Besonderes Interesse unter den in die Öffentlichkeit getretenen, auf Abwege geratenen Vatermedien der letzten zwanzig Jahre beanspruchen, soweit Deutschland in Betracht fällt, Franz Schumi und Cecil Bägel, die mir beide persönlich bekannt geworden sind.

F r a n z S c h u m i, von Beruf Zuckerbäcker, ein Slovene aus Laibach, lernte in Graz den Spiritismus und die Werke Lorbers kennen. Er bildete sich hierauf systematisch zum Medium aus. Sehr bald erhielt er die innere Stimme, die sich ihm als die Stimme des in Jesus Christus ins Fleisch dieser Erde getretenen Vatergottes ausgab und ihm diktierte, was er zu schreiben habe. Schumi ist vom göttlichen Ursprung dieser Stimme überzeugt und tut alles, was sie ihm befiehlt ohne jede Prüfung. Auch bildet er sich viel darauf ein, kein gewöhnliches Schreibmedium zu sein, das nur automatisch schreibe, scheint also nicht zu wissen, daß vielleicht der größere Teil der zahlreichen Schreibmedien genau wie er inspiratorisch schreibt, d. h. ebenfalls eine Stimme hört, die das zu Schreibende diktiert. Er überließ nun seine Zuckerbäckerei in Laibach vertraglich seiner Frau und seinem Schwiegersohn und widmete sich ganz seiner angeblichen Mission als Vatermedium, indem er nach dem Diktat seiner inneren Stimme verschiedene Werke schrieb; daneben trat er auch als göttliches Heilmedium auf.

Ich lernte Schumi schon im Herbst 1899 persönlich kennen, als ich auf dem Heimweg von Wien in Graz einige

Bekannte und Anhänger Lorbers aufsuchte, an die ich durch Landbeck empfohlen war, worauf er mir hier und da Briefe schrieb und mir seine Schriften sandte. Sein Tun und Treiben führte ihn im Frühjahr 1904 ins Irrenhaus, aus dem er jedoch bald wieder entlassen wurde. Auf den Rat seines Rechtsanwaltes verließ er jedoch Österreich und kam nach Zürich, wo er selbstredend sofort mich aufsuchte. Er lebte hier einfach und zurückgezogen, fast asketisch, aus der Monatsrente von 36 Gulden, die ihm seine Frau und sein Schwiegersohn vertraglich zu bezahlen haben, und hat seine Vatermediumschaft niemals zum Zweck eines bessern und bequemern Lebens ausgenutzt. Doch mußte ich bald sehen, daß er sich statt nach vorwärts nach rückwärts entwickelte; denn er erhielt vom angeblichen göttlichen Vater immer tollere Diktate. So am 22. Juli 1904 das folgende:

„Die heilige Schrift ist ein Buch göttlicher Weissagungen, Lehren und Gebote; allein sie wird vielseitig mißverstanden, weil falsch ausgedeutet. Daher wird sie in nächster Zeit ganz von der Welt verschwinden, damit die Renitenz der Bibelchristen gegen Mein heiliges Wort in der christlichen Theosophie*), durch das sie Mich kritisieren, verketzern und lästern, seine gebührende Ehrenrettung erlangt, auf daß dann niemand mehr sagen kann: „ich wußte es nicht, daß ich das biblische Wort falsch ausdeutete, und daß in der christlichen Theosophie das wahre Wort Gottes steht." Wer trotz dieses zu rechter Zeit in Erfüllung gegangenen Weltwunders noch auf die alte Ausdeutung der Bibel pochen und die neue Ausdeutung, die ich Jesus selber in der neuen Bibel**) geben werde, nicht berücksichtigen wird, der wird nach dem Hinscheiden von der Erde auf solange in die Finsternis der zweiten Hölle kommen, bis er von seinem Starrsinn geheilt, das annehmen wird, was ich für richtig und heilsam für alle aufklären werde." —

*) Darunter ist hier das so betitelte Buch Schumis zu verstehen.

**) Diese neue Bibel wird nach einem anderen Vaterwort Schumis durch ihn selbst im Auftrag des Herrn geschrieben werden.

Ich versuchte wiederholt, Schumi zu überzeugen, daß er sich auf einem Irreweg befinde, wenn er glaube, daß solche Diktate von Jesus Christus ausgehen, aber alle meine Bemühungen waren vergeblich. Er stellte sich auch immer mehr in einen bewußten Gegensatz zu den Freunden der Lorberschen Werke, insbesondere zu C. F. Landbeck und griff diesen schließlich direkt an, indem er das folgende angeblich am 13. August 1904 vom Herrn erhaltene Diktat publizierte:

„Meine lieben Kinder! Mit vorliegendem Diktat übertrage ich Jesus, Euer Vater, alle von Mir bisher diktierten Bücher seit dem Jahre 1840 her*) zum Neudruck an meinen Schreiber Franz Schumi, der sie nach Meinem ihm kundgegebenen Willen neu und rein und in neuem Format, das Ich ihm angegeben habe, nacheinander neu herausgeben wird.

Diese Meine Entschließung entstand infolge des unrichtigen Handhabens Meines Willens in Bezug der Herausgabe, der Versendung und der Verbreitung.

Ich habe viele Jahre unwillig nach Bietigheim geschaut. Nun ist endlich der Zeitpunkt gekommen, daß Ich als Autor und alleiniger Verfüger über Meine Lehre Alles dem Schumi übertrage und nämlich ins Eigentum als Mein künftiger Herausgeber aller Meiner Bücher. Dies zum allgemeinen Wissen und Meiner entscheidenden Verfügung.

Euer Vater Jesus, Amen.“ —

Nun riß mir der Geduldfaden. Ich sagte Schumi deutlich meine Meinung und brach alle meine Beziehungen zu ihm ab. Gleichzeitig erließ ich ein gedrucktes Memorandum an seine Anhänger und die mir bekannten Bietigheimer Theosophen, in dem ich seine Verirrungen in Kürze besprach. Ich hatte damit ziemlichen Erfolg. Doch traten bald neue Anhänger an die Stelle der abgefallenen, so daß er fortfahren konnte, eine kleine Gemeinde um sich zu versammeln, der er seine angeblichen Vaterworte vortrug. Auch verband

*) In diesem Jahre begann Lorber seine Werke zu schreiben.

er sich behufs Verbreitung seiner Schriften mit Cecil Bägel, der in Altona ein buchhändlerisches Geschäft betreibt. Vergeblich suchte ich Bägel, den ich von zwei Besuchen her, die er in Süddeutschland und in der Schweiz gemacht hatte, ebenfalls persönlich kannte, davon abzuhalten, sich der Verbreitung dieser Bücher anzunehmen. Die Folge war lediglich, daß ich auch meine Verbindung mit Bägel abbrechen mußte. Schumi siedelte dann auch von Zürich nach Altona über.

Cecil Bägel hält sich gleichfalls für ein Vatermedium und besitzt einen Kreis von Anhängern in Hamburg und Altona, welche der gleichen Ansicht sind. Außerdem ist er nach seiner Aussage und nach mir gewordenen Mitteilungen aus seiner Umgebung ein Apportmedium und ist durch diese Eigenschaft schon mit dem Gericht in Berührung gekommen, das ihn des Diebstahls schuldig erklärte, und wenn ich nicht irre zu sechs Monaten Gefängnis verurteilte. Er soll nämlich einmal ein Zwanzig-Markstück materialisiert haben, das sodann ein Bekannter in Besitz nahm, der es als ihm geschenkt betrachtete, und soll dann dieses Geldstück wieder dematerialisiert haben, worauf dieser Bekannte ihn des Diebstahls anklagte. Seine Entlastungszeugen, welche die Echtheit der Dematerialisation hätten dartun sollen, wurden wie man mir sagte, nicht abgehört, weil die Richter eine solche Dematerialisation für unmöglich hielten.

Bägel zeigte sich als fleißiger Kolporteur der Schumischen Schriften und da sein buchhändlerisches Geschäft sich zusehends vergrößerte, vermochte er den Absatz ganz bedeutend zu steigern. Allein auf die Dauer konnten zwei „Vatermedien“, von denen jedes über dem andern zu stehen glaubte, nicht mit einander auskommen. Dazu traten finanzielle Differenzen. Kurz, im Laufe des Jahres 1910 denunzierte Schumi, um sich an Bägel zu rächen, sich selbst und seine Werke beim deutschen Kaiser wegen der darin enthaltenen Angriffe gegen die katholische Kirche, und bat um Beschlagnahme aller seiner Schriften, die sich in großer

Zahl im Besitz Bägels befanden. Er berechnete ganz richtig, daß Bägel, dessen finanzielle Existenz von der Möglichkeit des Fortbetriebs seines buchhändlerischen Geschäfts abhängt, die gerichtliche Verfolgung über sich ergehen lassen müsse, während er sich derselben leicht durch die Flucht entziehen könne. Er floh dann auch wirklich und lebt seither in der Schweiz, zuerst in Genf, dann in Zürich, wo er sich noch jetzt befindet. Bägel dagegen wurde zu einer Gefängnisstrafe verurteilt, die er absaß und mußte die sämtlichen nicht geringen Gerichtskosten bezahlen.

Die eingebildete Vatermediumschaft hat also hier einen Mann, der von Natur gewiß kein schlechter Mensch ist, zu einem elenden Schurkenstreich geführt, der nur dadurch einigermaßen entschuldigt wird, daß er ihm vermutlich von der innern Stimme anbefohlen wurde; denn solchen Befehlen gegenüber besaß Schumi schon früher nicht die geringste Widerstandskraft. Er schrieb mir schon am 30. Januar 1900 über das Gebetbuch, das er damals in Arbeit hatte: „In diesem Gebetbuch führt der Vater die Sprache des Weltrichters, um welche ich aber nie gebeten habe, sondern der Vater befahl*) mir zu schreiben. Ich habe später noch zweimal die betreffenden Diktate zurückgezogen, aber ich mußte nachgeben und sie dem Buchdrucker zurücksenden.“

Noch einen andern traurigen Fall angeblicher Vatermediumschaft muß ich erwähnen, weil wir daran ersehen, daß selbst die schönsten Worte eines Mediums nicht beweisen, daß es von hoher Seite inspiriert ist; denn wenn die schönen Worte nicht mit einer sich in Glück und Unglück erprobenden christlichen Gesinnung zusammenfallen, ist es ausgeschlossen, daß sie von Jesus oder einem andern hohen Geist des Jenseits stammen.

Die Tochter einer mir bekannten Familie hatte durch eine bei ihr wohnende Freundin den Spiritismus kennen gelernt und versuchte nun medianim zu schreiben. Es

*) Im Originalbrief doppelt unterstrichen.

gelang ihr nur mäßig. Auch erhielt sie durch eine Intelligenz, die ihr Schutzgeist zu sein behauptete, auf dem Wege dieses Schreibens die Anweisung, dasselbe in Zukunft gänzlich zu unterlassen. Sie suchte hierüber meinen Rat, und ich konnte nur bestätigen, was ihr Schutzgeist ihr gesagt hatte. Nun aber erlangte später ein Mann, der lange Zeit der eifrigste Anhänger des oben erwähnten Franz Schumi gewesen war, bei ihr Zutritt, und nachdem ihre Freundin gestorben war, begann sie unter dem Einfluß dieses zu religiöser Schwärmerei neigenden Mannes wieder medial zu schreiben. Als inspirierende Intelligenz nannte sich der Theorie der christlichen Theosophie ebenso wie Swedenborgs entsprechend Jesus Christus als fleischgewordener Vatergott. Die ersten Kundgebungen waren in Inhalt und Form vorzüglich. Als Probe möge die erste Kundgebung, die vom 25. Januar 1908 datiert, hier im vollständigen Wortlaut folgen. Sie lautet:

„Wenn du mit deinem Gotte sprichst, mußt du in die Stille gehen und die Welt außer dir soll keinen Einfluß auf dich üben. Du sollst horchen, was aus dem Heiligtum deines Herzens zu dir emporsteigt, und in heiliger Ruhe harren, was dein Gott dir zu sagen hat. Nimm dich in Acht, daß keine irrigen Stimmen dich verwirren, lege dich ganz in Gottes Hand! Frage nicht nach äußern Dingen, sondern laß dich nur belehren durch das, was diese innere Stimme von sich aus spricht. Wenn du eine Wegleitung brauchst, wird sie dir gegeben werden. Du sollst nun immer stärker werden in deiner Liebe zu Gott, und diese Liebe wird dir neue Kräfte verleihen. Sie ist ein ewiges Geheimnis, und aus ihrem Innern steigt Frucht um Frucht empor. Du wirst immer neue Wunder entdecken, wenn du dich in das Geheimnis der Liebe vertiefst und wirst es begreifen lernen, was es heißt mit dem Himmel in Verbindung zu stehen. Die himmlischen Gaben können nur denen verliehen werden, die ganz Liebe sind und die ihr ganzes Wollen in Gottes Willen stellten. Wo immer du ein Herz leidend weißt, da mußt du zu trösten suchen und darfst nimmer fragen, ob dieses Herz dir wohl oder wehe getan. Du mußt die Feindesliebe bis zum äußersten üben. Den Freunden bringe dein ganzes Herz entgegen und vertraue ihnen wie du willst, daß sie dir vertrauen. Du mußt nie zurückschrecken vor einer Tat der Liebe, und wenn man dich daran hindern will, so mußt du sie erst recht tun, denn der Herr will es so, und du stehst in seinem, nicht in der Menschen Dienst. Laß dich leiten von der Stimme deines Herzens, laß dich führen von deinem Gott, laß dir sagen, warum du auf der Erde weilst und warum du auf keinen Rosenpfaden gehst! Siehe, ihr müßt auf der Erde lernen, eurem Heiland gleich zu sein, ihr müßt lernen was es heißt zu tragen und müßt in ernster Schule die Tugenden zu üben verstehen. Ihr müßt betend aufblicken zum Herrn aller Welten und zugleich demutsvoll begreifen, daß nur des Ewigen Hand auch sicher ans Ziel führt. Ich dein Gott führe dich immer mit Seelen zusammen, die dich auf irgend eine Weise fördern müssen, sei es um dich geistig höher zu leiten oder um deine Kraft zu erproben, sei es um zu beweisen, daß du größer und besser geworden bist, sei es um dir zu zeigen, wie wunderbar Gott die Fäden der einzelnen Menschenlose in einander wirkt und welch wundersames Ganzes, welche Harmonie daraus entsteht. Die Harmonie des Geistes müßt ihr auf eure Seelen wirken lassen, daß diese geläutert aus dem Erdenkampfe hervorgehen, daß Christi Bild in euch erstrahle, und Seele, Geist und Körper eins werden in Gott. Je ernster ihr an diese Arbeit geht, desto weiter könnt ihr es bringen. Aber verstehet wohl, es muß mit Gott getan werden, sonst bleibt es Stückwerk, das vor Gottes Auge nimmermehr besteht. Bedenket wohl, daß die Liebe alles leitet, sie ist der Kern, das heiligste im heiligen. Wer auf eigene Kraft baut, muß untergehen, wer aber auf Gott bauet, der hat wohlgetan. Leget keinen Wert auf die äußeren Dinge, stehet erhaben über der Zeit und den Ereignissen, und betrachtet sie nur als Mittel zum Zweck, euch zu Himmelsbürgern zu machen, zu Bürgern jenes heiligen Landes, wo nur die Liebe lebt und wo Haß und Kränkung nimmer Einlaß finden, wo das Sonnengold der Ewigkeit leuchtet und die Engel eure Diener sind im Dienste ihres und eures Gottes! Friede sei mit euch und heiliger Glaubensmut, heiliges Streben nach den höchsten Zielen sei eure Hoffnung und Gewißheit auf endlichen Sieg! Die Gnade eures Gottes sei mit euch, die Liebe eures Heilands führe euch und demütiges Vertrauen weihe euch, Kinder eures himmlischen Liebevaters zu sein. Mit dieser Rüstung ausgestattet kann es euch nicht fehlen, wenn ihr in Demut aufwärts schaut und euch selbst nur als Werkzeug in Gottes Hand betrachtet. Es ist genug. Beherzige diese Worte, der Herr segnet sie dir, weil er die Liebe und die Erfüllung ist."

Diese Diktate begeisterten den fraglichen Mann so, daß er in der Schreiberin ein neues großes Vatermedium entdeckt zu haben glaubte. Von da an besuchte er sie jeden Tag, und jeden Tag erhielt sie neue Diktate. Als ich dann nach einiger Zeit ihr wieder einen Besuch machte, und jenen Mann bei ihr traf, wurde mir ganz im Vertrauen mitgeteilt, daß ich vom „Vater" angewiesen werde, dessen Ehefrau, die von dieser Vatermediumschaft und den stetigen Besuchen ihres Mannes wenig erbaut sei, darauf aufmerksam zu machen, daß sie sich dadurch mit dem göttlichen Willen in Widerspruch setze, und daß sie sich ihnen anschließen müsse, um gemeinsam für Gott zu wirken. Ich ging hierauf zu der mir ebenfalls schon lange persönlich bekannten Frau, aber begreiflicherweise nicht um einfach dieser Anweisung nachzukommen, sondern um mich über die ganze Sachlage zu unterrichten, und verfügte mich, nachdem dies geschehen war, wieder zu dem Medium, mit der Absicht, zuerst alle bisherigen angeblich vom Herrn herrührenden Diktate kennen zu lernen, und sodann weitere Schritte zu tun, um die wie mir schien immer bedenklicher werdende Situation zu klären; denn ich hoffte in diesen Diktaten Aussprüche zu finden, die es mir möglich machen könnten, ihren Anspruch auf göttlichen Ursprung mit völliger Klarheit als unberechtigt zurückzuweisen, zumal ich aus den Äußerungen des Mediums entnehmen konnte, daß darin viel von der nahe bevorstehenden Wiederkunft Christi und von der besonderen Mission des Mediums und seines Freundes, diese Wiederkunft vorzubereiten, die Rede sei, ein Thema, von dem ich wußte, daß es das Lieblingsthema jenes Mannes war. Es wurde mir auch versprochen, daß man mir ein nächstes Mal diese Diktate, von denen ich nur die allerersten*) kannte, vorlesen werde. Aber schon am folgenden Tag erhielt ich einen Brief des Mediums, womit es mir mitteilte, „Vater Jesus" habe ihr befohlen, mir zu schreiben, daß ich sie nicht mehr besuchen möge, sie müsse diesem Befehl, obschon ungern, Folge leisten.

Von da an habe ich das Haus dieses Mediums nicht mehr betreten. Es kam bald so weit, daß der fragliche Freund — nebenbei bemerkt ein Mann von etwa siebzig Jahren — alle Tage mit Ausnahme des Mittagessens und Schlafens bei diesem Vatermedium, das immer neue Diktate erhielt, zubrachte. Nach einigen Jahren siedelte er sogar ganz zu ihr über, und ließ seine Frau auch finanziell vollständig im Stich, so daß diese sich an die Behörden wenden mußte, damit er wenigstens in dieser Hinsicht seine Pflicht erfülle.

*) Ich halte es nicht für unmöglich, daß diese ersten Diktate wirklich von einem höheren Geistwesen ausgingen, das im Auftrag Jesu sprach, und daß erst die nachherige immer mehr unter den Einfluß jenes religiösen Schwärmers geratende Entwicklung des Mediums den früheren guten Einfluß verdrängte, worauf an dessen Stelle ein anderer trat, der den eigenen schwärmerischen Ideen des fraglichen Mannes besser entsprach, vielleicht der Einfluß eines vom Wahn Jesus zu sein befallenen Geistes, der sich schon früher infolge seines mehrjährigen Verkehrs mit Franz Schumi an ihn geheftet haben mochte.

Die Bekanntschaft mit den Anhängern der christlichen Neutheosophie in Zürich, die lange Zeit regelmäßig zusammen kamen, brachte mich mit zwei Persönlichkeiten in Berührung, die man zwar nicht Vatermedien nennen darf, die aber doch der Vatermediumschaft und dem Offenbarungsspiritismus sehr nahe stehen. Es sind dies Josua Klein, der Begründer der „esoterischen" Kolonie Amden am Wallensee und Frau Elise Faßbender, die Autorin des im Trancezustand geschriebenen, im Kommissionsverlag von Oswald Mutze in Leipzig erschienenen okkult-spiritistischen Romans „Hephata", und zweier im Normalzustand geschriebener Abhandlungen betitelt „Die Enthüllung des Wesens der Seele" und „Der Heilmagnetismus" abgedruckt in der Zeitschrift „Zum Licht", Verlag von F. E. Baumann in Schmiedeberg.

Ich lernte diese beiden Persönlichkeiten schon im Jahre 1899 kennen und war Zuhörer bei den Vorträgen, die Josua Klein im Winter 1899 und Frühling 1900 im Kreis der obengenannten Vereinigung hielt, dem damals auch die Familie Faßbender angehörte, und im Sommer 1900 nahm ich an dem auf Anregung Josua Kleins und unter seiner Leitung in Emmishofen bei Konstanz abgehaltenen Kongreß von Esoterikern und christlichen Theosophen teil, der namentlich von Stuttgart aus stark besucht war. Von da an gingen meine Wege und diejenigen Josua Kleins auseinander, und nach einer bald nachher in Zürich stattgefundenen Auseinandersetzung zwischen uns beiden, zog ich mich gänzlich von ihm und seinen Unternehmungen zurück Es ist hier nicht der Ort, um über diesen etwas unklaren Kopf und schlechten Redner, der dennoch einen nicht unbedeutenden Einfluß auszuüben vermochte, ein Urteil abzugeben, und ich fühle mich dazu auch nicht kompetent, da ich seine spätere Entwicklung nicht genügend kenne. Jedenfalls war er zu der Zeit, da ich öfters mit ihm zusammen kam ,ein ehrlicher Mensch, der auf seine Weise zur Höherentwicklung der Menschheit beizutragen suchte. Freilich, wenn wahr sein sollte, was man mir später erzählt hat, daß er in dem Wahne befangen sei, selbst der wiedererschienene Jesus Christus zu sein, wäre damit das Urteil über ihn und seine Bestrebungen gesprochen. Aber ich muß gestehen, daß ich davon nichts an ihm bemerkt habe, auch nicht in einer allerdings sehr kurzen Besprechung, die ich nach dem finanziellen Zusammenbruch seiner Kolonie mit ihm gehabt habe. Dieser finanzielle Zusammenbruch berechtigt uns ebenfalls nicht, über seine geistigen Bestrebungen den Stab zu brechen, sondern beweist nur, daß er, was diejenigen, die ihn näher kannten, schon vorher wußten, in Geldsachen ein großes Kind ist, eine Eigenschaft, die er mit vielen religiös weit über ihm stehenden Männer wie beispielsweise dem Grafen Zinzendorf, dem Begründer der Herrnhuter Brüdergemeinde, teilt.

Frau Elise Faßbender ist nicht nur ein Trancemedium sondern auch eine höchst intelligente Frau, was am besten ihre schon genannten Aufsätze „Die Enthüllung des Wesens der Seele“ und „Der Heilmagnetismus“ zeigen. Sie hat eine bewegte Vergangenheit hinter sich und ist ein Beweis dafür, wie leicht selbst eine gescheite Frau, wenn sie hoch sensitiv ist, von stark positiven willenskräftigen Männern beherrscht und in ihren Trancekundgebungen beeinflußt werden kann. Ich ziele damit nicht auf Josua Klein ab, obgleich auch er anfänglich großen Einfluß auf sie ausübte; denn dieser Einfluß war von kurzer Dauer, da Klein sich schon am Kongreß von Emmishofen im Sommer 1900 eine Überspannung seiner Autorität erlaubte, die den gegenteiligen Effekt hatte. Dagegen stand Frau Faßbender vorher mehrere Jahre lang so vollständig unter der Herrschaft Gerbels in Rorschach, daß sie in ihren Tranceredeu ganz und gar sein Werkzeug wurde. Die durch sie sprechenden Geister, vielleicht auch nur ihr eigenes von Gerbel suggestioniertes Unterbewußtsein verlangten, daß in Rorschach ein großes Haus gebaut werde als Zufluchtsstätte für die Gläubigen nach Anbruch des als in Bälde einbrechend geglaubten tausendjährigen Reichs. Es fanden sich auch solche, die Gerbel das für den Bau dieses Hauses nötige Geld gaben. Der Bau war jedoch noch nicht über die Fundamente hinausgelangt, als Gerbel in Konkurs geriet, in dem das ihm geliehene Geld verloren ging. Frau Faßbender entzog sich hierauf dem Einfluß Gerbels und siedelte nach Zürich über, wo sie, wie schon bemerkt, bald die Bekanntschaft Josua Kleins machte, den sie anfänglich mit Begeisterung begrüßte.

Ich hörte Frau Faßbender nur ein einziges Mal in Trance sprechen, dagegen habe ich verschiedene ihrer Trancereden gelesen. Die durch sie sprechenden Geister des Jenseits gaben sich gewöhnlich als Erzengel aus. Ich habe jedoch den Eindruck, daß, wenn auch bei diesen Kundgaben jenseitige Geistwesen mitgewirkt haben mögen, doch das eigene Unterbewußtsein mitbeteiligt war. Das Gleiche gilt für ihr medianim geschriebenes Buch „Hephata", von dem nur der erste Band im Buchhandel erschienen ist. So schön und wahr die Grundgedanken der Handlung dieses im Jenseits sich abspielenden Romans auch sind, so scheint mir doch die darin enthaltene Polemik gegen die katholische Kirche und ihre Vertreter viel zu stark hervorzutreten, und das spricht sehr für eine Mitwirkung des Unterbewußtseins des Mediums, das trotz seiner spiritistischen Überzeugung eine strenggläubige Protestantin geblieben ist.

Zu den Offenbarungsspiritisten gehört auch Hans Kordon, der unglückliche mediumistische Schriftsteller, der von Goethe inspiriert zu sein glaubte.

Ich bin mit Kordon bis zu seinem Tode in Verbindung gestanden und habe nie aufgehört, ihn auch finanziell zu unterstützen, obwohl ich allzu starke Anforderungen in dieser Hinsicht meiner eigenen Verhältnisse wegen abweisen mußte. Seine Mediumschaft beansprucht sowohl hinsichtlich des Ursprungs seiner Inspiration, worüber ich meine Ansicht im ersten Heft des Jahrgangs 1904 der „Psychischen

Studien“ niedergelegt habe, als auch hinsichtlich des Inhalts der durch sie geschaffenen Werke, ernstes Interesse.

Sein Tod erfolgte, was mitgeteilt werden soll, damit in dieser Hinsicht keine falschen Mutmaßungen aufkommen, nach einen kurzen Krankenlager, wie die Sektion der Leiche ergab, infolge hochgradiger Entkräftigung unter Mitwirkung von Lungentuberkulose. Wieviel zu dieser Entkräftung neben der Lungentuberkulose eine ungenügende Ernährung und wieviel der Entzug von Lebensfluid durch allzu häufiges mediumistisches Schreiben beigetragen hat, läßt sich begreiflicherweise nicht feststellen. Daß aber das letztere sehr wesentlich dazu beigetragen hat, ist meine feste Überzeugung.

Kordon stand bereits auf der Schwelle der Vatermediumschaft. Das beweisen am besten einige Briefe, die er an mich geschrieben hat, und die ich glaube in ihren darauf bezüglichen Stellen wiedergeben zu dürfen, ohne die Pietät zu verletzen; denn sie zeigen ihn, trotz der darin liegenden Verirrung, als einen für die höchsten Ideale begeisterten Mann.

In einem Brief vom 25. September 1902 schreibt mir Kordon:

„Mit meinem innigen Dank für die gütige liebevolle Hilfe, die Sie uns durch die Vermittlung des Herrn von Ehrhardt neuerdings angedeihen lassen, verbinde ich die frohe Nachricht, daß ich gestern an dem herrlichen Offenbarungswerke: „Die ewige Wahrheit“ zu schreiben begonnen habe. Der hohe Meister Christus inspiriert mich, wie Sie aus den Gedichten ersehen werden, die wir in den jüngsten Tagen schrieben. Wir sind unaussprechlich beseligt und geloben immer aufs neue, den Willen des Heilandes treulich Stück für Stück zu erfüllen.“

Sodann in einem Brief von 14. Juni 1903:

„Dadurch wird meine Überzeugung, daß wir in der Tat berufen sind, die Wiederkunft Christi anzukündigen, immer stärker, und mein Wille, allen Hindernissen zum

Trotz meine Aufgaben zu erfüllen, ist nachgerade unerschütterlich geworden. Es ist gewiß nicht Zufall, daß in den inspirierten Gedichten immer wieder Christus als Vorbild und Retter erscheint. Die Theologen, die die Offenbarung Johannis ausgelegt haben, dürften sich bezüglich des Zeitpunktes, an dem der „Richter“ kommen wird, gründlich getäuscht haben.“

Und in einem Brief von 24. August 1903:

„Der Plan, nach dem wir alle zu wirken haben, ist allen Mitteilungen zufolge, die wir empfingen, von Christus selbst entworfen worden, und die Größe der Aufgabe, das erhabene Ziel und nicht zuletzt die mit schweren Leiden verbundene Schwierigkeit der Ausführung zeugen allerdings für die Wahrheit der Kundgebungen.“ —

Wer fühlt nicht, wenn er dieses liest, Mitleid mit dem Medium, das solche Dinge, die ihm von den Jenseitigen oder vom eigenen Unterbewußtsein eingeredet werden, glaubt, und in diesem Glauben unaufhörlich mediumistisch schreibend und schriftstellernd geduldig auf eine große Umwälzung in der Welt wartet, natürlich vergeblich und in höchster materieller Not, bis der Tod seinen Erwartungen ein Ende setzt!

Auch Adolf Drischel, zurzeit in Amden am Wallensee wohnend, aber in keinen Beziehungen zu Josua Klein stehend, muß hier erwähnt werden. Adolf Drischel, früher sozialdemokratischer Agitator, ein intelligenter energischer Mann, schrieb mir am 2. April 1903, als er noch in preußisch Schlesien wohnte, und ersuchte mich um einen Rat in Sachen des Spiritismus. Später schickte er mir die mediumistischen Kundgaben seiner Frau zur Einsicht. Diese Kundgaben stammen größtenteils angeblich von einem Mönch, namens Voes, der als Märtyrer des protestantischen Glaubens verbrannt worden sein soll. Da mir aus der Reformationsgeschichte bekannt war, daß ein Mönch dieses Namens existiert hat und für seinen protestantischen Glauben gemeinschaftlich mit seinem Freunde Eß den

Feuertod erlitt, teilte ich dies dem Drischel mit, der es angeblich noch nicht wußte. Er teilte mir dann mit, daß er außer mit Voes seit einigen Wochen mit Dr. Martin Luther und in wichtigen Fällen mit dem Evangelisten und Arzt Lukas verkehre.

Nun wollte ich mich doch darüber vergewissern, wie es sich mit diesen Angaben verhalte und ließ den besagten Voes durch Drischel anfragen, wann und wo er verbrannt worden sei. Die Antwort lautete: Am 16. September 1526 in Rom. Voes und Eß sind aber in Wirklichkeit im Juli 1823 auf dem Marktplatz zu Antwerpen verbrannt worden.

Auf meinem Wunsch machte Drischel den angeblichen Voes auf diesen Widerspruch mit der geschichtlichen Wahrheit aufmerksam, worauf dieser bemerkte, Irrtum sei leicht möglich, weil er in Anbetracht der verflossenen Zeit sich nur unter größter Sinnesverschärfung an Irdisches erinnern könne. Ich lege auf diesen Widerspruch auch kein allzu großes Gewicht. Entscheidend für die Beurteilung der Kundgebungen des Voes ist für mich, daß derselbe die abenteuerlichsten Dinge befahl, so zuerst die Auswanderung nach der Schweiz und später diejenige nach Ägypten, um die dortigen Mohammedaner zum Christentum zu bekehren, was in jeder Hinsicht schlechte Ratschläge waren, mag nun dieser Voes wer immer gewesen sein oder mag er gar bloß der unterbewußten Phantasie des Mediums entstammen.

Als mir Drischel schrieb, Voes habe ihm geraten Schlesien zu verlassen und samt seiner Familie und seinem Freunde Adam nach Zürich zu ziehen, schrieb ich ihm einen ausführlichen Brief in welchem ich ihm alle Gründe vorhielt, die gegen eine solche Auswanderung sprechen, vor allem das Aufgeben guter ihm und Adam das Auskommen sichernder Stellungen und die Schwierigkeit, in der Schweiz ähnliche Stellungen zu finden. Dessen ungeachtet empfing ich bald nachher völlig unerwartet den

Besuch von Drischel und Adam, und der erstere stellte an mich das naive Ansinnen, ihm das nötige Geld vorzuschießen, damit er seine Frau samt vier Kindern und allem Hausrat nach Zürich kommen lassen könne. Begreiflicherweise lehnte ich ab. Von da an sah ich ihn nie mehr bis zum Jahr 1911, wo ich ihm zufällig auf der Straße begegnete. Merkwürdigerweise fand er aber bei anderen die nötige Unterstützung, um seine Familie nach Zürich kommen zu lassen und hier längere Zeit ohne Erwerb zu leben, worauf er, wiederum nur aus den Mitteln seiner Anhänger, nach Ägypten übersiedelte. Später kehrte er in die Schweiz zurück, und es scheint, daß er in neuester Zeit zu etwas besserer Einsicht gekommen ist. Gegenwärtig propagiert er das Projekt der Gründung einer Kolonie in Südbrasilien im Sinne der Schrift Dr. Eduard Reichs, „Religion und Seelsorge.“ Er nennt sein Projekt die internationale Friedensmission. —

Vielfach spukt unter den Offenbarungsspiritisten und Vatermedien die Erwartung einer persönlichen Erscheinung Jesu in den von ihnen gebildeten spiritistischen Zirkeln, und es haben bereits mehrfach Geistermaterialisationen stattgefunden, die sich für Jesus Christus ausgaben, und mit dieser Angabe Glauben fanden. Beinahe wäre ich selbst einmal Zeuge einer solchen angeblichen Materialisation Jesu geworden, die im Jahre 1905 zu wiederholten Malen in einem spiritistischen Zirkel von Berlin stattfand. Auf ausdrückliches Verlangen der materialisierten Gestalt, die sich für Jesus ausgab, wurde ich nämlich zu einer solchen Sitzung eingeladen. Ich lehnte ab, weniger weil ich der Sache, die mir allerdings bedenklich vorkam, aus dem Wege gehen wollte, denn es hätte mich interessiert, die fragliche Geistermaterialisation zu sehen, als weil ich keine Zeit hätte finden können, um zu jener Sitzung, die auf einen festen Termin anberaumt war, nach Berlin zu reisen. Bald nachher erfuhr ich dann, daß die materialisierte Gestalt, die sich gezeigt hatte, unmöglich Jesus Christus gewesen sein könne und daß dies nunmehr von der Mehrzahl der Teilnehmer an jenen Sitzungen anerkannt werde. Damit fanden auch die Materialisationen ihr Ende. Es ist aber nicht ausgeschlossen, daß ähnliches sich anderswo wiederholt.

Es ist vielleicht von Interesse, wenn ich am Schlusse dieses Abschnitts noch auf ein der Vergangenheit angehöriges schweizerisches Vatermedium aufmerksam mache, dessen Schicksal ein grelles Licht auf die Vatermediumschaft und gleichzeitig auf die Intoleranz und Barbarei einer Zeit wirft, von der uns kaum ein Jahrhundert trennt. Es ist dies der am 5. September 1759 in Schüpfheim im Kanton Luzern geborene Anton Unternährer, der Gründer der Sekte der Antonianer, die bis heute einzelne Anhänger besitzt, obschon sie wahrscheinlich bald verschwinden wird, hauptsächlich wohl, weil sie die volle geschlechtliche Enthaltsamkeit fordert, was etwas befremdet, da ihr Gründer selbst verheiratet war und auch Kinder hatte.

Von einem in Zürich wohnenden Angehörigen dieser Sekte habe ich das von Anton Unternährer geschriebene, jedoch erst im Jahre 1898 gedruckte Büchlein „Die Berufung" sowie zwei Auszüge aus den im Staatsarchiv von Luzern enthaltenen Akten über Unternährer erhalten, welche ziemlich gute Auskunft über dieses Vatermedium und sein trauriges Schicksal geben.

Obgleich nämlich der Leutpriester Thaddäus Müller, bischöflicher Kommissarius, in einem Bericht an den Amtmann von Luzern vom 20. Mai 1805 dem wegen religiöser Irrlehre angeklagten Anton Unternährer ein sehr günstiges Zeugnis ausstellt, indem er von ihm sagt: „Unternährer zeigt in seinem Betragen Anstand, Bescheidenheit, Unterwerfung und ist fern von rohem, trotzigem Benehmen. Auch jenes finstere Wesen, wodurch sonst Religionsschwärmer sich auszeichnen, hat er nicht an sich, sondern ist heiter, freundlich und beredt. In seinem so deutlich als bestimmten und fertigen Vortrag läßt sich sonst nicht die geringste Spur von einer Verirrung des Verstandes wahrnehmen. Eine harte Bestrafung, wie z. B. eines Übeltäters verdient er nicht.“ — war doch das Schicksal, das ihn seine Mitbürger bereiteten, das denkbar traurigste.

Zuerst wurde Unternährer, wie den luzernischen Gerichtsakten zu entnehmen ist, im Kanton Bern im Jahr 1799 wegen unbefugter Ausübung der ärztlichen Praxis, die er auf Antreiben der inneren Stimme aufgenommen hatte, mit zehn Wochen Gefängnis bestraft. Sodann wurde er wieder in Bern im Jahr 1802 wegen religiöser Irrlehre mit zwölf seiner Anhänger verhaftet und zu zwei Jahren Zuchthaus verurteilt, die er absaß. Am 13. April 1805 wurde er „auf ewig“ aus dem Kanton Bern ausgewiesen. Er ging dann in seinen Heimatkanton Luzern, wurde hier aber schon im gleichen Jahre trotz des obenerwähnten vom Gericht eingezogenen Berichts des Leutpriesters Thaddäus Müller, wieder wegen religiöser Irrlehre, zu fünf Jahren Gefängnis verurteilt. Das Gefängnis, in dem er diese Strafe absaß, soll nach Aussage meines Gewährsmannes ein unterirdischer Kerker gewesen sein, so eng, daß er sich nicht einmal bewegen konnte, sondern stets auf dem gleichen Fleck stehen oder sitzen mußte. Das ist vermutlich Übertreibung, aber daß die Gefängnisverhältnisse Luzerns zu jener Zeit unseren gegenwärtigen humanen Anschauungen in keiner Weise entsprachen, ist notorisch. Über die Zeit nach Abbüßung dieser Strafe bis zum Jahr 1819 geben die Akten keinen Aufschluß, dagegen ersehen wir aus denselben, daß Unternährer in diesem Jahr wieder in Luzern ins Gefängnis geworfen wurde und in der Gefangenschaft blieb bis zu seinem am 27. Juni 1824 erfolgten Tode.

So behandelten sowohl das katholische Luzern als auch das protestantische Bern diesen Unglücklichen, der sich für göttlich inspiriert hielt.

Untersuchen wir nun, wie es sich mit dieser Inspiration verhielt. Wir sind nämlich in der glücklichen Lage, in dem von Unternährer geschriebenen Büchlein „Die Berufung“ eine genaue Beschreibung aller seiner angeblich von Jesus Christus ausgehenden Inspirationen zu besitzen. Diejenige seiner ersten, der die folgenden ziemlich ähnlich sind, will ich hier wörtlich wiedergeben. Sie lautet:

1792, am dritten Tag im Mai nach dem Mittagessen, da ich einzig in der Stube bei dem Tische saß, hörte ich neben mir eine Stimme sprechen: „Mein Sohn, lege dich auf das Bett, ich habe dir etwas zu sagen.“ Ich schaue umher und denke bei mir: was ist jetzt das, daß ich höre reden und niemand da ist, und gehe nicht auf das Bett, sondern blieb noch still sitzen. Alsbald aber darauf hörte ich noch einmal sprechen: „Mein Sohn, lege dich auf das Bett, ich habe dir etwas zu sagen.“ Da ging ich hin und legte mich auf das Bett und sprach: „O Gott, dein Wille geschehe.“ Sobald ich auf dem Bett gelegen war, umleuchtete mich ein Licht, viel klarer als die Sonne im höchsten und klarsten Glanz. Darinnen stund ein Menschenbild vor mir, dessen Schönheit und Klarheit nicht genugsam kann ausgedrückt und beschrieben werden. Da erschrak ich seiner und schrie laut: „O Jesus, mein Gott und mein Vater!“ Und konnte auch kein Glied mehr rühren. Da legte der Mann, der vor mir stund, die Hand auf mich und sprach zu mir: „Mein Sohn, du hast recht gesagt und gesprochen: „O Jesus, mein Gott und mein Vater!““ und zeigte mir seine Wunden an Händ und Füßen und Seite, und sprach zu mir: „Siehe ich bin Jesus Christus, der Sohn Gottes, des Allerhöchsten, der Mensch worden ist, und mein Vater, der mich gesendet hat, ist in mir; ich und mein Vater sind eins, wie es im Evangelium zur Genüge gesagt ist. Ich bin aus Gott kommen und Mensch worden; habe dich erschaffen nach meinem Bild und Ehre, darum bist du des Menschen Sohn. Mich hat der Allerhöchste, Gott und Vater, gesendet, die Welt zu versöhnen, und durch dich will er die Welt richten, wie es in der Apostelgeschichte 17, 31 geschrieben steht. Aber du mußt zuvor viel leiden und verworfen werden, ins Gefängnis und in Bann getan werden, und wirst von der gottlosen Welt an Ehr und Gut beraubet, von allen Menschen geschmäht und gelästert werden, von Weib und Kind vertrieben, von allen Freunden verlassen, in großer Krankheit, in Hunger und Durst von allen Menschen hilflos liegen, also daß jedermann ein Abschüchen (Abscheu) wird ab dir haben; und werden mit ihren feurigen Lästerzungen in dich stechen, und werden meinen, sie tun Gott einen Dienst damit. Und das alles werden sie tun um meines Namens und um des Evangeliums willen. Weil sie weder mich noch meinen Vater erkennen und dem Gesetz und Gebot des lebendigen Gottes nicht gehorsamen und die von Menschen erdichteten Aufsätze und Gebote für göttlich halten, wie solches alles im Evangelium klar angezeiget ist. Aber fürchte dich vor diesem keinem, das du leiden wirst, denn ich bin bei dir und will dich aus allem erretten; gehe jetzt wiederum zurück."

Es ist, wie auch Thaddäus Müller annimmt, nicht zu bezweifeln, daß Unternährer diese Vision ebenso wie die späteren wahrheitsgetreu beschreibt. Man sieht auch sofort, wenn man nicht geistig blind ist, daß hier eine Täuschung vorliegt. Ob aber diese Täuschung ausschließlich vom Unterbewußtsein Unternährers ausging oder von einem Geistwesen des Jenseits, oder ob diese beiden Ursachen zusammenwirkten, ist nicht mit Sicherheit festzustellen. Jedenfalls haben wir es nicht mit der krankhaften Vision eines Geisteskranken zu tun; denn es steht fest, daß Unternährer sich voller geistiger und körperlicher Gesundheit erfreute. Dafür spricht nicht nur das, was Thaddäus Müller über ihn sagt*), sondern auch, daß er in Verhältnissen lebte, die im höchsten Maß geeignet waren, Geisteskrankheit zu erzeugen und dennoch diese Wirkung nicht hatten. Auch fielen die Erscheinungen keineswegs in eine Altersperiode, in der das Unterbewußtsein besonders rege zu sein pflegt. Auch seine Tätigkeit als Stifter einer neuen

*) Siehe Seite 183.

religiösen Sekte spricht nicht gegen seine geistige Gesundheit. Er glaubt einfach seinen Visionen und Stimmen, wie das jeder andere ungebildete Mann in ähnlicher Lage ebenfalls getan hätte und wie das auch bei der Jungfrau von Orleans der Fall war. Selbst Thaddäus Müller hält dies für sehr begreiflich, denn er sagt in seinem Bericht: „Unternährer glaubt Erscheinungen zu haben, in welchen die Stimme Gottes selbst zu ihm spricht, ihm den Sinn des göttlichen Wortes aufdeckt, ihm Befehle gibt, wie er sich zu verhalten hat und was er tun soll. Was eine solche Stimme mit oder ohne Erscheinung zu ihm spricht, dem gehorcht er mit aller Aufopferung, mit der größten Selbstverleugnung, und gegen alle Hindernisse.“ In diesem Benehmen liegt sicherlich kein Irrsinn, sondern im Gegenteil klares zielbewußtes Wollen.

Zu der Überzeugung Unternährers von seiner göttlichen Mission trug ohne Zweifel viel bei, daß er, wenn man den Erzählungen seiner Anhänger Glauben schenken darf, übersinnliche Fähigkeiten besaß, wie namentlich die Fähigkeit, die Gedanken der anderen Menschen zu kennen. Es wird darüber jedoch viel Abenteuerliches erzählt, das man gut tut, nicht ohne weiteres zu glauben.

Jedenfalls besitzen wir in Anton Unternährer ein klassisches Beispiel einer unechten Vatermediumschaft, nach meiner Ansicht ziemlich wahrscheinlich verursacht durch einen im Wahn Jesus Christus zu sein befangenen Geist. Immerhin mag sich der Einfluß dieses Geistes mit seinem eigenen Unterbewußtsein vermischt haben, wie wir das sehr häufig bei Medien und ebenso bei Hellsehern und Hellhörern treffen, so, um ein Beispiel zu nennen, bei Helene Smith, dem bekannten Medium des Professors Flournoy in Genf. Es erklärt sich dies am leichtesten durch eine hypnotisch-suggestive Beeinflussung, die entweder vom entkörperten Geistwesen auf das Unterbewußtsein des Mediums oder umgekehrt von diesem auf jenes ausgeübt wird.

Zum Schluß noch ein Wort über eine Parallele, die sich zwischen Unternährer und Swedenborg ziehen läßt. Wenn wir lesen, wie Swedenborg durch eine Erscheinung, die sich für Gott ausgab, die aber wahrscheinlich nur ein im Wahne Gott zu sein befangener Verstorbener war, dazu berufen wurde, mit dem Jenseits in dauernden Verkehr zu treten und der Ausbreitung einer neuen religiösen Lehre zu dienen, die glücklicherweise noch auf christlichem Boden steht, drängt sich uns eine Vergleichung mit der Berufung Unternährers durch die Erscheinung Jesu auf. In der Tat sind diese zwei Berufungen einander äußerlich sehr ähnlich. Allein die weitere Entwicklung der beiden Persönlichkeiten ist, ohne Zweifel infolge ihrer außerordentlich verschiedenen Begabung und Bildung, eine ganz andere. Bei Unternährer wird lediglich der Inhalt der ersten Kundgebung des angeblichen Jesus weiter ausgesponnen, unter Berufung auf eine Unmasse von Bibelstellen, wobei wir sein großartiges Gedächtnis bewundern müssen; denn fast die ganze Bibel ist ihm gegenwärtig, und er leistet in Bibelzitaten, wobei er jeweilen genau die Stellen angibt, wo dieselben sich finden, das Unglaubliche, was meiner Ansicht nach auf Inspiration beruht. Bei Swedenborg dagegen ist jene Berufung der Anfang zahlloser höchst inhaltreicher Offenbarungen der Jenseitswelt, welche so bedeutungsvoll sind und so sehr in vielen Punkten von neueren und neuesten Erfahrungen bestätigt werden, daß sie nur aus echten von höheren Geistwesen des Jenseits ausgehenden Inspirationen oder durch wirkliche Erfahrungen des Somnambulen Swedenborg auf höhere Daseinsebenen erklärt werden können. Zwar findet sich darin auch manches, was auf den Einfluß noch in Irrtümern befangener Geister oder auf die Mitwirkung seiner eigenen, vom Milieu, in dem er lebte, eingeschränkten Gedankenwelt zurückgeführt werden muß, aber es tritt doch ziemlich zurück gegenüber dem noch heute Wertvollen dieser Jenseitsoffenbarung.

VI.

Andere Gefahren des Geisterverkehrs und die uns gegen sie zu Gebote stehenden Schutzmittel.

Vorbemerkung.

Ich hatte das Manuskript zum vorliegenden Buch bereits der Verlagsbuchhandlung eingeschickt, als Johann Kaspar Lavater, der geistige Freund des im zweiten Abschnitt besprochenen Mediums, mir durch dessen Vermittlung den Wunsch aussprach, ihm das ganze Werk vorzulesen, da er mir Berichtigungen und Ergänzungen geben wolle, wie er das für einige Stellen schon früher getan hatte.*) Nachdem er erfahren, daß das Werk ziemlich umfangreich sei und ich ihm von den Überschriften der verschiedenen Abschnitte Kenntnis gegeben hatte, beschränkte er seinen Wunsch auf die zwei letzten Abschnitte. Ich ließ mir daher diese vom Verleger zurückschicken und las sie ihm im Beisein des Mediums, das ihn während des Vorlesens dicht hinter mir stehen sah, in sieben Malen vor, was jeweilen eine halbe Stunde beanspruchte, wobei mir das Medium die ihm auf früher beschriebene Weise zukommenden Bemerkungen, Berichtigungen und Ergänzungen Lavaters sofort mitteilte. Ich habe dieselben dem Text in Fußnoten beigefügt.

---

*) Siehe Seite 72-73 und 162—165.

Der Verkehr mit der Geisterwelt birgt auch abgesehen von den im vorigen Abschnitt besprochenen Entgleisungen der Offenbarungsspiritisten und Vatermedien mannigfache Gefahren.

Fast jeden, der an diesen Verkehr herantritt, beschleicht ein unbestimmtes Gefühl, daß damit Gefahren verbunden seien. Dieses Gefühl ist auch mir nicht fremd geblieben, so daß ich mich anfänglich nur mit etwelchem Zagen daran beteiligte. Ich beruhigte mich einigermaßen infolge meiner ersten Erlebnisse im Zirkel der Frau M. Dagegen lernte ich im Laufe der Jahre immer besser die wirklichen großen Gefahren kennen, die neben Offenbarungsspiritismus und Vatermediumschaft und den daraus entspringenden Irreführungen mehr oder weniger alle bedrohen, die mit der Geisterwelt in Verkehr treten, mag dies in spiritistischen Sitzungen geschehen oder außerhalb solcher, und mag der Verkehr gesucht worden sein oder sich ungesucht eingestellt haben. Wiederholt kam mir sogar der Gedanke, ob ich nicht dieser Gefahren wegen meinen eigenen Geisterverkehr durch Medien aufgeben oder wenigstens bedeutend einschränken solle, und mehrfach habe ich deshalb Einladungen zu spiritistischen Sitzungen abgelehnt, wenn ich nicht an den richtigen Ernst der Teilnehmer zu glauben vermochte. Ebenso überzeugte ich mich, daß die meisten Anhänger des Spiritismus diese Gefahren entweder gar nicht kennen oder unterschätzen, und daß vielleicht die Mehrzahl der spiritistische Sitzungen leitenden Kontrollgeister dieselben gleichfalls nicht kennt oder nicht genügend berücksichtigt.

Ich gelangte daher immer mehr zu der Ansicht, daß es eine wichtige Aufgabe der okkulten Forschung ist, diese Gefahren genau festzustellen und die Mittel und Wege aufzusuchen, um sie zu vermeiden oder zu verringern und schon eingetretene schlimme Folgen zu heben. Die Furcht, daß dies der Sache des Spiritismus und Okkultismus schaden könnte, ist unbegründet. Es schadet dem Spiritismus und Okkultismus weit mehr, wenn man diese Gefahren nicht kennt oder zu niedrig einschätzt, da infolgedessen viele Medien und Sensitive, ja sogar manche Nichtsensitive, die sich an diesem Verkehr beteiligen, schwere Schädigungen erleiden, was namentlich den einseitigen Bibelchristen ein erwünschtes Argument liefert, um den Geisterverkehr als Verkehr mit bösen Dämonen und daher als ein verwerfliches gottloses Unterfangen hinzustellen.

Wer den Geisterverkehr für unmöglich hält, kann seine Gefahren nicht verstehen, und wenn er sieht, wie sich der Geist eines diesen Verkehr in spiritistischen Sitzungen oder für sich allein pflegenden Menschen verwirrt, oft in einer Weise, die ihn ins Irrenhaus führt, schreibt er dies einer psychopathischen Veranlagung zu, die in Verbindung mit den angeblich außerordentlich aufregenden Praktiken dieses Verkehrs eine Geistesstörung hervorgerufen habe. Allein wer schon oft spiritistischen Sitzungen beigewohnt hat, weiß, daß es dabei in der Regel ruhiger zugeht als in jeder andern Gesellschaft, und daß auch die innere Spannung der Teilnehmer bei weitem nicht so groß ist als diejenigen glauben, die noch nie an einer solchen Sitzung beteiligt waren. Jedenfalls geraten in Gesellschaften, in denen dem Spiel, Tanz oder Alkohol gehuldigt wird, die Teilnehmer weit leichter in Aufregung als in spiritistischen Sitzungen. Auch da, wo der Geisterverkehr in der Einsamkeit durch automatisches Schreiben oder mit Hilfe des Psychographen gepflegt wird, geschieht dies in der Regel ohne große Aufregung, und wenn diese Art des Geisterverkehrs bisweilen zu einer Gewohnheit ja zu einer förmlichen Leidenschaft wird, so ist dies meistens eine Folgeerscheinung der ihre Hauptgefahr bildenden hypnotisch-suggestiven Beeinflussung durch Entkörperte. Daß es vorwiegend psychopathisch Veranlagte seien, die sich dem Geisterverkehr hingeben, ist gleichfalls eine gänzlich grundlose Annahme. Psychopathisch Veranlagte halten sich nach meinen Beobachtungen eher davon fern, weil sie mehr als Normale eine instinktive Furcht haben, dadurch geschädigt zu werden.

Wer dagegen überzeugt ist, daß sowohl in spiritistischen Sitzungen als auch außerhalb solcher ein sich in mannigfaltigster Weise gestaltender Verkehr zwischen den auf Erden Lebenden und den Verstorbenen stattfindet, begreift leicht, daß die in der Regel unsichtbaren Geistwesen des Jenseits einen Einfluß auf die mit ihnen verkehrenden Erdenmenschen ausüben können, der dem hypnotisch-suggestiven Einfluß Lebender vergleichbar ist, aber in seinen Wirkungen noch über diesen hinausgeht, denn der grobstoffliche Leib schwächt die hypnotisch-suggestive Kraft des gedanklichen Wollens. Auch leuchtet ein, daß diese Beeinflussung besonders Willensschwachen sehr gefährlich werden kann, da sich unter den Bewohnern des Jenseits ebenso wie unter den irdischen Menschen viele niedrig Denkende befinden. Und wer ist willensschwächer als der sensitive Mensch, wenn er sich im Trancezustand befindet, welcher Zustand wahrscheinlich mit dem hypnotischen Schlafzustand identisch ist?*)

Wenn die hypnotisch-suggestive Beeinflussung, mag sie von entkörperten oder noch im Körper lebenden Menschen ausgehen, einen höheren Grad erreicht, erzeugt sie Besessenheit. Besessenheit ist somit ein hoher Grad der Beherrschung durch fremde Gedankenkraft.**)

Die Besessenheit zeigt sehr verschiedene äußere Bilder. Aber alle haben das gemeinsame Merkmal, daß der Mensch unter die Herrschaft eines fremden Willens kommt, dem er gehorchen muß. Der Hypnotisierte, der dem Willen seines irdischen Hypnotiseurs gehorchen muß, ist ebenso sehr ein Besessener wie das Trancemedium, dessen Reden und Handeln

---

*) Hier macht Lavater die Bemerkung, daß Trance und hypnotischer Schlaf nicht ganz das Gleiche seien.

**) Diesem Satz fügt Lavater das Wort „meistens“ bei, womit er auf eine zweite seltenere Art der Besessenheit hinzudeuten scheint. Vielleicht dachte er an die durch Autosuggestion entstehenden Einbildungen Geisteskranker, über die ich mich später aussprechen werde.

von einem entkörperten Geistwesen geleitet werden. Wer einen posthypnotischen Befehl auszuführen innerlich genötigt ist, ist gleichfalls ein Besessener, und auch der posthypnotische Befehl kann von einem Geistwesen des Jenseits ausgehen. Ein Schreibmedium, das, obwohl bei vollem Bewußtsein, schreiben muß, was ihm ein fremdes Geistwesen, das in der Regel ein Entkörperter bisweilen auch ein irdischer Mensch ist, durch seine Gedankenkraft diktiert, ist besessen, obschon diese Besessenheit meistens keine schlimmen Folgen hat. Anders wenn es die Befehle, die ihm diktiert werden, ausführen muß. Das ist bereits ein höherer oft sehr gefährlicher Grad der Besessenheit Besessen ist auch, wer Geisterstimmen hört, wenn er den unwiderstehlichen Drang in sich fühlt, den Befehlen dieser Stimmen zu gehorchen. Ein besonders starker Grad von Besessenheit liegt vor, wenn das fremde Geistwesen nicht bloß wie bei der gewöhnlichen Trancemediumschaft vorübergehend, sondern dauernd vom Körper eines Mediums Besitz ergriffen hat. Diese Besessenheit ist nicht nur deshalb sehr gefährlich, weil dadurch das Medium ganz und gar der Spielball des Geistes werden kann, der sich seiner bemächtigt hat, sondern auch weil das fluidale Band, das den ausgetretenen Astralleib des Mediums einzig noch mit seinem grobstofflichen Leib verbindet, reißen kann, was den physischen Tod zur Folge hat, ein Ereignis, das allerdings glücklicherweise nur selten eintritt.

Ich habe in Zürich ein Medium gekannt, einen jungen Mann von neunzehn Jahren, der, nachdem er einige Zeit als Trancesprech- und Schreibmedium in spiritistischen Sitzungen funktioniert hatte, den Trancezustand nicht mehr los werden konnte und fast ununterbrochen und zwar von verschiedenen Geistwesen niedriger Stufe beherrscht wurde, was zur Folge hatte, daß er einen mehrfachen Persönlichkeitswechsel durchmachte, wobei jeweilen sein Gesicht und seine Stimme sich veränderten. Bisweilen, aber meist nur für kurze Zeit, gewann das eigene Ich wieder die Oberhand, was seine Mutter stets mit Sicherheit erkannte. Leider sah ich ihn selten. Was ich über ihn weiß, stützt sich daher größtenteils auf die Mitteilungen seiner Mutter und des Alt-Seminarlehrers Näf, der mehrmals mit ihm spiritistische Sitzungen abhielt und dabei höchst interessante Phänomene erzielte, wie Trancemitteilungen noch lebender, den Anwesenden ebenso wie dem Medium völlig unbekannter Personen, die im Schlaf lagen. Der junge Mann verreiste später nach Amerika, und seither habe ich nichts mehr von ihm gehört. Ich habe aber meine diese Persönlichkeit betreffenden Erlebnisse im Märzheft der „Psychischen Studien“ vom Jahr 1908 veröffentlicht.

Bei vielen Besessenheiten sind die Geistwesen, welche sie erzeugen, sich der schlimmen Folgen, die daraus für den Besessenen erwachsen, nicht bewußt. Gleichwie ein im Diesseits Lebender, der für einen andern Menschen entweder eine überschwängliche Liebe, in der Regel mit sexuellem Hintergrund, oder einen überschwänglichen Haß empfindet, jenen, wenn er medial ist, rein seelisch beeinflußt, ohne es zu wissen, so kann aus den gleichen Gründen ein Entkörperter einen medialen Erdenmenschen seelisch beeinflussen, ohne dies zu wissen, und diese Beeinflussung erreicht bisweilen einen hohen Grad und kann dann sehr schlimme Folgen haben. Besonders wenn das Motiv überschwängliche sexuelle Liebe ist, die sich, weil sie den geliebten Gegenstand nicht körperlich zu besitzen im Stande ist, mit Trauer und Eifersucht mischt, kann die noch im Diesseits weilende geliebte Person einer schweren Besessenheit anheimfallen, ohne daß deren Urheber diese Folge auch nur im geringsten beabsichtigt. Zwei Fälle dieser Art werde ich später namhaft machen.

Die Schulwissenheit will von einer Besessenheit durch entkörperte Geistwesen nichts wissen, obschon sie die hypnotische Beherrschung durch im Diesseits Lebende anerkennt, weil sie bestreitet, daß es entkörperte Geistwesen gibt. Sie erklärt daher alle Besessenheiten, die nicht auf eine hypnotische Beherrschung durch irdische Menschen zurückgeführt werden können, und zwar selbst dann, wenn der Besessene bestimmt behauptet, die und die verstorbene Person zu sein und in Gesicht und Stimme dieser Person ähnlich geworden ist, durch das „Unterbewußtsein“ des Besessenen, das eine „sekundäre“ Persönlichkeit geschaffen habe.

Gänzlich grundlos ist diese Behauptung nicht. Das Unterbewußtsein oder — richtiger gesprochen — das astrale, vom Gehirn unabhängige Bewußtsein, von dessen Inhalt der tagewache Mensch nur dann etwas weiß, wenn sein Gehirn einigermaßen mittätig ist, kann nicht nur ebenso wie ein fremdes Geistwesen das sogenannte automatische Schreiben und Sprechen hervorbringen, sondern auch Gedankenbilder erzeugen, die selbständige Geistwesen zu sein scheinen, wie das im Traum ganz regelmäßig, im Wachzustand dagegen nur dann geschieht, wenn die geistige Gesundheit aus diesem oder jenem Grunde vorübergehend oder dauernd gestört ist. Ebenso kann bei einem Geisteskranken eine von seinem Unterbewußtsein ausgehende Autosuggestion die Einbildung erwecken, eine andere Person zu sein. Geisteskranke halten sich auf Grund einer solchen Autosuggestion gar nicht selten für Gott, Jesus Christus oder eine andere berühmte geschichtliche Persönlichkeit, falls sie nicht, was gleichfalls oft vorkommt, und zwar nicht bloß bei Geisteskranken, von einem Geistwesen besessen sind, das sich einbildet, diese Persönlichkeit zu sein. Dann spielt der Geisteskranke die Rolle dieser Person, und das Gleiche tut der von einem Geistwesen Besessene, das sich einbildet, diese Person zu sein. Aber dies geschieht in beiden Fällen in unvollkommener, oft geradezu kindischer Weise, weil die Fähigkeit der Nachahmung enge Grenzen hat. Wenn daher derjenige, der behauptet, eine andere besonders eine ihm unbekannte Person zu sein, vollständig den Gesichtsausdruck und die Stimme dieser Person annimmt, kann dies unmöglich bloß durch sein Unterbewußtsein oder durch den Einfluß eines Geistwesens, das sich nur einbildet, diese Person zu sein, bewirkt worden sein. Und wenn dazu noch ein Hellseher die fremde Geistgestalt sich im Körper noch viel deutlicher ausprägen sieht, steht in der Regel außer Zweifel, daß man es mit einer echten Besessenheit durch ein fremdes Geistwesen zu tun hat.*)

Ich kann mir sodann nicht vorstellen, weshalb in spiritistischen Sitzungen, wie ich wiederholt beobachtet habe, ganz gesunde Personen, die vorher noch nie in Trance gewesen waren, plötzlich scheinbar von selbst in diesen Zustand geraten und dann einen in Gesicht und Stimme deutlich erkennbaren Persönlichkeitswechsel erleiden könnten, wenn nicht die besonderen Verhältnisse solcher Sitzungen sie in eine engere Berührung mit entkörperten Geistwesen brächten, wodurch es diesen erleichtert wird, sie in den Trancezustand zu versetzen und durch sie zu sprechen oder zu schreiben.*)

Eine Besessenheit ist auch dann sehr wahrscheinlich wenn ein geistesgesunder Mensch ein schweres Verbrechen begeht, ohne daß man ein vernünftiges Motiv entdecken kann. In solchen Fällen sollte daher die Strafuntersuchung das Motiv des Verbrechens an einem andern Orte suchen als beim physischen Täter, nämlich bei dem diesen suggestionierenden Geist. Am leichtesten kommt man damit ans Ziel, wenn der Suggerierende ein noch im Diesseits Lebender ist, d. h. in dem heute bereits von der Wissenschaft anerkannten Falle der hypnotischen Suggestion, während es allerdings weit schwieriger aber dennoch nicht absolut aussichtslos ist, wenn der Suggerierende der Geisterwelt angehört.

Noch schwieriger als die einzelne Besessenheit lassen sich Besessenheitsepidemien, wie solche vielfach in der Geschichte verzeichnet sind, durch eine bloße vom Unter-

*) Hier fügt Lavater bei: „Kommt sehr viel vor.“

**) Hierzu bemerkt Lavater: „Die Geister erkennen an den Fluiden, die von den Zirkelsitzern ausgehen, diejenigen unter ihnen, deren sie sich bemächtigen können.

bewußtsein ausgehende krankhafte Autosuggestion erklären Wenn sämtliche Insassen eines Klosters oder Waisenhauses, wie das schon wiederholt vorgekommen ist,*) plötzlich die gleichen Besessenheitssymptome zeigen, kann man doch nicht annehmen, daß alle in gleicher Weise psychopathisch oder hysterisch veranlagt seien. Man spricht dann wohl von psychischer Ansteckung. Allein das ist etwas absolut rätselhaftes, denn es gibt sicherlich keinen Bazillus dieser Ansteckung. Dagegen erklären sich solche Epidemien leicht durch den gleichartigen suggestiven Einfluß jenseitiger niederer Intelligenzen.**) Allerdings muß, damit dieselben eine solche allgemeine Besessenheit erzeugen können, in der Seele der davon Betroffenen ein günstiger Boden für diesen Einfluß vorhanden sein. Allein es verursacht gewöhnlich keine Schwierigkeit dies nachzuweisen.

Ob sich unter den Insassen der Irrenhäuser ein größerer oder geringerer Prozentsatz von Besessenen befindet, ist schwer festzustellen, denn abgesehen von den Fällen, in denen Gesichtszüge und Stimme des Besessenen sich vollständig verändern und den Gesichtszügen sowie der Stimme des besessen machenden Geistes ähnlich werden, ist es nicht leicht und bedarf voller Kenntnis ebenso der Geisteskrankheiten wie auch des Okkultismus, und der Mithilfe von Geistersehern, um Besessenheit und Geisteskrankheit von einander zu unterscheiden. Auch kombinieren sich diese beiden nicht selten, denn einerseits wird die Entstehung der Besessenheit durch Geisteskrankheit oder psychopathische Anlage begünstigt, andererseits erzeugt eine lange dauernde Besessenheit leicht Geisteskrankheit.***)

*) Siehe hierüber: Karl Kiesewetter, „Die Geheimwissenschaften“, drittes Kapitel „Die Besessenheit“, Verlag von Wilhelm Friedrich, Leipzig.

**) Hier fügt Lavater ergänzend bei: „die ihre Freude daran haben.“

***) Lavater sagt hier berichtigend und ergänzend: „Manche (Besessene?) werden durch körperliche Krankheiten unheilbar geistes-

Selbstredend hat die Besessenheit noch andere Ursachen als den Verkehr mit der Geisterwelt. Allein, daß dieser Verkehr oft Besessenheit nach sich zieht, weiß jeder, der hierüber genügende Erfahrungen gesammelt hat. Dagegen braucht der Geisterverkehr keineswegs mit Kenntnis des Spiritismus gepaart zu sein. Wir finden ihn und mit ihm die Besessenheit gar nicht selten bei Personen, die den Spiritismus nicht kennen oder ihm feindlich gegenüberstehen, wie bei religiösen Schwärmern, die ihn verdammen, weil sie ihn für einen Verkehr mit bösen Dämonen halten, während sie ihn doch selbst eifrig pflegen, im Glauben, mit Jesus Christus, Gott, oder einem Heiligen zu verkehren.

Die Gefahr, infolge des Geisterverkehrs der Besessenheit anheim zu fallen, ist begreiflicherweise nicht für jedermann gleich groß. Meistens ist sie sogar gering, besonders bei wenig medialen, nicht psychopathisch veranlagten und auch körperlich gesunden Menschen. Aber da es oft gar nicht leicht ist, Medialität, psychopathische Veranlagung und körperliche Krankheit zu erkennen, ist man selten in der Lage, bestimmt zu wissen, ob dieser oder jener, der sich am Geisterverkehr beteiligen will, dies tun darf, ohne sich der Gefahr der Besessenheit auszusetzen. Am wenigsten hat zu fürchten, wer nur der göttlichen Liebe und Wahrheit lebt und durch das Gebet enge mit Gott verbunden ist. Allein solche Menschen sind selten, und ebenfalls nicht immer mit Sicherheit zu erkennen.

Ich habe viele Besessenheiten kennen gelernt, die durch den Geisterverkehr verursacht waren, ganz abgesehen von den bloß vorübergehenden eines jeden von fremden Geistwesen für Sprechen oder Schreiben benutzten Mediums, und ich habe genugsam Gelegenheit gehabt, zu sehen, wie schlimm sich die Folgen der Besessenheit bisweilen für den Besessenen und seine Umgebung gestalten.

---

krank. Viele Besessene könnten durch Hypnose geheilt werden", worauf ich ihm bemerkte, daß ich die Heilung der Besessenheit später einläßlich besprechen werde.

Drei Fälle von Besessenheit infolge des Geisterverkehrs möchte ich hier in ihren Einzelheiten vorführen.

Josef Elmiger, Mitglied und zeitweise Leiter einer herumziehenden Sängergesellschaft, geboren im Jahr 1859 in Pfaffnau im Kanton Luzern, katholischer Konfession, besuchte im Frühling 1901 in Zürich wiederholt die spiritistischen Sitzungen der früher erwähnten Frau G.*) Es waren dies andere als diejenigen, denen ich beiwohnte, so daß ich ihn zu jener Zeit noch nicht kennen lernte. Elmiger besaß keine Kenntnis der spiritistischen Phänomene und Theorien, interessierte sich aber lebhaft für das, was er in diesen Sitzungen erlebte. In der Nacht nach einer solchen Sitzung nun erwachte er an einem heftigen Knall und sah am folgenden Morgen, daß in seinem Schlafzimmer sämtliche an der Wand hängenden Bilder und Spiegel aus den Haken herausgerissen und auf einen Haufen geworfen waren. Merkwürdigerweise war nichts zerbrochen. Anstatt dies als ein Zeichen aufzufassen, daß er besser täte, sich von solchen Sitzungen fern zu halten, wurde er nur noch eifriger. Er fing jetzt an automatisch zu schreiben. Sehr bald hörte er, wenn er schrieb, eine Stimme, die ihm die Worte gleichsam diktierte, und schließlich war er gezwungen, das zu schreiben, was die Stimme sagte. Diese erteilte ihm auch Befehle, denen er gehorchen mußte, ob er wollte oder nicht. Schließlich befahl sie ihm, eine Reise zu machen, deren Zweck ihm nicht angegeben wurde, wohl aber die Orte, die er berühren sollte. Zuerst führte sie ihn auf der Eisenbahn in die Kantone Aargau und Luzern. Dann lautete der Befehl, daß er zu Fuß weiter gehen solle. Er wurde nun in die Wälder geführt und in Bäche, die er dem Lauf des Baches folgend, bald nach oben bald nach unten durchwaten mußte. Beobachtet und zur Rede gestellt, gab er an, daß ihm eine innere Stimme dies befehle, und daß er dieser Stimme gehorchen müsse. Natürlich hielt man

*) Siehe Seite 74–78.

ihn für verrückt und brachte ihn in die staatliche Irrenanstalt des Kantons Luzern zu St. Urban. Er verblieb dort ein halbes Jahr. Während dieser ganzen Zeit ließ ihn die Stimme seines Quälgeistes, der behauptete, vor etwa 200 Jahren in dieser Anstalt, die früher ein Kloster war, als Schreiber der Mönche gelebt zu haben, keine Ruhe und weckte ihn oft mitten in der Nacht. Er mußte dann Vorträge dieses Geistes anhören, unter anderm einen solchen über die Weltanschauung, die dieser sich zurechtgelegt hatte, und die er die Naturlehre nannte. Ich besitze darüber noch einige Notizen, und es ist sicherlich von Interesse, das Wesentliche aus dieser „Philosophie", die dem mit bloßer Volksschulbildung versehenen Elmiger völlig fremd sein mußte, mitzuteilen.

Diese Notizen lauten:

Es kommt die Zeit und ist nicht mehr ferne, wo die Natur allein Religion ist, wo statt der Pfaffen die Naturlehrer die Jugend unterrichten. Dem Menschen, der die Natur liebt, gibt die Natur diese Liebe reichlich zurück. Natur will, daß der Mensch glücklich sei. Natur allein ist Wahrheit ..... Wenn Schiller sagt, „Das ist der Fluch der bösen Tat, daß sie fortzeugend Böses muß gebären", so hat er als Medium gesprochen; denn die böse Tat pflanzt sich fort bis in ferne Geisterreiche. Wer in diesem Leben gegen die Natur gelebt hat, kann im nächsten vergeistigten Leben nicht so schnell sich zurecht finden und nicht das Glück genießen, das er bei naturgemäßem Leben gefunden hätte. Alles greift wie ein unendlich feines Räderwerk ineinander. Jede Störung pflanzt sich fort wie eine Welle, bis sie sich langsam nach und nach verliert .... Wenn die Menschen zu weit von der Natur abgewichen sind, müssen sie wieder zu ihr zurückgeführt werden, denn ein zu weites Abkommen von der Natur würde nicht nur im Menschengeschlecht unheilvolle Störungen hervorrufen, sondern auch rückwärts auf das Tier-, Pflanzen- und Mineralreich und schließlich sogar auf den Lauf der Erde wirken. Und wenn es nur Billionstelsbruchteile wären, so würde das sich in Billionen von Jahren multiplizieren und bis in ferne Weltensysteme eine wenn auch nur kleine Schwankung verursachen. Das Universum aber muß die Mathematik selbst sein. Nach vorwärts würden die Störungen ihre Wellen in die Geisterreiche werfen. Schon jetzt fühlen die der Erde nächsten Sphären etwas Störendes. Die Geisterarbeit ist ins Riesige gestiegen, um alles das wieder zu ordnen, was durch das unnatürliche Leben der Menschen aus dem Geleise gerissen wurde .... Nicht ein faules Nichtstun herrscht im Geisterreiche, wie die Pfaffen es lehren, sondern ein Arbeiten nach Erkenntnis. Aber dieses Arbeiten ist ein süßes Wollen. Wie der Körper hier sich ändert, so daß er nach einigen Jahren aus ganz andern Stoffen besteht, so wechselt auch der Geist seine Atome. Er zieht je nach der Stärke seines Willens immer reinere, edlere Geistatome an sich und gibt andere, die seinem Wesen nicht mehr entsprechen, ab. Alles ist Wechsel, selbst die Ewigkeiten wechseln, aber stets nur zum Glück der Wesen ..... Ist ein Geist so weit fortgeschritten, daß er nicht mehr weiter will, so kann er nach seinem freien Willen die Sphären rückwärts durchlaufen und das Erdenleben wieder durchmachen. Andererseits steht ihm frei, nach Ewigkeiten sich der Gottesliebe so zu nähern, daß er sich in Seligkeit und Wonne auflöst.*)

Nachdem Elmiger vom Juli 1901 bis Januar 1902 im Irrenhaus gewesen war, hörte er die Stimme seines Peinigers die Worte sprechen: „Ich habe dich ins Irrenhaus gebracht, ich werde dich auch wieder herausbringen. Das nächste Mal, wenn du den Direktor siehst, wirst du ihn so grüßen, wie du ihn noch nie gegrüßt hast.“ Richtig,

---

*) Dazu bemerkt Lavater: „In dieser Ausführung ist viel Wahres enthalten. Der Mensch kann, wenn er will, sich im Jenseits immer mehr der Gottheit nähern, aber er verliert damit nicht seine Individualität. Der Geist, der hier den Elmiger inspiriert hat, muß ein großer Naturschwärmer gewesen sein.“

als Elmiger das nächste Mal mit dem Direktor zusammentraf, fühlte er sich, wie er erzählt, von einer unsichtbaren Gewalt gezwungen, ihn in einer Art und Weise zu begrüßen, wie er dies sonst niemals imstande gewesen wäre, so daß der Direktor ihn erstaunt anblickte. Bald hernach erschien eine Abordnung des Gemeinderats seiner Heimatgemeinde, die für ihn das Kostgeld bezahlen mußte, weil er mittellos ist, um sich nach seinem Befinden zu erkundigen. Elmiger glaubt, daß der Direktor infolge des erwähnten Vorfalls einen günstigen Bericht gegeben und seine baldige Entlassung in Aussicht gestellt habe. Kurz, er ließ ihn zu sich kommen und fragte ihn, ob er immer noch die Stimme höre, und als Elmiger dies verneinte, obwohl er tatsächlich noch keineswegs davon frei war, kündigte er ihm die Entlassung an. Er wurde also wieder frei, aber er hatte noch lange gegen die Besessenheit zu kämpfen und hatte noch verschiedene peinliche Momente durchzumachen, bis er sich mehr oder weniger von seinem Quälgeist befreit fühlen durfte. Selbst zu der Zeit, da ich ihn kennen lernte, im Sommer und Herbst 1902, kam es noch einige Male vor, daß er plötzlich den eigenen Gedanken verlor, den er zu Papier bringen wollte und etwas ganz anderes schrieb, oder daß eine fremde Gewalt sich seiner Sprache bemächtigte und er etwas anderes sagte, als das, was er sagen wollte.

Im Herbst 1902 übergab mir Elmiger auf meine Anregung hin ein von ihm verfaßtes Manuskript über seine okkulten Erlebnisse. Ich ordnete den Stoff und brachte die nötigen stilistischen Verbesserungen an. Auch zog ich beim Direktor des Irrenhauses St. Urban Erkundigungen über seinen dortigen Aufenthalt ein, und besuchte die Kostorte, die er in Zürich gehabt hatte — denn er lebte damals von seiner Frau getrennt —, wo ich noch manches Interessante erfuhr. Hauptzweck war mir dabei, seine Wahrheitsliebe festzustellen. Nachdem ich mich in dieser Hinsicht beruhigt hatte, faßte ich den Plan, das bezügliche ziemlich umfangreiche Manuskript zu veröffentlichen. Aber ein Mitglied der amerikanischen Gesellschaft für psychische Forschung wußte mich zu überreden, daß ich es ihm übergab, um es an die englische Gesellschaft für psychische Forschung in London zu schicken. Dort scheint es verloren gegangen zu sein. Wenigstens erhielt ich es nicht mehr zurück und habe nie mehr davon gehört.

Dagegen besitze ich noch eine Zuschrift Elmigers vom 13. November 1902, in der er mir folgendes schreibt (ich zitiere wörtlich samt den in dieser Zuschrift enthaltenen orthographischen Fehlern):

„Ich glaubte mich von diesem Geiste befreit, und nun sehe ich, daß das eben nicht wahr ist. Seit 3–4 Tagen fühlte ich unangenehme Benommenheit im Kopf, ein Ängstlichsein wie vor kommendem Unglück und dazu Nervosität, Hast und Unruh. Dieses Fühlen hat mich mein Lebtag gequält, also muß ich annehmen, daß dieser Zustand durchs ganze Leben den gleichen Grund hatte: die Nähe dieses Dämons.*) Darum war mir mein eignes Wesen stets ein Rätsel. Andere Menschen konnte ich lernen verstehen und begreifen, aber mich selbst nicht. In diesem Sinne habe ich mich in jungen Jahren einmal ausgesprochen.

Ich habe gestern Abend den Rath des Dämons, vor dem Schlafen in die freie Luft zu gehen, befolgt, weil ich selbst fühlte, daß es notwendig sei, ich war eigentlich unwohl. Auf meine Frage, ob dieses unangenehme fühlen die Nähe dieser Kraft ausmache, antwortete mir die Kraft schriftlich mit ja.

Ich ging sodan die Marktgasse hinunter und wollte den Limmatquai hinunter. Die Stimme lies sich teutlich vernehmen: Wenn ich sage an die frische Luft gehn verstehe ich darunter nicht die Gassen. Zugleich trehte es mich mit zimlicher Kraft um und als ob ich von hinten von

*) Hier bemerkt Lavater: „Das ist nur die subjektive Meinung des Elmiger."

einem Luftzug getrieben würde spazirte ich fast ohne meine Kraft dem See zu. Es war etwa 8—9 Uhr Abends. In der Anlage beim Bellevue lies sich die Stimme sehr teutlich hören: Hier ist die Luft etwas reiner aber wenn du mit geistigen Augen den Unrath sehen würdest, den du einathmest, so müßtest du brechen (statt „dich erbrechen“). Weiter oben am See hieß es: „Hier ist die Luft etwas besser“ und zugleich hörte auch für eine Zeit der Druck von hinten auf. „Hier bin ich oft spazieren gegangen aber da wo du gehst war damals noch Wasser. Das ist alles künstlich angelegt. Das Wasser reichte weiter hinein, es war alles Naturufer. Ich war dabei auch nicht glücklich aber es war zu meinem Glück. Zu großes Glück macht den Geist klein. Leid und Schmerz reinigt den Geist.“ Auf meine Frage, was das Motiv sei zu seinem thun antwortete die Stimme 2—3 mal langsam und teutlich indem es mir dabei die Zunge und die Lippen bewegte: „Die reine Menschenliebe.“ Auf meine Frage, wie das stimme zu meinen Erlebnissen, antwortete die Stimme: „Du sollst Glück haben sobald du deine Bestimmung erfüllt hast. Das sind Worte, Worte sind Lügen, aber wenn die Beweise da sind, ist die Lüge zur Wahrheit und Thatsache geworden.“

Der mittlere Teil dieser Zuschrift ist verloren gegangen, und ich weiß nicht mehr, was er enthielt. Dagegen besitze ich noch den dritten und letzten Teil. Dieser besteht in Ausführungen über Tierquälerei, die Elmiger, wie er schreibt, auf Verlangen des Geistes mir noch mitteilen müßte, weil er dieselben in der Erzählung seiner Erlebnisse in dem früher erwähnten Manuskript anzuführen vergessen habe.

Dieselben lauten im Wesentlichen: „Wer die Himmelslust der Liebe nicht fühlen kann, sucht als Ersatz dafür die Teufelswollust der Grausamkeit. Wer für das Tier kein Erbarmen hat, kann auch den Menschen mit derselben erhöhten Wollust Qualen bringen. Wenn das Volk mit derselben Klarheit die Verbrechen und Scheußlichkeiten sehen könnte, wie ich, der Geist, der zu dir spricht, so würde ein fürchterliches Volksgericht entstehen. Schreibe noch, was die Wüteriche erwartet, wenn sie mit den Grausamkeiten nicht inne halten. Mit der Zeit würde eine heillose Verwirrung im Geisterreich entstehen, denn ein gemarteter Tiergeist steigt zu hoch in seiner Sphäre und nimmt zu viel in Anspruch, weil von den Qualen zerrissen, und das Scheusal, das ihn gemartert hat, muß ihn von seinem Geiste geben, der ihm unter Höllenqualen entrissen wird. Es gibt ein ewiges Gesetz der Ausgleichung, daß der, der Qualen bringt, wieder Qualen leiden muß.*)

Schon der Inhalt dieses dritten Teils der fraglichen Zuschrift zeigt, daß hier der Geist dem Elmiger diktiert. Doch noch mehr. Während der erste Teil durchwegs in der gewöhnlichen Schrift Elmigers geschrieben ist, zeigt sich in diesem dritten Teil eine völlig andere Schrift, was mir die Folge des okkulten Einflusses dieses Geistes zu sein scheint. In der Schrift des von Elmiger mir überreichten Manuskripts fanden sich ebenfalls Spuren dieses Einflusses, und Elmiger beklagte sich mir gegenüber darüber, daß ihm dadurch oft seine Schrift entstellt werde, ohne daß er es verhindern könne. Auch Frau S. sagte mir zu wiederholten Malen, daß seit der Zeit, da sie automatisch schreibe, ihre gewöhnliche Schrift von Zeit zu Zeit den

*) Diese Ausführungen über die Folgen der Tierquälerei bezeichnet Lavater als irrtümlich. Wohl gebe es ein ewiges Gesetz der Ausgleichung, nach welchem wer Qualen bringt, wieder Qualen leiden müsse, aber dieses Gesetz vollziehe sich nur in der Weise, daß, wenn der Tierquäler in eine höhere Sphäre steige, er sich seiner Schuld bewußt werde und dadurch seelische Qualen erleide. Dem glaube ich meinerseits beifügen zu dürfen, daß diese seelischen Qualen im Auftauchen von Gedankenbildern bestehen können, die, objektiv betrachtet, Irrtümer sind, aber subjektiv als Wahrheit empfunden werden, und daß die von diesem Geist gegebene Schilderung der Folgen der Tierquälerei vielleicht auf solchen Gedankenbildern und den sich darauf gründenden Reflexionen beruht, ebenso wie die ähnliche, von der Wilhelm Stern im Juniheft des Jahrganges 1908 der „Psychischen Studien“ erzählt.

Charakter ändere, und daß sie nicht mehr so schön und regelmäßig schreiben könne wie früher. Das Gleiche sagte mir Frau M.*)

Bald nachdem Elmiger mir diese Zuschrift geschickt hatte, verließ er Zürich und nahm seinen früheren Beruf als Mitglied einer Sängergesellschaft wieder auf. Ich las von da an einige Male die Ankündigung der „Singspielgesellschaft Elmiger" in den Zeitungen. Im Sommer 1906 traf ich ihn mit einer solchen Gesellschaft in Arosa und wohnte einer Aufführung bei, in der er als Zitherspieler mitwirkte. Nachher hatte ich mit ihm eine Unterredung und fragte ihn, ob er die Stimme, die ihn früher gequält habe, immer noch höre. Er verneinte dies. Seither habe ich ihn nicht mehr gesehen und habe auch nie mehr von ihm gehört. —

Einen anderen Fall von einer durch eine einzige spiritistische Sitzung hervorgerufene Besessenheit, in dem die dem Jenseits angehörigen Urheber identifiziert werden konnten, verdanke ich der Mitteilung der früher erwähnten Frau W.,*) die ich als durchaus glaubwürdig betrachten darf. Eine junge Ungarin nahm in Ungarn an einer spiritistischen Tischsitzung teil, die zur Unterhaltung veranstaltet worden war. Es zeigte sich sofort, daß sie in hohem Grade medial war. Der Tisch bewegte sich gegen sie hin, wenn sie ihre Hände darauf legte, verneigte sich vor ihr und machte sonderbare Bewegungen. Großes Gelächter der Anwesenden begleitete diese Szene. Aber von da an war die Urheberin dieser Phänomene geistig nicht mehr normal. Sie konnte einer unaufhörlichen innern Unruhe, die sich zeitweise bis zur Melancholie steigerte, nicht los werden. In Zürich suchte sie Heilung durch dortige Gesundbeter. So kam sie mit Frau W. zusammen, welche mit der Gemeinschaft dieser Gesundbeter in Beziehungen stand.

*) Dazu bemerkt Lavater: „Das beruht auf Geistereingriff."

**) Siehe Seite 54 und 65.

Frau W. hatte eine Freundin, die Geisterseherin ist. Es ist für unsere Zustände charakteristisch, daß ich den Namen und die Adresse dieser Frau oder dieses Fräuleins, die Haushälterin bei einer vornehmen Familie sein soll, niemals erfahren konnte, weil Frau W. ihr hatte versprechen müssen, niemandem von ihrer Gabe des Geistersehens Kenntnis zu geben, da sie befürchtete, ihre Stelle zu verlieren, wenn dies ihrer Herrschaft bekannt würde. Diese Person nun wollte der Frau W. einen Besuch machen gerade als jene Ungarin bei ihr war. Sie klopfte an die Zimmertür und nachdem sie den Ruf „Herein" gehört, wollte sie eintreten, schlug aber sofort die Tür wieder zu, und als Frau W. hinausging und nach der Ursache ihres Tuns fragte, sagte sie ihr, sie sei heftig erschrocken, denn sie habe neben dem Fräulein, das drinnen sitze, zwei Geister gesehen. Sie beschrieb dieselben, namentlich den einen, der, wie sie sagte, die Uniform eines Offiziers getragen habe. Als Frau W. dies hierauf der Ungarin erzählte, gestand ihr diese, daß sie zwei Geliebte gehabt habe, die beide gestorben waren, von denen der eine ungarischer Husarenoffizier gewesen war. Die Beschreibung der Uniform des letzten paßte genau auf die Uniform, welche die Geisterseherin gesehen hatte. Da Frau W. den Spiritismus kennt, war ihr sofort klar, daß hier eine Besessenheit vorliege, deren Ursache im Einfluß jener beiden Verstorbenen zu suchen sei.*) Ich füge bei, daß bei der Besessenen bald nachher durch Gebet Besserung eintrat. Ob völlige Heilung weiß ich nicht, weil sie nach einiger Zeit in ihre Heimat zurückkehrte und ich später nichts mehr von ihr hörte.

Ein dritter Fall einer durch spiritistische Sitzungen hervorgerufenen Besessenheit, der für mich unangenehme Folgen hatte, weil er zu einem Zeitungsangriff gegen mich führte, ist der folgende:

---

*) Siehe Seite: 194.

Einer meiner Freunde, zwei Jahre jünger als ich, ein gesunder kräftiger Mann, hatte im Laufe des Jahres 1901 einige spiritistische Sitzungen besucht und dabei geistigen Einfluß gespürt, was auf seine mediale Empfänglichkeit hindeutet, ohne daß jedoch Anlaß dazu vorlag, ernstliche Befürchtungen einer ungehörigen Beeinflussung zu hegen.

Eines Abends nun so gegen 11 Uhr, als ich eben zu Bette gegangen war, meldete sich bei mir ein anderer in meiner Nachbarschaft wohnender seither verstorbener Freund, der mit jenem ebenfalls enge befreundet war, in größter Aufregung und bat mich dringend, sofort zu ihm in seine Wohnung zu kommen, wo sich jener samt seiner Familie, bestehend aus seiner Frau, einer Tochter und einem Neffen befinde und zwar in einem nicht zu beschreibenden wie ihm scheine besessenen Zustande, der ihn kurz vorher ohne jede äußere Veranlassung plötzlich mitten im Familienkreis überfallen habe. Ich kleidete mich rasch an und ging mit ihm in seine Wohnung hinüber. Kaum ins Zimmer getreten, wurde ich von dem Besessenen angeredet. Mit unnatürlich lauter, dröhnender Stimme verkündete er, sein Haus werde diese Nacht punkt 12 Uhr in Flammen aufgehen, weshalb er es mit seiner Familie verlassen habe und hierher geflohen sei. Er bat mich aufs Eindringlichste, die beiden Mietparteien, die außer ihm selbst in seinem Hause wohnten, davon zu benachrichtigen, damit sie sich noch rechtzeitig retten könnten. Ich war begreiflicherweise wenig geneigt, diesem Wunsch zu entsprechen, obwohl er mich mit beweglichen Worten anflehte, ihm doch diesen Freundschaftsdienst zu leisten. Allein da auch die andern Glieder seiner Familie mich dringend baten, ihnen doch diesen Gefallen zu tun, und da ich wußte, daß sich im Erdgeschoß und Keller des fraglichen Hause eine Menge feuergefährlicher Objekte befanden, die, in Flammen geraten, den Bewohnern der oberen Stockwerke den Ausweg durch die Haustreppe abgeschnitten hätten, und es nicht für unmöglich hielt, daß die Prophezeiung des Brandes auf einem wirklichen Hellsehen beruhen könnte, das ja nicht einmal notwendig ein Hellsehen in die Zukunft zu sein brauchte, erklärte ich mich endlich bereit hinzugehen, wenn der Neffe meines Auftraggebers, ein Jüngling von 19 Jahren, mich begleite, um das Haus aufzuschließen und mich bei Mietern, die ich nicht kannte, einzuführen. Ich hatte nämlich sofort eingesehen, daß es unmöglich sei, auf den Besessenen durch Belehrung einzuwirken oder ihn zur Selbstbesorgung des mir erteilten Auftrags zu veranlassen. Solche Versuche hätten seine Besessenheit höchstwahrscheinlich nur noch gesteigert, ohne ihren Zweck zu erreichen. Ich ging daher in Begleitung seines Neffen in das fragliche etwa fünf Minuten entfernte Haus. Dort meldeten wir uns bei den Mietern, die teilweise schon zu Bett gegangen waren und richteten unsern Auftrag in der Weise aus, daß ich ihnen sagte, der Hauseigentümer sei samt seiner Familie in einem Anfall von Melancholie unter dem Drang der Ahnung, daß sein Haus um Mitternacht in Brand geraten werde, zu einem Freunde geflohen, und habe uns, da sein Zustand ihm nicht erlaube selbst zu kommen, beauftragt, ihnen dies mitzuteilen. Ich fügte bei, daß solche Ahnungen bisweilen täuschen, bisweilen aber auch nicht, und daß wir es daher für richtig gehalten hätten, seinem Wunsche, ihnen dies mitzuteilen, zu entsprechen. Wir blieben sodann noch einige Zeit vor dem Hause stehen, da es gerade, nachdem wir dasselbe verlassen hatten, die Mitternachtsstunde schlug. Dann kehrten wir dahin zurück, wo wir den Besessenen gelassen hatten. Dieser war nun ruhiger geworden, und als er von uns hörte, daß sich bis einige Zeit nach 12 Uhr in seinem Hause nichts auffälliges gezeigt habe, ging er ohne sich weiter über seinen Zustand zu äußern, mit seiner Familie nach Hause.

Am folgenden Tage war er wieder ganz vernünftig und äußerte sich über den Vorfall des vorangegangenen Abends, er sei von einem Geist, dessen Stimme er auch jetzt noch von Zeit zu Zeit höre, und der behaupte, auf Erden ein Pfarrer gewesen zu sein, gezwungen worden, das zu sagen, was er gesagt habe. Derselbe suche immer wieder Gewalt über ihn zu gewinnen und es koste ihn große Mühe, sich seiner zu erwehren. Dieser Zustand des stetigen Kampfes mit einer fremden geistigen Macht dauerte etwa acht Tage, dann wurde die Stimme schwächer und verschwand schließlich vollständig. Der Mann ist seither wieder wie vor diesem Vorfall geistig und körperlich vollkommen gesund und immer noch als Chef einer angesehenen Firma tätig. Aber spiritistische Sitzungen hat er von da an nicht mehr besucht.

Mehr als ein Jahr nach diesem Vorfall, doch noch vor meiner öffentlichen Stellungnahme im Prozeß der Frau Rothe, wurde derselbe in der „Neuen Züricher Zeitung" von einem anonymen Einsender zu einem Angriff gegen mich benutzt und in perfider Weise entstellt, als ob ich in einer spiritistischen Sitzung von den Geistern den Auftrag erhalten habe, die Bewohner eines mir völlig fremden Hauses durch Ziehen an der Hausglocke mitten in der Nacht aus dem Schlaf zu wecken und ihnen zu sagen, daß ihr Haus um Mitternacht in Brand geraten werde, und daß ich diesen Auftrag ohne weiteres ausgeführt habe. Damit war die Andeutung verbunden, daß ich nicht mehr ganz nüchtern gewesen sei. Es wurde mir zwar nachher von der Redaktion des Blattes eine Richtigstellung gestattet, aber da ich den Urheber des Vorfalls und Eigentümer des fraglichen Hauses, in dessen Auftrage ich gehandelt hatte, seines geschäftlichen Rufs wegen schonen mußte, konnte ich nicht alles sagen, was nötig gewesen wäre, um den Fall ganz klar zu stellen, der sich übrigens auch den Gegnern des Spiritismus gegenüber niemals völlig klarstellen läßt.

Auch wenn die hypnotisch-suggestive Beeinflussung durch die Gedankenkraft entkörperter, noch auf einer niedrigen Entwicklungsstufe stehender Geistwesen, der alle stark medialen Menschen ausgesetzt sind und die durch den Geisterverkehr fast immer verstärkt wird, sich nicht bis zur Besessenheit steigert, wirkt sie aufregend und kann sehr lästig werden, besonders wenn sie sich mit einem Trance- oder Halbtrancezustand oder mit Hellsehen oder Hellhören verbindet. Das erfahren die meisten den Geisterverkehr in spiritistischen Zirkeln vermittelnden Medien, besonders in der ersten Nacht nach einer solchen Sitzung. Wiederholen sich solche Beeinflussungen allzu häufig, so können sich Gesundheitsstörungen besonders nervöse Aufregungs- und Schwächezustände einstellen, auch ohne daß sich eine eigentliche Besessenheit ausbildet.

Eine zweite Gefahr, die allen, auch den nichtmedialen Personen droht, die sich in den Verkehr mit der Geisterwelt einlassen, sind körperliche Angriffe durch tiefstehende, stark materielle und deshalb noch körperliche Kraft besitzende Geister. Gleichwie solche Geister Tische in die Höhe heben und überall in Wänden und Möbeln — oft sehr stark — klopfen können, können sie Schläge und Stöße gegen Menschen führen, und sie tun das nicht selten, besonders wenn sie gegen Jemanden Abneigung oder gar Haß hegen. Pfarrer Blumhardt erzählt in seinem Bericht an den Kirchenrat, daß die Urkundspersonen, die er mit sich nahm, als er die Besessene Gottliebe Dittus besuchte, von den Geistern, welche die Urheber dieser Besessenheit waren, mit Schlägen traktiert worden seien. Solche niedere, noch nicht zur Selbsterkenntnis gelangte Geistwesen nahen sich auch den ernsten nach geistigem Fortschritt strebenden Zirkeln, und besonders wenn sich unter den Medien und Zirkelsitzern Personen von ebenfalls niederer Denkweise befinden, etwa solche, die von Gefühlen des Hasses oder Neides erfüllt sind, kommen sie leicht auf die Idee, sich an denjenigen, die aus irgend einem Grunde ihr Mißfallen erregt haben, körperlich zu vergreifen. In den von mir beobachteten Fällen war in der Regel der Leiter des Zirkels der Hauptgegenstand ihrer Angriffe.

Der Leiter des Zirkels der Frau M. erhielt einmal, als er bei Glatteis eine schlüpfrige Stelle zu passieren hatte, von unsichtbarer Seite einen so heftigen Stoß, daß er mit Wucht zu Boden fiel und einen Rippenbruch erlitt. Ähnlich erging es dem Leiter des Zirkels der Frau S. Seine Frau schreibt mir darüber in einem Brief vom 20. März 1910:

„Sie wissen vielleicht noch nicht (ich wußte es allerdings bereits und zwar von ihrem Manne selbst), daß mein lieber Mann im Herbst vom Velo stürzte, so daß sein rechter Arm eine Zeitlang unbrauchbar war und heute noch das Heben ihm unmöglich ist. Es war an einem Sonntag Morgen, er wollte nach E. zum Sohn. Unwillkürlich bat ich ihn unter Tränen (die Frau ist medial), er möge nicht per Velo gehen. Er lachte und ich selbst sagte mir, mein geistiger Zustand sei da wieder ersichtlich, da sei doch nichts zum Weinen. Der Fall geschah bei der Brücke und ich bin überzeugt, daß er von Einflüssen (Jenseitiger) heruntergeschlagen worden ist, darum mein unwillkürliches Bitten, er solle per Bahn gehen . . . . . Anfangs dieses Jahres, als mein lieber Mann an einem Morgen wohl und munter aufstand, wurde er mitten im Schlafzimmer direkt umgeschlagen, ohne zu straucheln, ohne irgend eine Ursache, und zu gleicher Zeit fühlte ich kräftigen Einfluß, verschwieg es aber und dachte: „Ich will doch hören wie mein Mann das erklärt." Er war stille darüber und ging zur Arbeit. Aber am Mittag sagte er zu mir: „Du, das war heute Morgen doch ein merkwürdiger Fall." Er hatte diese Worte noch nicht ausgesprochen, so kam bei mir ein mächtiger Einfluß und ich mußte ausrufen: „Du bist umgeschlagen worden." Dabei kam mir Stöhnen und Tränen, ohne daß es mir im geringsten ums Weinen war."

Viel schlimmer noch erging es dem Bibliothekar des spiritistischen Vereins Zürich. Dieser junge und unerfahrene Mann hatte sich in einer mir unbekannten Weise in den Geisterverkehr eingelassen, wie ich später hörte durch die Vermittlung einer nicht eben gut beleumdeten mir fremden Frau. Er fühlte sich infolge dieses Verkehrs, wie er seinen Freunden sagte, von Geistern beunruhigt und verfolgt. In einer Nacht war er, wie mir hernach seine Frau erzählte, nachdem er den ganzen vorangegangenen Tag unter dieser Beunruhigung gelitten hatte, aufgestanden, weil er wiederum den fraglichen Einfluß spürte und hatte sich auf das Gesimse des offenstehenden Fensters gesetzt, um die frische Nachtluft einzuatmen. Da stürzte er plötzlich zum Fenster hinaus auf die Straße und war sofort tot, denn seine Wohnung befand sich im dritten Stockwerk. Wäre er betrunken gewesen, so könnte man, da das Fenstergesims, auf das er sich gesetzt hatte, sehr niedrig ist, annehmen, daß er einfach das Gleichgewicht verloren habe. Aber er war nach der Aussage seiner Frau vollständig nüchtern. Ich ging nachher selbst in die Wohnung und ließ mir von ihr alle Einzelheiten des unglücklichen Vorfalls genau erzählen. Dadurch bin ich zu der Ansicht gelangt, daß er höchstwahrscheinlich durch physische Geistergewalt herabgestürzt worden ist. Ich äußerte diesen Verdacht seiner Frau gegenüber, und diese stimmte mir bei. Man könnte vielleicht auf den Gedanken kommen, daß die Geister ihn durch hypnotische Suggestion zum Selbstmord getrieben haben. Gerade selten ist das nicht und sicherlich sind viele Selbstmorde auf diese Ursache zurückzuführen. Aber im vorliegenden Fall scheint mir diese Annahme unwahrscheinlich, denn wenn solche Einwirkungen stattfinden, gehen gewöhnlich Selbstmordgedanken der Ausführung des Selbstmords voraus, und manchmal findet ein langer Kampf mit diesen Gedanken statt, bis der so Beeinflußte sich zum Selbstmord entschließt. Wie mir die Frau sagte, hatte jedoch ihr Gatte niemals ihr gegenüber Selbstmordgedanken geäußert, obschon er an jenem Tag bis zu dem unglücklichen Sturz ununterbrochen in ihrer Gesellschaft gewesen war.

In Spukhäusern finden ebenfalls oft körperliche Angriffe der den Spuk verursachenden Geister auf die in diesen

Häusern befindlichen Personen statt, besonders wenn diese medial veranlagt sind und dadurch solche Angriffe begünstigen. Zur Bestätigung dieser Behauptung steht mir gleichfalls ein eigenes Erlebnis zu Gebote, das ich hier in Kürze mitteilen will.

Wie ich glaube im Jahre 1905 war ein Haus an der Hammerstraße in Basel, das von dem katholischen Orden der barmherzigen Brüder, der sich der Krankenpflege widmet, gemietet war, der Schauplatz eines argen Geisterspuks. Die Sache wurde damals in der Öffentlichkeit besprochen und beschäftigte auch die Tagespresse, die sich natürlich darüber nur lustig machte, und der es nicht einfiel, sich über die Spukphänomene da zu erkundigen, wo sie allein richtige Auskunft hätte erhalten können, nämlich bei den barmherzigen Brüdern, die Zeugen des Spuks gewesen waren. Ich wurde schon bevor diese Sache publik wurde um meinen Rat angegangen und reiste hierauf nach Basel, wo ich mir das fragliche Haus ansah und mir vom Prior alle Erscheinungen, die stattgefunden hatten, erzählen ließ. Ich kann mir keinen Grund denken, weshalb er mir Unwahrheiten berichtet haben sollte, bin vielmehr überzeugt, daß er eher zu wenig als zu viel sagte. Die Spukphänomene bestanden nach seiner Darstellung hauptsächlich im Öffnen und Schließen der Fensterladen, in Geräuschen, deren Ursache nicht festzustellen war, und im Heben des Bettes, in dem einer der Brüder schlief, gegen die Zimmerdecke. Namentlich dieser eine Bruder wurde auf die mannigfachste Weise geplagt und einmal von unsichtbaren Händen gepackt und die Treppe hinunter geworfen. Die Brüder hatten einen etwas schwachsinnigen Jüngling in Pflege, der, wie mir der Prior sagte, die Geister sah und mit ihnen sprach. Ungläubige werden daher den Spuk auf diesen Jüngling zurückführen wollen. Allein es ist ganz undenkbar, daß alle diese Phänomene von einem Schwachsinnigen erzeugt worden seien. Das hätte nicht einmal ein Hochintelligenter zustande gebracht. Über die Vorgeschichte des Hauses konnte ich nichts in Erfahrung bringen, als daß es lange einer alten Baslerfamilie gehört habe.

Später, nachdem die barmherzigen Brüder die Miete dieses Hauses gekündet hatten, schrieb mir der Prior nochmals und ersuchte mich um meinen juristischen Rat, weil der Vermieter und Eigentümer eine Schadenersatzforderung gegen sie geltend machen wolle, die er damit begründe, daß sie in Basel das Gerücht verbreitet haben, es spuke in diesem Haus, was zur Folge habe, daß er dasselbe nicht mehr vermieten könne. Ich beruhigte ihn deshalb und erhielt von da an keine Nachricht mehr. Dagegen ersah ich aus den Zeitungen, daß der schweizerische Bundesrat den Orden der barmherzigen Brüder in Basel auf Grund des Jesuitengesetzes aus der Schweiz ausgwiesen habe, mit der Begründung, daß derselbe den Jesuiten affiliiert sei. Ob der Spuk sich später fortsetzte, weiß ich nicht. Ich halte es für sehr wohl möglich, daß er sich nur deshalb so auffällig fühlbar machte, weil sich unter den damaligen Bewohnern Personen von starker Medialität befanden, die den Spukgeistern die nötigen Fluide lieferten, deren sie bedurften, um sich auf so handgreifliche Weise kundzugeben.

Es sind nicht immer Verstorbene, von denen solche unsichtbaren körperlichen Angriffe ausgehen, sondern es können auch die Astralkörper lebender Menschen die Verursacher sein.*) So kam eines Tags ein Bauer aus dem badischen Schwarzwald zu mir nach Zürich um meinen Rat einzuholen. Er erzählte, seine Frau werde jede Nacht von unsichtbarer Gewalt heftig gewürgt, und seine Tochter, die vermutlich etwas hellsehend ist, habe schon mehrmals gesehen, wie eine fremde Gestalt, in der sie ihre Nachbarin, mit der sie in Feindschaft leben, erkannt habe, um die Hausecke herum und durch das geschlossene Fenster ins Schlafzimmer hinein schwebe, worauf jeweilen sofort das Würgen beginne. Ich glaube nicht, daß dieser Bauer mir

*) Lavater bemerkt hier: „Es sind doch meistens Verstorbene.“

die Unwahrheit gesagt habe; denn bloß um einem Manne den er gar nicht kennt, einen Bären aufzubinden, reist ein Schwarzwaldbauer nicht nach Zürich. Leider konnte ich ihm in dieser Angelegenheit lediglich einige Ratschläge geben, und ihn ermahnen, dieselbe geheim zu halten, weil sonst seine Nachbarin ihn wegen Verleumdung belangen könnte.*)

Auch die weniger gefährlichen physikalischen Kundgebungen der Geister, die wie Klopfen, Scharren usw. nicht nur von den Medien, sondern von jedermann wahrgenommen werden, können recht lästig werden und sind gleichfalls oft Folgen des Geisterverkehrs. Vielfach haben mir die Besucher spiritistischer Sitzungen erzählt, daß sie, namentlich in der Nacht nach einer solchen Sitzung, durch Klopfen in Wänden und Schränken, Ziehen an der Bettdecke und ähnliche Störungen aus dem Schlafe geweckt oder am Einschlafen verhindert worden seien. Ich selbst habe einmal an mir eine derartige Erfahrung gemacht. Ich hatte eine mediale Frau besucht, die oft mit Geistern verkehrte, obwohl sie niemals einer spiritistischen Sitzung beigewohnt hatte und den Geisterverkehr keineswegs suchte, und wir hatten miteinander über diese Dinge gesprochen. In den folgenden Nächten wurde ich durch wiederholtes starkes Klopfen in den Wänden beunruhigt und aus dem Schlaf geweckt, und diese Erscheinungen wiederholten sich wenn auch allmählich schwächer werdend volle zwei Monate lang jede Nacht. Ich hatte mich allmählich daran gewöhnt, so daß ich nur wenig darunter litt. Aber ich war doch froh, als sie aufhörten.

Eine dritte Gefahr des Geisterverkehrs liegt darin, daß die Verstorbenen, die erst kurze Zeit im Jenseits weilen, Träger von fluidalen Stoffen sein können, welche auf die mit ihnen verkehrenden irdischen Menschen über-

*) Lavater sagt: „Gegen solche Angriffe von noch Lebenden läßt sich weniger tun als gegen die Angriffe Verstorbener.“

gehen und sie krank machen, sei es weil diese fluidalen Stoffe Ansteckungskeime enthalten, sei es weil sie die Widerstandskraft gegen die mehr oder weniger überall vorhandenen Krankheitsbazillen schwächen. Die spiritistischen Sitzungen bedingen außerdem eine besonders große Gefahr der Ansteckung durch kranke irdische Menschen, die an diesen Sitzungen teilnehmen. Es scheint, daß die von diesen ausgehende Ansteckungsgefahr dadurch erhöht wird, daß der Fluidenstrom, der in jeder spiritistischen Sitzung von den diese leitenden Geistwesen mit Hilfe von Fluiden erzeugt wird, die sie den Medien und Zirkelsitzern entnehmen, zum Zweck, die Manifestation der Geister durch die Medien zu ermöglichen oder zu erleichtern und der durch das Bilden einer sogenannten Kette verstärkt wird, in gewissen Beziehungen zu den krankmachenden oder eine Erkrankung fördernden Fluiden steht, die von den kranken Sitzungsteilnehmern ausgehen.*)

Wiederholt bin ich in spiritistischen Sitzungen durch die sich kundgebenden Geistwesen auf diese Gefahr der Erkrankung durch die von Verstorbenen oder Kranken ausgehenden fluidalen Stoffe aufmerksam gemacht worden. Sie gaben mir auch Ratschläge, um diese Gefahr zu beseitigen oder abzuschwächen. Vom Bilden einer Kette, in der man sich die Hände reicht, wurde abgeraten, es wäre denn, daß die dadurch zu bewirkende Verstärkung des Fluidenstroms unumgänglich nötig sei, um die Manifestation der Geister zu ermöglichen. Jedenfalls solle, sobald ein Medium in Trance falle, die Kette gelöst werden. Im ferneren wurde gesagt, man solle die Medien nach Schluß der Sitzung gehörig ausmagnetisieren, und derjenige der dies tue, solle

*) Hier erinnert mich Lavater daran, daß in den Sitzungen der Frau M. auch einmal ein Teilnehmer aus dieser Ursache erkrankt sei, der nachher durch Heilmagnetismus geheilt wurde, und daß der Kontrollgeist zwei andere Teilnehmer wegen Krankheit von den Sitzungen ausgeschlossen habe, und zwar 14 Tage bevor die Krankheit bei ihnen zum offenen Ausbruch kam.

die dadurch auf ihn übergegangenen Fluide durch Schlenkern der Hände von sich abschütteln, sodann die Hände und das Gesicht mit frischem Wasser waschen und dieses nach gemachtem Gebrauch wegschütten. Das Gleiche sollen alle Teilnehmer nach Schluß der Sitzung tun und zu Hause angekommen die Kleider, die sie getragen, an die frische Luft hängen. Sei das Medium krank, so solle die Sitzung unterbleiben, und auch bei bloßer Unpäßlichkeit desselben sei dies das Beste. Jedenfalls dürfe in diesem Fall die Sitzung nur kurze Zeit dauern. Kränkliche oder schwächliche Medien taugen überhaupt nicht für den Geisterverkehr. Auch sollten Kranke oder Krankheitsverdächtige niemals als Teilnehmer an einer spiritistischen Sitzung sich in den Kreis setzen, den man um den Tisch herum bildet um den Fluidenstrom zu verstärken, selbst wenn die Krankheit nach unseren heutigen Begriffen nicht ansteckend sei. Dagegen könnten sie der Sitzung beiwohnen, wenn sie hinter diesem Kreise in einer möglichst entfernten Ecke des Zimmers Platz nehmen.

Die Gefahr der Erkrankung durch die Einflüsse des Geisterverkehrs ist weit bedeutender als die meisten Spiritisten sich vorstellen, obgleich natürlich der Beweis der Erkrankung aus dieser Ursache im Einzelfall meistens nur unvollkommen oder gar nicht geleistet werden kann. Einen sehr schweren Fall von Erkrankung durch den Einfluß eines kurz vorher Verstorbenen aus meiner eigenen Erfahrung möchte ich hier mitteilen. Es betrifft die Erkrankung des Leiters des Zirkels der Frau S.*)

In der Sitzung vom 17. Februar 1910 erhielten wir durch das Schreibmedium Frau S. folgende Kundgebung:

„Gott zum Gruß. W. Hoffmann aus Bregenz. Mit dem Messer hat er mich meuchlings gemordet und mein Geld geraubt, der Italiener. — (Auf Bemerken des Zirkelleiters, ob denn jetzt nachdem er gestorben, sein erster

*) Siehe Seite: 99—100.

Gedanke nach Geld sei.) Nein, nach meiner Frau und vier Kindern. Auch meine Hand hat mir der Unmensch noch weggeschnitten, weil er den Ring mitnahm. — Schreibe deshalb so schlecht. Mit diesem Messer (er hatte vor Beginn dieser Kundgabe ein Messer aufs Papier gezeichnet) hat er mich von hinten erstochen. (Auf Bemerken des Zirkelleiters, auch sein Mörder sei zu bedauern). Er sieht es ja schon ein. — Es hat mich ja ein Mann mitgenommen, der sagt, Ihr würdet für mich beten. (Nachdem wir mit ihm ein Vaterunser gebetet.) Danke herzlich für Euer Gebet. Ich komme wieder. Gott zum Gruß.

Werner Hoffmann."

Während das Medium diese Kundgebung automatisch schrieb, sagte es wiederholt, es habe das Gefühl als sei sein rechter Arm tot, es könne deshalb nur mit größter Mühe schreiben. Die ungelenke Schrift bestätigt dies.

Diese Kundgabe ist schon darum von hohem Interesse, weil sie auf wahren tatsächlichen Verhältnissen beruht, die, wie uns das Medium aufs bestimmteste versicherte, ihm völlig unbekannt waren. Als ich nämlich, veranlaßt durch die sich an diese Kundgebung anschließende Erkrankung unsers Zirkelleiters, einem Bekannten in Bregenz schrieb, ob dort wirklich ein Hoffmann ermordet worden sei, stellte sich folgendes heraus:

In der Nacht des Aschermittwochs, also acht Tage vor der fraglichen Kundgebung, war in Bregenz ein Schuster Adolf Hoffmann ermordet worden. Als des Mordes verdächtig wurden zwei Italiener verhaftet, mußten aber in Ermangelung eines genügenden Schuldbeweises wieder freigelassen werden. Auf meinem Wunsch besuchte hierauf mein Gewährsmann die Wittwe des Ermordeten und erfuhr von ihr, Hoffmann sei am Morgen nach seiner Ermordung tot in seinem Blute auf der Straße gefunden worden. Er habe Stichwunden im Rücken aufgewiesen, welche die Lunge durchbohrten, sowie noch andere Stichwunden, und der Muskel des rechten Oberarms sei vollständig durchschnitten gewesen. In der Hosentasche habe er noch 100 Kronen gehabt, sei also wahrscheinlich nicht beraubt worden. Er habe vier Kinder hinterlassen und die Familie sei vollständig mittellos.

Wie hieraus ersichtlich, stimmt die Kundgebung nicht in allen Punkten mit den Tatsachen überein. Der Ermordete trug nicht den Vornamen Werner, sondern hieß Adolf. Es war ihm nicht die rechte Hand abgehauen, sondern der rechte Oberarm durchschnitten worden. Eine Beraubung hatte höchstwahrscheinlich nicht stattgefunden. Allein in den Hauptpunkten trifft die Kundgebung die Wahrheit. Ähnliche Unstimmigkeiten wie hier finden wir oft in den Mitteilungen Verstorbener, besonders wenn sie sich sehr bald nach ihrem Tode kundgeben. Auch treffen wir solche, wenn sich noch im Diesseits lebende Personen durch ein Medium manifestieren. Ich erinnere an einen Fall, den Ludwig Deinhard in seinem „Mysterium des Menschen“ (Verlag Reichl & Co. Berlin) erzählt. William T. Stead, der bekannte Friedensapostel, war nicht nur Medium für Entkörperte, sondern erhielt auch mediale Botschaften von lebenden Personen, so einmal eine solche von einer Dame, die ihm auf diese Weise mitteilte, daß sie in einem Eisenbahnwagen von einem mitfahrenden Herrn belästigt worden war. In dieser sonst durchaus den Tatsachen entsprechenden Botschaft findet sich der Passus: „Wir gerieten aneinander. Ich bemächtigte mich seines Regenschirms und schlug auf ihn los ...... Ich war sehr erregt, aber ich besaß wenigstens seinen Regenschirm.“ Das war unrichtig, der Regenschirm, mit dem sie sich verteidigt hatte, war ihr eigener gewesen. Solchen Unstimmigkeiten darf deshalb keine allzu große Bedeutung beigelegt werden. Im Fall Hoffmann bilden sie zudem ein Beweismoment dafür, daß Frau S. nichts von dem Vorfall wußte; denn hätte sie davon gehört, so hätte sie dem Ermordeten sicherlich nicht den falschen Vornamen Werner beigelegt und hätte auch schwerlich gesagt, es sei ihm die Hand abgehauen und der Ring entwendet worden.

Es gelang mir sodann noch ein weiteres Beweismittel für die Echtheit der Kundgebung ausfindig zu machen. Ich ließ mir von der Witwe das Handwerksbuch des Ermordeten schicken und verglich dasselbe mit der Schrift der medialen Botschaft. Es zeigte sich wirklich eine Ähnlichkeit der Schrift, obwohl die Buchstabenformen der Botschaft wie stets bei diesem Schreibmedium einigermaßen seinen eigenen Buchstabenformen glichen. Insbesondere fiel mir auf, daß während das Medium gewöhnlich Antiquaschrift schreibt, diese mediale Botschaft ebenso wie das Handwerksbuch Hoffmanns eine aus deutscher und Antiquaschrift bunt gemischte Schrift aufweist, eine schlechte Gewohnheit, die zwar nicht gerade selten ist, sich aber in den medialen Schriften der andern Intelligenzen, die durch Frau S. schrieben, nirgends findet, ebensowenig in ihrer gewöhnlichen Schrift, in der, wenn sie Fraktur schreibt, höchstens einzelne Fremdwörter oder Eigennamen in Antiqua geschrieben sind.

Ein weiteres, wie ich glaube sehr gewichtiges Beweismoment für den spiritistischen Ursprung dieser Kundgebung ist die krankmachende Einwirkung des Ermordeten auf den Zirkelleiter, worin zugleich ein Beweis für die große Gefahr solcher Sitzungen in gesundheitlicher Hinsicht liegt.

Das Medium war durch die Kundgebung Hoffmanns sehr ermüdet und angegriffen und wurde deshalb unmittelbar nachher vom Zirkelleiter energisch ausmagnetisiert. Leider unterließ er es, die Hände zu waschen und tat dies auch nicht nach Schluß der Sitzung. In der darauf folgenden Nacht nun stöhnte er, wie seine Frau sagt, beständig und klagte darüber, daß er im Rücken eine schwere Stichwunde habe, ein „Loch in der Lunge“, wie er sich ausdrückte, das ihm heftige Schmerzen verursache. Von all dem wußte er am folgenden Morgen nichts, und seine Frau ist heute noch überzeugt, daß der verstorbene Hoffmann ihn während des Schlafs in den Trancezustand versetzt und aus ihm gesprochen hat. Nach dem Erwachen fing er an zu fiebern, und es entwickelte sich eine schwere Lungenentzündung, die sehr lange anhielt und ein Siechtum nach sich zog, das noch heute nicht ganz überwunden ist, so daß ich bezweifle, daß er jemals wieder vollständig gesund werden wird.

Meiner Ansicht nach lag die Hauptursache dieser Erkrankung in der Übertragung von dem Verstorbenen ausgegangener fluidischer Stoffe auf den hernach Erkrankten, entweder als dieser das Medium ausmagnetisierte, oder nachdem er während der Nacht von dem Verstorbenen in Trance versetzt worden war, vielleicht in Verbindung mit dem psychischen Einfluß der Imagination der letztern, der den Schmerz in seiner Lunge immer noch fühlte und denselben suggestiv auf denjenigen übertrug, von dessen Körper er Besitz ergriffen hatte. Man mag einwenden, Lungenverletzung und Lungenentzündung seien verschiedene Dinge. Allein jeder Arzt weiß, daß Lungenverletzung sehr leicht Lungenentzündung hervorruft, indem sie die Bazillen der Lungenentzündung, die wahrscheinlich überall vorhanden sind, befähigt, ihre unheilvollen Wirkungen auszuüben, und wie eine wirkliche Lungenverletzung kann auch die Einbildung einer solchen den gleichen Effekt haben.*) Die Schmerzen in der Lunge, von denen der Erkrankende in jener Nacht sprach, können unmöglich durch seine eigene Phantasie hervorgerufen worden sein, denn er ist ein ruhiger kaltblütiger Mann, an Kundgebungen Verstorbener, die durch Unfall, Selbstmord oder Mord geendet haben, längst gewöhnt, und hat fast fünf Jahre hindurch regelmäßig diesen Zirkel geleitet, der mit geringen Unterbrechungen jede Woche einmal stattfand. Die fragliche Kundgebung war an sich weniger aufregend als manche andere, und davon,

*) Lavater sagt hier: Sogar durch einen bloßen Stoß auf die Brust kann Lungenentzündung entstehen.

daß der Mord so kurz vorher stattgefunden hatte, wußte er nichts, sondern nahm, ebenso wie die anderen Anwesenden, an, daß der Zeitpunkt des Todes des sich Kundgebenden gleichwie in ähnlichen Fällen weit zurückliege. Noch nie hatten wir nach meiner Erinnerung einen Fall gehabt, in dem sich der Verstorbene schon nach einer so kurzen Frist kundgab, wohl aber mehrere, in denen der Tod hundert und mehr Jahre zurücklag, einmal sogar zweihundert Jahre. Auch die Ausmagnetisierung des Mediums war für ihn nichts Außergewöhnliches, sondern wurde stets von ihm vorgenommen, wenn die sich kundgebende Intelligenz einen unangenehmen Einfluß zurückgelassen hatte, und das kam sehr oft vor.

Immerhin halte ich es für möglich, daß noch eine andere Ursache zu dieser Erkrankung beigetragen hat. Da dieselbe ebenfalls im Geisterverkehr begründet ist, wird dadurch an meinem Urteil, daß wir die fragliche Erkrankung diesem Verkehr zuzuschreiben haben, nichts geändert. In den darauf folgenden Sitzungen wurde nämlich von einem unserer kontrollierenden Geistwesen gesagt, daß auch die ungünstigen Einflüsse der kurz vorher aus dem Zirkel entfernten zwei Personen, von denen ich früher gesprochen habe, an dieser Erkrankung Schuld tragen.*) Daß das nicht einfach aus der Luft gegriffen ist, beweist der früher schon erwähnte Brief der Gattin des Erkrankten vom 20. März 1910, der folgende Stelle enthält:

„Es ist mir jetzt sonnenklar, daß mein bedrückter Zustand nichts anderes war als unglückliche Einflüsse. Ich selbst habe mir das immer ausgeredet und geglaubt, ich könnte mich dagegen wehren, besonders da ich nicht am Zirkel beteiligt war. Jetzt ist alles auf meinen lieben Mann übergegangen, und ich war schon einige Tage vor seiner Erkrankung fast ganz frei."

Unter allen Umständen war es eine Unvorsichtigkeit

*) Siehe Seite 98—100.

der Kontrolle, uns einen nur acht Tage vorher Ermordeten zuzuführen und dazu noch einen Mann, der nach der Aussage seiner Frau ein leichtlebiger Geselle gewesen war und, wie es scheint, durch unsern Zuspruch wenig gebessert wurde, da er sich nachher nur noch ein einziges Mal kundgab, ganz kurz dankte und Besserung versprach, aber später nie wiederkam. Ich glaube, daß in diesem Fall die Kontrolle — es handelt sich um den schon früher erwähnten Max Rothe, einen von gutem Willen beseelten aber erst im Beginn seiner Entwicklung nach Verlassen der niedern Sphären befindlicher Geist — die Gefahr, welcher ein solcher noch stark mit materiellen krankhaften Fluiden belasteter und gänzlich unwissender Verstorbener für Medien und Zirkelsitzer mit sich bringt, besonders wenn er zum Schreiben oder Sprechen durch ein Medium zugelassen wird, nicht gekannt hat. Für mich hat dies nichts Verwunderliches, denn ich habe im Laufe meiner langen Erfahrung die Überzeugung gewonnen, daß man den Kontrollgeistern der meisten spiritistischen Sitzungen gewöhnlich ein viel zu großes Wissen zuschreibt Sie sind in der Erkenntnis der Bedingungen richtiger Leitung des Verkehrs zwischen dem Diesseits und dem Jenseits oft lange nicht so fortgeschritten als ein irdischer Mensch, der sich einläßlich damit befaßt und eine große Zahl von Erfahrungen gesammelt hat, obgleich sie einem solchen insofern überlegen sind, als sie einen Einblick in die astrale Welt besitzen, die jenem in der Regel abgeht.*)

Einen andern Vorfall, der die Gefahr der Erkrankung durch den Einfluß kurz vorher Verstorbener, der in erster Linie die Medien ausgesetzt sind, bestätigt, erzählte mir kürzlich ein guter Bekannter, den ich für absolut glaub-

*) Lavater fügt hier bei: „Bei Geistern der vierten Sphäre kann ein solcher Mißgriff leicht vorkommen, weil sie noch keinen genügenden Überblick über die fluidalen Verhältnisse und deren gesundheitliche Gefahren besitzen. Wahrscheinlich war Max Rothe ein Geist der vierten Sphäre.“

würdig halte. Eine Frau in St. Gallen, die Geisterseherin ist und schon seit Jahren sich in spiritistischen Sitzungen als Schreib- und Sprechmedium betätigt, kannte einen jungen Mann. Dieser starb an Lungenschwindsucht. Als nun einige Tage nach seinem Hinscheiden mein Bekannter sie besuchte, hüstelte sie beständig, was bei ihr sonst nicht vorkommt und sah gleichzeitig den Verstorbenen in einer Ecke des Zimmers. Als sie sich dieser Ecke nähern wollte, verschwand die Erscheinung. Nachher teilte ihr Kontrollgeist ihr mit, daß er die Entfernung dieses Verstorbenen bewirkt habe, weil seine allzu große Nähe das Medium der Gefahr der Erkrankung ausgesetzt hätte.

Nehme ich hinzu, daß der Frau M. von ihren jenseitigen Freunden verboten worden war, Friedhöfe zu besuchen, weil sich viele Verstorbene oft lange Zeit bei ihren Gräbern aufhielten und Krankheiten auf sie übertragen könnten, so glaube ich die große Gefahr der Übertragung von Krankheiten, die der Geisterverkehr, namentlich für Medien und Sensitive, sowie für diejenigen, die sie ausmagnetisieren, mit sich führt, genügend nachgewiesen zu haben.

Steht aber dieser Gefährdung der Gesundheit der den Geisterverkehr pflegenden Personen nicht ein größerer Gewinn darin gegenüber, daß die entkörperten Geistwesen in spiritistischen Sitzungen oder außerhalb solcher gesundheitliche Ratschläge erteilen und durch gute Fluide heilend wirken? Diese Frage ist um so berechtigter, als ich wiederholt die Beobachtung gemacht habe, daß spiritistische Sitzungen mit Vorliebe von chronisch Kranken aufgesucht werden, welche die Hoffnung hegen, durch die Geister geheilt zu werden.

Ohne Zweifel sind die in spiritistischen Sitzungen oder auch außerhalb solcher von Entkörperten gegebenen gesundheitlichen Ratschläge ebenso wie die Ratschläge der Somnambulen, von denen sie oft kaum zu unterscheiden sind, beachtenswert, am beachtenswertesten dann, wenn sie von

Geistwesen ausgehen, die in ihrem Erdenleben Ärzte waren*), denn da die Verstorbenen ebenso wie gewisse Somnambule in den menschlichen Körper hineinsehen, ist es ihnen, wenn sie in ihrem Erdenleben tüchtige Ärzte waren, leicht, die richtige Diagnose zu stellen, und ihre ärztlichen Kenntnisse ermöglichen ihnen auch eine richtige Therapie. Waren diese medianimen Ratgeber aber Laien oder Quacksalber, so mögen sie zwar gleichfalls die Krankheit richtig erkennen und gute Hausmittel verschreiben, aber ihre beschränkten Kenntnisse führen sie leicht zu verkehrten Ansichten sowohl über die Art der Krankheit als über die zu verordnenden Heilmittel, und da man nur selten sicher weiß, wer die Intelligenz ist, welche die Krankheit diagnostiziert und gesundheitliche Ratschläge erteilt, sollte eine genaue Selbstprüfung, sowie eine Nachprüfung durch einen tüchtigen irdischen Arzt niemals unterbleiben.

Ich spreche hier auf Grund vielfacher Erfahrungen, die ich namentlich im Zirkel der Frau S. sowie mit dem angeblich somnambulen Hellseher des Herrn Henry Wagner in Mülhausen**), gemacht habe, der in Wirklichkeit ein Medium war und, wie mir schien, von einem verstorbenen Quacksalber inspiriert wurde. Die Diagnosen dieses Mediums, eines Spenglergesellen waren, weil sein Inspirator in die Kranken hinein sehen konnte, bisweilen verblüffend richtig. So in einigen Fällen von Gallensteinen, die von den Ärzten nicht diagnostiziert werden konnten. Auch die von ihm verordneten Arzneien waren manchmal gute Hausmittel. Aber in vielen anderen Fällen stellte er falsche Diagnosen, und seine Therapie stand oft unter dem allergewöhnlichsten Niveau.

Wie verhält es sich aber mit der Hoffnung vieler Kranken, in spiritistischen Sitzungen durch Medien mit

*) Ein schlagendes Beispiel solcher Ratschläge durch einen verstorbenen Arzt erzählt Florence Marryat in ihrem Buch „Es gibt keinen Tod“, Verlag von A. H. Payne in Leipzig.

**) Verfasser des Buches „Bedingt der Tod die Vernichtung unserer Persönlichkeit?“

Hilfe des sogenannten Heilmagnetismus der Verstorbenen geheilt zu werden?

Es gibt zweifellos Geistwesen, die Heilkräfte besitzen und durch dieselben mit oder ohne Medien Krankheiten zu heilen oder mindestens günstig zu beeinflussen vermögen. Aber die gleichen Kräfte besitzen die irdischen Menschen, mit andern Worten: das Problem der geistigen Heilung ist ein Problem für sich und hängt mit dem Geisterverkehr nur insofern zusammen, als es neben irdischen Menschen auch entkörperte gibt, die diese Heilkräfte besitzen und sie, sei es durch Medien, sei es ohne solche, betätigen. Wie man diese Heilkräfte nennt, tut nichts zur Sache. Dagegen ist es notwendig, ihre verschiedenen Grade zu kennen. Es gibt eine mehr physische Heilkraft, die als feines Fluid von jedem Menschen ausströmt und viele Krankheiten günstig beeinflußt, wenn sie vom Willen zu heilen unterstützt ist. Ich will sie den Heilmagnetismus nennen. Junge, körperlich kräftige Menschen besitzen sie in höherem Maße als alte, schwächliche oder kränkliche. Daneben gibt es eine geistige Heilkraft, wie sie Jesus besaß, eine besondere Gottesgabe weniger, die weit größere und raschere Erfolge aufweist als der mehr physische Heilmagnetismus. Es gibt freilich Krankheiten, die auch durch diese geistige Heilkraft nicht geheilt werden können. Warum, das wissen wir nicht, vielleicht, weil es Krankheiten sind, die zu tragen den Menschen von Gott auferlegt ist. Zwischen diesen zwei Extremen des mehr physischen Heilmagnetismus und der göttlich-geistigen Heilkraft gibt es Zwischenstufen, in denen sich diese zwei Arten der Heilkraft mit einander mischen, wobei bald die eine bald die andere überwiegt. Das ist sogar die gewöhnliche Regel, denn die göttlich-geistige Heilkraft liegt ebenso wie der physische Heilmagnetismus im Keim in jedem Menschen und ganz ohne die erstere ist die letztere wirkungslos, kann sogar schädliche Folgen haben.

Frau Sch. in Chiasso*), die selbst Heilkraft besaß, erhielt einmal von ihrem verstorbenen Sohn Ernst folgende Auskunft über das Heilen durch Händeauflegen:

„Diese Kraft, mit Auflegen der Hände auf Kranke heilend zu wirken, besitzt mehr oder weniger jeder Mensch. Je besser der Mensch ist, um so kräftiger kann er wirken, denn so wenig wie eine kranke Mutter ihrem Kinde gesunde Milch geben kann, ebenso wenig kann ein Mensch, der nicht einen guten Lebenswandel führt, wohltätig heilend auf einen Kranken wirken. Es lege darum ja keiner einem Kranken die Hände auf, dem nicht Gottesfurcht und reine Menschenliebe im Herzen wohnt, der nicht wahrhaft und ohne Eigennutz heilen will. Diese gute Gabe, die du von Gott empfangen hast, soll dich anspornen, Gutes zu tun wo du kannst, und vor allem Gott die Ehre zu geben, denn seine Kraft ist es, die da wirket."

Die Wirksamkeit aller Heiler, mag ihre Heilkraft mehr physischer oder mehr geistiger Natur sein, wird in hohem Maße durch den Glauben des Kranken an diese Heilkraft unterstützt. Es ist daher sehr wichtig, diesen Glauben im Kranken zu erzeugen und zu stärken. Auch deutet manches darauf hin, daß Medialität (Sensibilität) des Kranken die Heilung begünstigt, Mangel an Medialität sie erschwert oder unmöglich macht. Die geistigen Freunde der Frau M. haben oft ihren Heilmagnetismus angewendet, um bei ihr oder bei ihrer jüngern medialen Tochter Krankheiten zu heilen oder wenigstens günstig zu beeinflussen, während sie sagten, daß sie bei mir damit in der Regel wenig oder nichts auszurichten vermöchten.

Unter den religiösen Gemeinschaften, welche die Krankenheilung durch geistige Heilkraft zu ihren Aufgaben zählen, ist die „Christliche Wissenschaft" besonders erwähnenswert, denn sie hat, wie ich verschiedentliche Male konstatieren konnte, ganz bedeutende Heilerfolge aufzuweisen.

---

*) Siehe Seite 109 u. ff.

Ich möchte mir daher einige Worte über die Ursachen dieser Erfolge gestatten.

Die Lehre von der alleinigen Realität des Geistes bildet die theoretische Grundlage der christlichen Wissenschaft. Die Krankheit — ebenso wie das Böse, der Irrtum und die Materie — existiert nach dieser Lehre nur im subjektiven Bewußtsein des Menschen, und verschwindet, wenn dieses Bewußtsein verschwindet.

Ich habe hier nicht zu untersuchen, in welchem Sinne und Umfange diese Lehre Wahrheit ist, sondern nur, wie sie die Krankenheilung beeinflußt, und ob bei den Heilungen der christlichen Wissenschaft noch andere die Heilung begünstigende Momente mitwirken.

Außer Zweifel steht für mich, daß ein Mensch, der sein höchstes Ziel, seine Einswerdung mit Gott in der Allliebe, die „innere Wiedergeburt“ auf diesem oder jenem Wege erreicht hat, oder ihr auch nur nahe gekommen ist, den innern Herzensfrieden gewinnt und dadurch jede Furcht vor der Krankheit verliert, und daß in dieser Seelenruhe und Furchtlosigkeit ein nicht zu unterschätzender Schutz gegen Erkrankung liegt, ja daß dadurch die Heilung schon vorhandener Krankheiten bewirkt werden kann. Ich anerkenne auch, daß der obengenannte Grundgedanke der christlichen Wissenschaft, wenn richtig verstanden und ins Leben übertragen, diese innere Wiedergeburt begünstigt. Allein in der Regel bewirken die Belehrungen der christlichen Wissenschaftler über diesen Grundgedanken nur ein äußeres Fürwahrhalten als Folge einer Autosuggestion, der sich der Kranke unter dem Einfluß der von jenen und von ihren Büchern ausgehenden Fremdsuggestion gerne hingibt, weil er durch dieselbe seine Genesung erhofft. Doch schon dieser Glaube kann die Heilung herbeiführen, und schafft zum mindesten dafür einen günstigen Boden. Es kommt hinzu, daß die ausübende Vertreter genannten Heiler der christlichen Wissenschaft, wenn sie einem Kranken ihre Belehrungen erteilen, sich oft durch Autosuggestion in einen mehr oder weniger ekstatischen Zustand versetzen, den sie Konzentrierung nennen, wodurch zwischen ihnen und dem Kranken ein Rapport*) geschaffen wird, der dem Rapport zwischen einem Somnambulen und seinem Magnetiseur ähnlich ist, und dieser Rapport unterstützt ganz wesentlich die von ihnen ausgehende auf den Kranken wirkende Suggestion, die darauf gerichtet ist, in diesem den festen Glauben zu erzeugen, daß er geheilt werde.

Dazu tritt als zweites die Heilung förderndes Moment die oben beschriebene bald mehr physische bald mehr geistige Heilkraft des ausübenden Vertreters. Daß es diese Heilkraft ist, die auch hier heilend wirkt, geht schon daraus hervor, daß kleine Kinder ebenso geheilt werden wie Erwachsene und zwar selbst wenn die Eltern nicht an die Heilkraft der christlichen Wissenschaft glauben. Daß der Glaube der Eltern die heilend unterstützt, soll indessen nicht geleugnet werden, denn zwischen dem Kind und seinen Eltern besteht eine besonders enge seelische Verbindung, die bewirkt, daß die Gedankenkraft der Eltern das Kind stärker zu beeinflussen vermag als die Gedankenkraft fremder Personen. Auch wird die Heilkraft der Heiler der christlichen Wissenschaft nur wenig dadurch beeinträchtigt, daß sie mit den Manipulationen der gewöhnlichen Heilmagnetiseure, die in der Regel vorwiegend durch physischen Heilmagnetismus heilen, nichts zu tun haben wollen; denn je höher ein Heiler in der Kraft der liebevollen Gedanken steht, und je mehr daher göttlich-geistige Heilkraft von ihm ausströmt, um so weniger bedarf er dieser Manipulationen. Selbst das Händeauflegen, dessen Hauptbedeutung darin liegt, daß es, weil von Jesus und seinen Aposteln geübt, im Geiste des Christen als religiöse Handlung erscheint, kann entbehrt werden. Und die christliche Wissenschaft findet solche Heiler leicht unter denjenigen, die ihre geistige Fundamental-

*) Lavater sagt hier: „Ein fluidisches Band, das jedoch nicht in allen Fällen hergestellt werden kann.“

wahrheit von der einzigen Realität des Geistes und der Machtlosigkeit des Bösen und daher auch der Krankheit so erfaßt haben, daß sie die Erlangung der innern geistigen Wiedergeburt als Voraussetzung dieser Machtlosigkeit betrachten und diese daher in erster Linie erstreben.

In der christlichen Wissenschaft tritt zu diesen zwei Hauptursachen der Krankenheilung durch geistige Kraft noch ein drittes Moment, das die meisten andern die geistige Heilung pflegenden religiösen Gemeinschaften entweder gar nicht oder doch in geringerm Grade besitzen. Es ist das die auf der Erkenntnis der okkulten Macht des Gedankens beruhende Praxis einer von möglichst vielen Gleichgesinnten gleichzeitig geübten zielbewußten Gedankenkonzentration. Die auf das Ziel der Krankenheilung gerichtete Gedankenkonzentration ist bei den christlichen Wissenschaftlern Bestandteil ihres Gottesdienstes und wird hier unterstützt durch die Erzählungen geheilter Kranker, so daß ein starker siegesbewußter auf Heilung der noch Ungeheilten gerichteter Gedankenstrom entsteht. Die meisten christlichen Wissenschaftler, vor allem Frau Eddy selbst, sind außerdem überzeugt, daß sie durch ihre Gedanken die Mithilfe der Geisterwelt herbeizuziehen vermögen, besonders derjenigen Geisterwelt, die, weil sie früher ihrer Gemeinschaft angehörte, mit ihnen noch in engster Verbindung steht, und sie verfehlen nicht, diese Hilfe bewußt herbeizurufen. So entsteht neben dem auf Krankenheilung gerichteten Gedankenstrom der irdischen Gemeinschaft ein solcher von überirdischen Wesen, und diese beiden, sich mit einander vereinigenden Gedankenströme unterstützen die Heilkraft, die von den ausübenden Vertretern ausgeht und bewirken bisweilen die Heilung schon fur sich allein. Die sowohl dem Diesseits als auch dem Jenseits angehörende Geistgemeinde der christlichen Wissenschaftler war bisher in stetem Wachstum begriffen und vermochte daher immer stärkere Heilkräfte auszusenden. Es bedeutet deshalb einen nicht unbedenklichen Nachteil für ihre Heilkraft, daß in neuester Zeit in Zürich und anderswo die Anhänger der christlichen Wissenschaft in zwei verschiedene Richtungen, eine englische und eine deutsche, auseinander gefallen sind, und es würde mich nicht wundern, wenn sich infolge dieser Spaltung ihre Erfolge verringerten.*)

Eine vierte Gefahr des Geisterverkehrs liegt darin, daß die Geister, um sich in unserer irdischen Welt kundzugeben, dieser Welt angehöriger fluidischer Stoffe bedürfen und diese nur dadurch erhalten können, daß sie sie den Medien und Zirkelsitzern entziehen. Dadurch nämlich schwächen sie deren Lebenskraft. Den stärksten Entzug solcher Fluide erfordern die physikalischen Phänomene, vor allem die Geistermaterialisationen. Diese Fluide sollten eigentlich nach gemachtem Gebrauch denjenigen, denen sie entzogen wurden, zurückerstattet werden, und die guten Geister fühlen das als ihre moralische Verpflichtung. Aber auch sie vermögen es nicht immer vollständig zu bewerkstelligen. In weit geringerm Maße geschieht es selbstredend von den niederen Geistern. Auch den Heilmagnetiseuren werden, wenn sie mehr physische als geistige Heilkraft verausgaben, solche Fluide entzogen. Bei Maßhalten mit den medialen Kundgaben und mit der Verausgabung von physischem Heilmagnetismus werden die verlorenen Fluide zwar in der Regel durch die Naturkraft wieder ersetzt, umso rascher und vollständiger, je gesunder und kräftiger der Mensch ist, der den Verlust erlitten hat. Abgesehen von den stark physikalischen Phänomenen, besonders den Geistermaterialisationen, wirken die Ausübung der Mediumschaft und die Heilung durch Heilmagnetismus gleichwie alle andern menschlichen Tätigkeiten, die samt und sonders mit Verausgabung von Lebenskraft verbunden sind, günstig auf die Gesundheit, solange sie mit

*) Zu diesen Ausführungen über die geistige Heilung bemerkt Lavater: „Über die geistige Heilung läßt sich sehr viel sagen. Es gibt Krankheiten, die durch kein Gebet geheilt werden können. Im großen Ganzen ist die hier gemachte Schilderung richtig und *gibt ein gutes Bild von der Sache.*“

innerer Befriedigung verbunden sind und nicht ins Übermaß verfallen. Allein es kommt leider sowohl bei Medien als bei Heilmagnetiseuren häufig vor, daß sie in der Verausgabung von Lebenskraft nicht das richtige Maß inne halten. Auch ist die Menge der entzogenen Fluide, namentlich bei Medien, nicht leicht zu beurteilen. Höher stehende Geistwesen entziehen solche in weit geringerer Menge als niedrig stehende, erstatten sie auch größtenteils zurück, und halten ganz von selbst das richtige Maß inne, so daß für ein Medium, das nur von höheren Geistwesen beeinflußt wird und sich nicht zu Geistermaterialisationen hergibt, die Gefahr, zuviel Lebensfluid zu verlieren, ausgeschlossen ist. Doch wie viele Medien glauben, das Werkzeug höherer Geister zu sein, und sind in Tat und Wahrheit von niedrigen beeinflußt! Und in diesem Falle bleibt die natürliche Wiederersetzung der entzogenen Fluide leicht hinter dem Verlust zurück, ohne daß sie dies merken und die Lebenskraft wird dauernd geschwächt. Ein Mensch aber, dessen Lebenskraft geschwächt ist, wird leicht die Beute aller möglichen Krankheiten, weil er keine Widerstandsfähigkeit gegenüber den mannigfachen krankmachenden Einflüssen besitzt, die stets die Menschheit bedrohen. Gar viele Medien und Heilmagnetiseure sind deshalb — meist schon in jungen Jahren — die Beute der Krankheit und des Todes geworden.

Nach einer weit verbreiteten Meinung, die in dem Buch „Das große psychologische Verbrechen“ energisch verfochten wird, bewirkt die Trancemediumschaft ebenso wie die Hypnotisierung eine Schwächung der Willenskraft, was, wenn es wirklich so ist, eine weitere schwere Gefahr des Geisterverkehrs mit Hilfe von Trancemedien bedeuten würde.

In welchem Umfang diese Meinung im Recht ist, läßt sich nicht so leicht feststellen.

Die neueren Forscher auf dem Gebiet des Hypnotismus bestreiten, daß die Hypnotisierung und Suggestionierung durch einen geschickten Arzt den Willen des Hypnotisierten schwäche. Allein sie können nicht leugnen, daß die Suggerierung einer in den hypnotischen Schlafzustand versetzten Person durch einen gewissenlosen Hypnotiseur jene in eine ganz gefährliche Abhängigkeit vom letzteren bringt, mit anderen Worten, daß ihre Willenskraft einem solchen Hypnotiseur gegenüber geschwächt wird, und da jede Versetzung in den hypnotischen Schlaf die Wiedererzeugung dieses Zustandes erleichtert, erleichtern auch gewissenhafte Hypnotiseure durch allzu häufige Hypnotisiernng den Mißbrauch des hypnotischen Schlafzustandes durch gewissenlose, falls der Hypnotisierte später solchen in die Hände fällt. Bei den Medien verhält es sich ähnlich. Die Erzeugung und Benutzung des Trancezustandes durch einen gutgesinnten Geist führt an sich zu keiner Schwächung des Willens, aber häufig geübt, erleichtert er es auch übelwollenden Geistern, den Trancezustand zu erzeugen, und vermehrt dadurch die Gefahr, daß solche das Medium für ihre egoistischen Zwecke mißbrauchen und so seinen Willen ihnen gegenüber schwächen. Man muß also zugeben, daß jede Erzeugung des Trancezustandes zu einer Willensschwächung beitragen kann, obschon sie, wenn von höheren Geistwesen ausgehend, an und für sich diese Wirkung nicht hat.

Diese Gefahr ist indessen nicht so groß wie sie auf den ersten Blick zu sein scheint.

Zunächst ist darauf aufmerksam zu machen, daß die Erleichterung der Erzeugung des Trancezustandes, welche die Folge wiederholter Trancezustände ist, sich durch Zeitablauf wieder verliert, also keineswegs in unbegrenzte Zukunft hinein fortbesteht. Sodann verleiht eine höhere ethische Gesinnung jedem Menschen eine gewisse Widerstandskraft gegen böse suggestive Einflüsse, und diese Widerstandskraft macht sich wie im hypnotischen Schlaf so auch im Trancezustand geltend. Der Mensch muß, damit die von niederen Geistwesen ausgehenden unethischen

Suggestionen ihn beeinflussen können, ihnen eine gewisse, wenn auch vielleicht nur geringe Sympathie entgegenbringen. Endlich besteht die Willensschwächung der Trancemedien höchst wahrscheinlich nur darin, daß sie in größere Abhängigkeit vom Willen der sie beeinflussenden niederen Geistwesen geraten, und nicht in einer allgemeinen Willensschwäche sämtlichen äußeren Einflüssen gegenüber. Wenigstens läßt sich dies nicht nachweisen, und wenn man tatsächlich bei vielen Medien eine allgemeine Willensschwäche findet, so ist das wie bei jeder Willensschwäche, wenn nicht durch physische Zustände bedingt, die Folge einer unrichtigen Lebensführung, zu der allerdings nicht selten eine unvorsichtige und allzu häufige Ausübung der Trancemediumschaft beigetragen haben mag.*)

Zum Schluß dieser Ausführungen über die Gefahren des Geisterverkehrs noch ein Wort über die Gefahr sexueller Verirrungen, die mit dem Geisterverkehr verknüpft sein kann. Das Buch „Das große psychologische Verbrechen" erzählt uns, daß es in Nordamerika weibliche Medien gebe, die mit ihren männlichen Kontrollgeistern in sexuellem Verkehr stehen. Den ganz schlimmen Fall des Malers Reimers, der mit einem materialisierten weiblichen Geist, der sich Bertie nannte, in sexuellen Verkehr trat, bespricht Hans Freimark in seinem Buch „Okkultismus und Sexualität". Er hält die materialisierte Gestalt Bertie für ein bloßes Erzeugnis des Unterbewußtseins. Aber obwohl ich nicht leugne, daß unter besonderen, freilich sehr seltenen Umständen das Unterbewußtsein materialisierte menschliche Gestalten auch ohne Mithilfe der Geisterwelt erzeugen kann, vermag ich dies doch im Fall Reimers nicht zu glauben, und noch weniger in dem Fall der ungarischen Gräfin Elga, den Dr. Franz Hartmann in der

*) Hier fügt Lavater bei: „Doch gibt es viele Medien, die an ihrer Willenskraft nie etwas verlieren, weil sie von ihren höheren geistigen Freunden gestärkt werden. Viel tragen dazu die Charaktereigenschaften der Medien bei."

„Neuen metaphysischen Rundschau“ vom Jahr 1910 Heft 6 erzählt, wo die verstorbene Gräfin als materialisierter Geist den Herrn W. zum sexuellen Verkehr zu verlocken suchte, ein Versuch, der, wenn er gelungen wäre, vermutlich die gleichen Folgen gehabt hätte, wie bei dem unglücklichen Reimers, der die angebliche Bertie einfach nicht mehr loswerden konnte, trotzdem er, um ihr zu entgehen, nach Australien reiste, bis, wie Freimark sagt, der Tod ihn von ihrer Anhänglichkeit erlöste. Doch ist dies nicht einmal sicher, denn es ist sehr wohl möglich, daß das fragliche Verhältnis und sein den geistigen Fortschritt beider Teile hemmender Einfluß den physischen Tod des Reimers überdauerte.*)

Wenn solche den sexuellen Verkehr mit irdischen Menschen pflegende materialisierte Geistgestalten spiritistischen Ursprungs, d. h. von verstorbenen Menschen erzeugte Gebilde sind, ist dieser Verkehr übrigens weit bedenklicher, als wenn sie von der unterbewußten plastischen Phantasie lebender Menschen erzeugt werden. Denn dann werden durch denselben nicht blos diesseitige Menschen geschädigt, sondern auch die Verstorbenen, die sich durch die von ihnen geschaffene Materialisation dabei beteiligen, und der irdische Mensch, der zu einem solchen Verkehr Hand bietet, ladet, wie ihm schon sein Gewissen sagt, eine größere Schuld auf sich als bei einem sexuellen Verkehr mit einem bloßen Gebilde der eigenen Phantasie.

Die moralischen Gefahren des Geisterverkehrs, die mehr oder weniger jeden bedrohen, der nicht als wahres Gotteskind fest ethisch fundiert ist, sind übrigens nicht auf sexuelle Versuchungen beschränkt. Auch Trunksucht, Diebstahl, Mord und Selbstmord sind nicht selten die Folgen dieses Verkehrs, wenn durch denselben niedere Geister Einfluß auf mediale Menschen gewinnen. Wer sich nicht stark genug fühlt, um solchen Versuchungen zu widerstehen, tut daher

---

*) Lavater sagt hier: „Sehr richtig!“

weitaus am besten, wenn er sich vom Geisterverkehr gänzlich fern hält,*) da er niemals bestimmt weiß, ob sich nicht niedrige Geistwesen in diesen Verkehr einmischen, und ihm solche Versuchungen bereiten.**) Indessen sind dies Folgen, die mit den durch Besessenheit erzeugten zusammenfallen, denn wer sich durch Geister zu solchen Dingen verleiten läßt, ist von ihnen besessen.

Um die Größe der mannigfachen Gefahren, die sich an den Geisterverkehr knüpfen, richtig einzuschätzen, müssen wir uns im weiteren fragen, ob sie sich auf diese oder jene Weise vermeiden oder abschwächen lassen, und ob es möglich ist, bereits eingetretene schlimme Folgen wieder zu beseitigen.

Die Theosophen behaupten bekanntlich, daß der Geisterverkehr, wenn von einem richtig geschulten und entwickelten Adepten mittels Hellsehen und Hellhören betrieben, völlig gefahrlos sei. Nach dieser Anschauung brauchte man bloß den Geisterverkehr durch solche Adepten anstelle des Geisterverkehrs durch Medien zu setzen, um alle seine Gefahren zu vermeiden. Allein in der Praxis verhält es sich mit der Ausbildung zum Adepten und mit dem durch Hellsehen und Hellhören vermittelten Geisterverkehr ganz anders in der Theorie. Es zeigt sich nämlich, *daß dabei diese Gefahren kaum geringer sind*, als bei der Ausbildung und Ausübung der Trancemediumschaft.

Schon mancher, der sich zum Adepten ausbilden wollte, ist der Besessenheit anheimgefallen. Es ist das auch ganz begreiflich, denn die Zurückdrängung aller selbstsüchtigen Motive ist die erste und unumgänglichste Voraussetzung dieser Ausbildung, und diese Voraussetzung ist eben sehr selten vorhanden. Und wo sind die richtigen Lehrer, die für eine solche Ausbildung ebenfalls unentbehrlich sind?

---

*) Lavater sagt „Sehr richtig!"

**) Lavater: „Solche niedrige Geistwesen sind fast in jedem Zirkel."

Am wenigsten hat die Gefahren des Geisterverkehrs zu fürchten, mag er auf diesem oder jenem Wege mit dem Jenseits verkehren, wer sich ausschließlich aus echter Nächstenliebe und echtem Wahrheitsdurst in diesen Verkehr eingelassen hat. Diese Motive sind sogar sehr oft eine Voraussetzung der Wirksamkeit der uns zur Verhütung schlimmer Folgen oder zur Wiederaufhebung solcher zu Gebote stehenden Mittel. Das nur der göttlichen Liebe und Wahrheit lebende Gotteskind wird von höheren Geistwesen beschützt, und diese lassen ihm ihre Belehrungen und Warnungen zukommen, ja sie greifen unter Umständen selbsthandelnd in die Ereignisse ein. Auch bilden jene Motive den besten Schutz gegen die Gefahr der Suggestion durch niedere Geister, und sind sogar im Trancezustand noch wirksam. Das schließt nicht aus, daß jedermann sich anstrengen sollte, alle Mittel kennen zu lernen und in Anwendung zu bringen, die dazu dienen, die Gefahren, die der Geisterverkehr für ihn und für andere mit sich bringt, abzuschwächen und eingetretene schlimme Folgen zu beseitigen, denn die göttliche Hilfe wird nur demjenigen zuteil, der seine geistigen Fähigkeiten richtig verwendet, und nicht demjenigen, der in der Hoffnung auf göttliche Hilfe die Hände ruhig in den Schoß legt.

Die Gefahr der Besessenheit als Folge des Geisterverkehrs, die die Gefahr der Willensschwächung und die moralische Gefährdung in sich schließt, kann meiner Ansicht nach durch kein Vorbeugungsmittel gänzlich beseitigt werden. Ich glaube zwar, daß spiritistische Zirkel, die sich ausschließlich nur aus Wahrheit suchenden und Liebe übenden Teilnehmern zusammensetzen, und daher keine ungöttlichen Zwecke verfolgen, nicht gerade viel zu befürchten haben, obgleich allzu häufige Sitzungen auch bei ihnen die Entstehung des Trancezustandes erleichtern und daher bei Medien, die noch nicht genügend innerlich gefestigt sind, die Beeinflußbarkeit durch niedere Geister erhöhen. Außerdem besteht keine Sicherheit, daß sich nicht ein Wolf im Schafskleide in eine solche Sitzung einschleicht. Falls man den Geisterverkehr sofort einstellt, wenn sich böse Einflüsse zeigen und zum Gebet seine Zuflucht nimmt, sowie zu einer magnetischen Einwirkung auf den bedrohten Sensitiven, damit dieser nicht in Trance komme, oder aus dem bereits eingetretenen Trance erwache, dürfte dies indessen in der Regel doch genügen, um die Gefahr der Besessenheit abzuwenden, besonders wenn der Bedrohte sich nachher längere Zeit vom Geisterverkehr ferne hält. Auch darf man nicht jede Beängstigung durch ein niederes Geistwesen, das sich möglicherweise nur kundgibt, um Hilfe zu suchen, für einen bösen Einfluß halten.

Schwieriger als die Verhütung der Besessenheit ist ihre Heilung. Es gibt verschiedene Methoden der Heilung von Besessenheit, die man alle auch schon anwenden kann, wenn dieselbe erst auszubrechen droht, denn es besteht keine feste Grenze zwischen bloß drohender und schon eingetretener Besessenheit.

Der Besessene kann den Versuch machen, die Besessenheit durch seine eigene Willenskraft zu besiegen. Unmöglich ist das nicht, besonders wenn er seinen Willen durch Gebet unterstützt. Ich habe früher einen solchen Fall aus meinen eigenen Erlebnissen erzählt,*) und in dem Buch „Das große psychologische Verbrechen" wird gleichfalls ein solcher ziemlich ausführlich mitgeteilt.**) In der Regel lassen sich jedoch nur leichtere Grade der Besessenheit auf diesem Wege heilen. Auch bedarf es dazu bedeutender Willensstärke, und diese mangelt sehr oft, manchmal aus rein physischen Gründen.***)

*) Siehe Seite: 208—210.

**) Seite 171—174 der deutschen Übersetzung.

***) Hier sagt Lavater: „Darum sollten die Medien, bevor man mit ihnen Sitzungen veranstaltet, scharf auf ihre Charaktereigenschaften geprüft werden."

Ein zweites Mittel zur Heilung der Besessenheit ist ein auf den besessen machenden Geist ausgeübter psychischer Zwang, oder, wie man heute sagt, eine hypnotische Suggestion, ausgeübt von Drittpersonen, die einen starken Willen besitzen. Diese Methode wird nicht nur zur Heilung von Besessenheit, sondern auch zur Beseitigung von Geisterspuk verwendet, und weist viele Erfolge auf.

Der Exorzismus, den die katholische Kirche anwendet, um Besessenheit und Geisterspuk zu beseitigen, ist nichts anderes als eine solche hypnotische Suggestion. Die dabei vorgeschriebenen Formeln und Zeremonien sind jedenfalls nicht die Hauptsache. Wie de Vesme in seiner „Geschichte des Spiritismus" *) erzählt, ist es schon vorgekommen, daß der Erfolg auch eintrat, wenn der Priester statt der lateinischen Formel des Exorzismus eine Stelle aus Cicero oder Tacitus vorlas, oder wenn ein falscher Priester die angeblich heilige Handlung vornahm, oder wenn anstelle von Weihwasser gewöhnliches Wasser verwendet wurde. Das beweist, daß das Wesentliche beim Exorzismus der feste mit höchster Energie auf das verfolgte Ziel der Austreibung des „bösen Dämons" gerichtete Wille und nicht die äußere Zeremonie ist. Aber die zeremonielle Handlung trägt viel dazu bei, diesen festen Willen zu erzeugen, denn oft hängt derselbe ganz vom Glauben an eine durch die Zeremonie herbeigerufene göttliche Kraft ab, und wer hierin das Wesentliche erblickt, kann den festen Willen nur dann erlangen, wenn er die Zeremonie vornimmt. Auch gibt es nicht viele Menschen, die einen festen gedanklichen Willen längere Zeit hindurch aufrecht halten können, ohne Handlungen vorzunehmen, in denen dieser Wille zum Ausdruck kommt, und solche Handlungen sind eben die Zeremonien des Exorzismus. Der Glaube vieler Katholiken und auch einer nicht geringen Anzahl von Protestanten, daß die

---

*) Verlag von Oswald Mutze, Leipzig.

Kapuziner am besten geeignet seien, den Exorzismus zu vollziehen, beruht einfach darauf, daß die Kapuziner an eine besondere ihnen verliehene göttliche Kraft glauben und daher in der Regel eine größere Willenskraft entfalten als die Weltgeistlichen. Selbstredend ist das Verhalten des Besessenen nicht gleichgültig. Hat er den Glauben an die Kraft des Exorzisten, der ihm durch seinen Willen zu Hilfe kommt, und unterstützt er daher den fremden Willen durch seinen eigenen, so ist die Heilung wahrscheinlicher, als wenn er ein Zweifler ist, oder gar den Exorzismus für einen bloßen lächerlichen Hokuspokus hält. Auch ist es nicht gänzlich von der Hand zu weisen, daß den Wortformeln und Zeremonien des Exorzismus eine gewisse magische Wirkung innewohne, welche die Austreibung des bösen Geistes erleichtere. Aber die magische Kraft einer Wortformel oder Zeremonie wird durch den *Glauben* derjenigen geschaffen, die ihr diese Kraft zuschreiben. Im Mittelalter, als der Glaube an die magische Kraft der Zeremonie des Exorzismus noch allgemein war, war diese Kraft bedeutend. Heute ist dieser Glaube und mit ihm die Kraft der fraglichen Formel schwächer geworden und die Zeit wird kommen, wo derselbe und mit ihm die magische Kraft ganz verschwunden sein werden.

Die Zeit ist nicht allzu ferne, wo der Exorzismus nur noch geschichtliche Bedeutung haben wird. Allein das ihm zugrunde liegende Gesetz, nach welchem die besessen machende Gedankenkraft einer entgegengesetzten größeren Gedankenkraft weichen muß, wird bleiben und vielleicht sehr bald wird sich eine neue Form herausbilden, in der diese Gedankenkraft einen noch höheren Stärkegrad zu erreichen vermag. Insbesondere wird sich fragen, ob man nicht den Besessenen in den hypnotischen Schlaf versetzen und diesen Zustand benutzen sollte, um ihm durch einen oder mehrere starke Hypnotiseure den Befehl zu erteilen, den gedanklichen Suggestionen des die Besessenheit erzeugenden Geistes den Widerstand zu leisten, der erforderlich ist, um seinen Einfluß zu brechen.*)

Man darf die Methode der Heilung von Besessenheit durch psychische Gewalt nicht mit derjenigen verwechseln, die sich einzig und allein auf das ernste und eindringliche Gebet um göttliche Hilfe gründet, wie es von Pfarrer Blumhardt in Möttlingen mit Erfolg zur Anwendung gebracht worden ist.**) Das echte Gebet ist etwas anderes als die auf Austreibung eines bösen Dämons gerichtete Willensanstrengung, die im Exorzismus das Wesentliche ist.

In vielen Fällen von Heilung der Besessenheit durch den Exorzismus oder eine andere Art hypnotisch-suggestiver psychischer Gewalt ist der erzielte Erfolg nur vorübergehend. Der ausgetriebene Geist kehrt nach einiger Zeit wieder zurück, und haust dann oft noch ärger als vorher. Außerdem bedingt diese Heilmethode die Gefahr, daß, wenn der Wille des die Austreibung Vornehmenden nicht stark genug ist, die in ihrem Eigenwillen bedrohten Geister sich auf ihn werfen, sodaß er nun selbst der Besessenheit anheimfällt. Die Austreibung des Geistes aus dem Besessenen durch psychische Gewalt ist demnach ein zweischneidiges Schwert, das nicht jeder zu handhaben vermag.

Auch vom Gesichtspunkt der Nächstenliebe aus stehen dieser Methode der Heilung der Besessenheit dann Bedenken im Weg, wenn das Geistwesen, von dem die Besessenheit ausgeht, kein eigentlich böser, d. h. noch sehr tiefstehender Geist der untern Sphären ist. In diesem Fall sollte man, statt den „Dämon“ durch psychische Gewalt und unter Verwünschungen „auszutreiben“, für ihn beten

*) Lavater bemerkt hier: „Dieser Satz ist der wichtigste.“ Er scheint somit auf die Benutzung der Hypnose sehr großes Gewicht zu legen, wie auch aus einer früheren Äußerung s. Seite 198 hervorgeht.

**) Siehe: Mandel: „Der Sieg von Möttlingen“ Verlag von Oswald Mutze, Leipzig.

und ihm vorstellen, daß er durch die von ihm über den Willen eines Andern ausgeübte Herrschaft sich an diesem und an Gott versündige. Der Erfolg ist freilich unsicher, weil man die moralische Qualität des die Besessenheit verursachenden Geistes meistens nicht kennt; denn wenn dieser allzu tief steht, kann er nicht so leicht zur Selbsterkenntnis gebracht und bewogen werden, den Besessenen freiwillig zu verlassen.

In dem Basler-Fall*) dachte ich anfangs an diese Art des Vorgehens gegen den dortigen Spuk und versuchte, bevor ich nach Basel reiste, von den geistigen Beratern der Frau M. Auskunft darüber zu erlangen, ob ich so vorgehen solle. Ich erhielt die Antwort, daß die dort tätigen Spukgeister in ihrem Erdenleben schwere Verbrecher gewesen seien und viel zu tief stehen, als daß dieses Vorgehen Erfolg haben könnte, und daß ich am besten tue, wenn ich mich von jeder Einmischung fern halte. Als ich dies dem Prior der barmherzigen Brüder mitteilte, war er keineswegs überrascht, sagte vielmehr, daß er das auch glaube, denn der hellsehende Knabe, von dem ich früher erzählt habe, habe gesehen, daß diese Geister an den Füßen eiserne Fesseln tragen. Solche Fesseln trugen aber bekanntermaßen früher die Kettensträflinge. Ich unterließ denn auch jedes Vorgehen meinerseits und stellte es den Brüdern anheim, entweder sich an ihren Bischof zu wenden behufs Vornahme des Exorzismus, an dessen Wirksamkeit sie glaubten, oder die Wohnung zu verlassen. Sie zogen das letztere vor.

In einem andern Fall hatte dagegen diese Heilmethode einen vollen Erfolg. Ich besaß unter den Anhängern der von dem Amerikaner Dowie in Zürich gegründeten „Zionsgemeinschaft", die sich mit Gebetsheilungen befaßt, einen guten Bekannten, der den Spiritismus und die Bietigheimer Theosophie kennt und daher weiß, daß die Geistwesen,

*) Siehe Seite 214.

welche Besessenheit verursachen, keine bösen Dämone, sondern verstorbene Menschen sind. Unter den Kranken, die bei dieser religiösen Gemeinschaft Heilung suchten und sich zu diesem Zweck im Schloß Lieburg im Kanton Thurgau aufhielten, befand sich ein Student der Theologie, der in schwere Tobsucht verfallen war. In Lieburg wurde der „Dämon“, wie man das in solchen Kreisen gewöhnlich tut, unter Verwünschungen aus dem Kranken auszutreiben versucht, aber ohne jeden Erfolg. Da nahm ihn der obgenannte Mann mit sich nach Hause, um im Kreise seiner Familie die Heilungsversuche fortzusetzen. Weil aber nach seiner Überzeugung das Gebet in solchen Fällen eine Fürbitte für den besessen machenden ebenfalls unglücklichen Geist in sich schließen soll, nahm hier die Behandlung einen anderen Charakter an. Die ganze Familie kniete mit dem Kranken nieder und betete nicht nur für diesen, sondern auch für seinen Quälgeist, dem vorgehalten wurde, daß er sich durch seine Beherrschung des Besessenen einer schweren Sünde schuldig mache. Da veränderte sich plötzlich das Gesicht des Besessenen und aus seinem Munde kamen mit weiblicher Stimme Worte, die sich als von einem verstorbenen Mädchen ausgehend bezeichneten, das den jungen Mann geliebt habe und immer noch nicht von ihm lassen könne.*) Es erklärte, jetzt einzusehen, daß es sich dadurch versündige und versprach, den Besessenen zu verlassen, sagte auch, in Lieburg habe man sie als einen bösen Dämon austreiben wollen, sie sei aber kein solcher, sondern ein Mensch, und habe daher jenem Befehl keine Folge geleistet. Von diesem Augenblick an trat im Zustand des Kranken Besserung ein. Zu einer vollständigen Gesundung kam es nicht, weil die Besessenheit mit Neurasthenie gepaart war. Dieses körperliche Leiden besserte sich zwar ebenfalls langsam, verschwand aber nicht völlig, so daß der junge Mann vorzog, statt zur Theologie zurückzukehren, sich der Gärtnerei zu widmen.

---

*) Siehe auch hier Seite 194.

Ich habe überhaupt wiederholt die Beobachtung gemacht, daß die Besessenheit mit Vorliebe Personen befällt, deren körperliche Konstitution aus irgend einem Grunde geschwächt ist. Auch Josef Elmiger*) gehörte zu diesen, denn er hatte kurz vor seiner Besessenheit eine schwere körperliche Krankheit (Magenleiden) mit sich daran anschließender Operation durchgemacht und war dadurch blutarm und nervenschwach geworden. In solchen Fällen der Komplikation der Besessenheit mit körperlicher Schwäche trägt ein Aufenthalt in einer Naturheilanstalt, in der alle Mittel zur körperlichen Kräftigung in Anwendung gebracht werden, viel auch zur Heilung der Besessenheit bei. Schon ein bloßer Ortswechsel wirkt oft sehr günstig.

Auch bei dieser Behandlung der Besessenheit kann diese auf denjenigen übergehen, der sie zu heilen sucht, denn es gibt tiefgesunkene Geister, die durch eine liebevolle, mit Fürbittegebet verbundene Behandlung fast noch mehr aufgebracht werden als durch zornige Verwünschungen. Aus dem gleichen Grunde kann jedes Gebet für einen Verstorben, wenn dieser noch sehr tief steht, den Beter ungünstig beeinflussen, besonders wenn er medial ist. Die strenggläubige protestantische Geistlichkeit, die eifrig nach Gründen sucht, um ihre Verpönung des Gebets für Verstorbene zu rechtfertigen, hat dies ganz richtig erkannt. Diese mit dem Gebet für Verstorbene verbundene Gefahr ist jedoch im allgemeinen gering. Wäre sie bedeutend, so müßten die Katholiken, bei denen sehr eifrig für die Verstorbenen gebetet wird, häufiger unter solchen Einflüssen leiden als die Protestanten. Weit gefährlicher als diese Gebete sind die bei vielen protestantischen Gemeinschaften so sehr beliebten Erweckungsversammlungen (revivals). Die Besessenheiten, die dadurch erzeugt werden**), sind

*) Siehe Seite 199 u. ff.

**) Siehe hierüber in dem Buch „Das große psychologische Verbrechen“ den Abschnitt „Mediumschaft und Emotionalismus“, Seite 223 der deutschen Auflage.

vermutlich sogar zahlreicher als diejenigen, deren Ursache im Besuch spiritistischer Sitzungen liegt. Manche dieser Erweckungsversammlungen sind ja auch nichts anderes als spiritistische Sitzungen und zwar gänzlich ungeordnete, bei denen die Teilnehmer die ihnen drohende Gefahr der Besessenheit gar nicht kennen und daher nichts tun, um sie zu vermeiden oder abzuschwächen.

Auf alle Fälle wirkt eine stille, liebevolle, mit Gebet verbundene Behandlung des Besessenen meistens beruhigend sowohl auf diesen als auch auf das Geistwesen, das die Ursache der Besessenheit ist. Ich habe einmal von einer besessenen Frau gehört, die, solange sie sich in der Nähe einer ruhigen, echt christlich gesinnten Freundin befand, sich ebenfalls ruhig verhielt und völlig normal schien, aber sofort tobsüchtig wurde, wenn sie in eine andere Umgebung geriet. Auch eine eigene Erfahrung hat mir den günstigen Einfluß seelisch ruhiger Menschen auf Besessene oder von Besessenheit Bedrohte bestätigt.

Unter den Medien, die ich in Zürich kennen lernte, befand sich eine verheiratete Frau von etwa fünfzig Jahren. Ich wurde eingeladen, einer spiritistischen Sitzung beizuwohnen, in der sie das Medium sein sollte, wozu ich mich bereit erklärte unter der Bedingung, daß nur solche Personen zugelassen werden, deren Zulassung ich bewillige. Dies wurde mir zugesagt. Als aber die Sitzung beginnen sollte, stellten sich zwei mir sehr gut bekannte Männer ein, deren Zulassung ich nicht bewilligt hatte und auch nicht bewilligt haben würde, wenn sie mich vorher darum angefragt hätten. Ich erlaubte mir daher, diese Männer wegzuweisen. Sie leisteten auch Folge. Nachdem aber das Medium in Trance gekommen war, trat der eine von ihnen wieder in das Sitzungszimmer — er hatte sich in die Küche zurückgezogen gehabt —, und nun konnte ich ihn nicht neuerdings wegweisen, weil dies eine zu große Störung verursacht hätte. Die Sitzung war sehr lehrreich. Unter anderem ermahnte der verstorbene erste Ehemann des Mediums seinen anwesenden Sohn zum Guten und zwar mit einer Stimme, die derjenigen des Verstorbenen so auffallend glich, daß der Sohn verwundert ausrief: „Das ist ja die Stimme meines Vaters!“ Später aber machte sich ein böser Einfluß geltend. Das Medium geriet in eine furchtbare Aufregung und mußte rasch durch magnetische Striche aufgeweckt werden. Nachdem es das Bewußtsein erlangt hatte, erzählte es, es sei ihm gewesen, als ob eine böse Macht es in einen fürchterlichen Abgrund reißen wolle, während eine gute Macht es zurückhalte und von einem schweren Unglück errette. Das stimmte mich nachdenklich, und als diese Frau mich fragte, ob sie einer Einladung nach Basel folgen solle, um in einem dortigen ihr fremden Kreise als Medium zu dienen, riet ich ihr entschieden ab. Sie ging dennoch. Aber nach ihrer Rückkehr schrieb sie mir einen Brief, in dem sie mich dringend bat, unverzüglich zu ihr zu kommen, und als ich hinging, erzählte sie mir, daß sie seit jener Sitzung in Basel unter einem schweren gemütlichen Druck gelitten habe, der ihr alle Lebensfreude raubte, daß dieser Druck aber augenblicklich aufgehört habe als ich zu ihr ins Zimmer trat, und daß sie sich jetzt wieder ganz wohl fühle. Ich riet ihr hierauf, den spiritistischen Sitzungen gänzlich zu entsagen, denn auch ihre Familienverhältnisse schienen mir ungünstig, so daß ich befürchtete, sie könnte der Versuchung nicht widerstehen, ihre medialen Fähigkeiten zu Erwerbszwecken zu mißbrauchen. Sie folgte nun meinem Rat, und erwies sich mir hernach einige Male dafür dankbar, indem sie mir kleine Erkenntlichkeiten in Form von Blumen zukommen ließ, denn sie ist Blumenverkäuferin.

Der Heilmethode der Fürbitte auch für den besessen machenden Geist und seiner Belehrung darüber, daß er sich durch die hypnotisch-suggestive Beherrschung eines Nebenmenschen an diesem und an Gott versündige, steht die Heilung durch einfaches Gebet um göttliche Hilfe sehr nahe. Allein ein solches Gebet kann nur dauernd helfen, wenn es außerordentlich ernst, eindringlich und anhaltend ist, denn nur dann vermag es in die höheren Regionen der Jenseitswelt zu dringen und von dort Hilfe herbeizurufen. Ein oberflächliches oder gar ein bloßes Wortgebet bleibt in der Regel wirkungslos. So einfach daher diese Heilmethode ist, so schwierig ist sie durchzuführen. Selbst Pfarrer Blumhardt, dessen Gebetskraft von wenigen erreicht wird, vermochte nur mit größter Anstrengung durch ein Gebet von höchster Inbrunst und Dauer die Gottliebe Dittus vollständig und für alle Zukunft von ihren dem Jenseits angehörenden Peinigern zu befreien.

Das Ausmagnetisieren des Besessenen durch einen stark magnetischen kräftigen Mann, wodurch die von Einflüssen des besessen machenden Geistes herrührenden Fluide aus ihm entfernt werden, kann gleichfalls zur Heilung von Besessenheit verwendet werden. Wenn auch schwere Fälle selten dadurch geheilt werden, leistet dieses Mittel doch bei leichteren oft gute Dienste und unterstützt nicht unwesentlich alle anderen Heilmethoden.

Der letzte Weg zur Heilung der Besessenheit, auf den ich hier besonders aufmerksam mache, weil er am wenigsten bekannt ist, besteht darin, daß man den Geisterverkehr benutzt, um die höheren Geistwesen, mit denen man verkehren kann, um ihre Hilfe zu bitten. Diese gewähren dann diese Hilfe ebenso wie auf ernstes und anhaltendes Gebet hin, falls es ihnen von den noch höheren, unter deren Leitung und Aufsicht sie stehen, in letzter Linie von Jesus Christus, dem obersten Herrn unseres Planeten, ja unseres ganzen Sonnensystemes gestattet wird.

Die höheren Geistwesen, besonders diejenigen, denen der Schutz eines Sensitiven oder Mediums anvertraut ist, sind zwar schon von sich aus bemüht, die Gefahren fernzuhalten, die ihren Schützling bedrohen, und sie besitzen verschiedene Mittel, vor allem die eigene gedankliche Willenskraft, deren sie sich zu diesem Zweck bedienen können. Aber ihr Schutz genügt nicht immer, aus Gründen, die wir nicht kennen. Jedenfalls ist es Tatsache, daß auch andere Geister durch Bitten, die man an sie richtet, sei es im direkten Verkehr, sei es durch die Vermittlung eines Mediums, veranlaßt werden können, drohende, ja selbst schon ausgebrochene Besessenheit durch Einwirkung auf deren Urheber zu beseitigen. Sind sie dies nicht imstande oder ist es ihnen nicht erlaubt, so können sie wenigstens gute Ratschläge erteilen.

Ich habe zwei persönliche Erfahrungen gemacht, die mir dies zu bestätigen scheinen. Es ist jedoch zu beachten, daß es sich dabei nicht um eigentliche Besessenheit, sondern um bloße lästige Geistereinflüsse handelte, die allerdings unter ungünstigen Umständen hätten zu Besessenheit führen können.

Nachdem Frau M. ihre spiritistischen Sitzungen aufgegeben hatte, litt sie sehr darunter, daß die noch nicht genügend vorgeschrittenen Geister, die jene Sitzungen besucht hatten, sich des Nachts bei ihr einfanden und sie zu beeinflussen suchten. Sie fühlte nicht nur ihren Einfluß, sondern sah sie auch und hörte sie sprechen, was sie erschreckte und ihr die Nachtruhe raubte. Nun schritten aber die höheren Geister, die ihre Sitzungen geleitet hatten und sich ihr ebenfalls von Zeit zu Zeit kundgaben, nachdem sie sie um Hilfe gegen diese Beunruhigungen gebeten hatte, dagegen ein, und es dauerte nicht lange, so hatten sie so auf jene eingewirkt, daß sie ihre Besuche einstellten.

Der zweite Fall ist der folgende: Ich lernte im Sommer 1912 eine in der Umgebung von Luzern wohnende verheiratete Frau kennen, die, weil sie stark sensitiv ist, sehr unter dem Einfluß niederer Geister litt. Sie wurde von ihnen häufig in einen Trancezustand versetzt, der die Eigenart hatte, daß sie nach dem Erwachen die Erinnerung an ihre während desselben in der Astralwelt gemachten Erlebnisse beibehielt. Das war ihr an und für sich nicht unangenehm. Allein sie fühlte sich nachher sehr ermattet, und ihre Nervosität steigerte sich. Der Arzt, den sie deshalb konsultierte, erklärte ihr, wie ich glaube mit Recht, daß sie das Möglichste tun müsse, damit diese Zustände sich nicht wiederholten, ansonst sie immer nervöser würde. Nun wendete sie sich an mich, und ich suchte meinerseits Rat bei Frau M. Diese konnte mir bald mitteilen, daß ihre jenseitigen Freunde bereit seien, auf die Geister, welche die fraglichen Trancezustände hervorriefen und auch andere Störungen der Nachtruhe verursachten, einzuwirken, so daß sie damit aufhörten, ohne allerdings den Erfolg als sicher zu bezeichnen, und in der Tat verschwanden bald darauf diese Beunruhigungen.

Sollte ich einen allgemeinen Rat geben, wie die Besessenheit zu behandeln sei, so würde ich raten, anfänglich jede auf Austreibung des besessen machenden Geistes gerichtete Anwendung psychischer Gewalt zu unterlassen und sich mit einer seinen Einfluß schwächenden Ausmagnetisierung zu begnügen, dagegen das ernste ausdauernde Gebet zu pflegen, das nicht blos auf die Befreiung des Besessenen zu richten ist, sondern auch eine Fürbitte für den ebenfalls unglücklichen Geist enthalten soll, der die Besessenheit verursacht, und wenn möglich geistige dem Jenseits angehörige Freunde auf spiritistischen Weg um Rat und Hilfe anzugehen. Nur wenn diese Behandlung erfolglos bleibt oder wenn es von zuverlässigen geistigen Freunden des Jenseits empfohlen wird, sollte psychische Gewalt angewendet werden, und nur unter der Leitung eines gottesfürchtigen, körperlich und geistig gesunden, willenskräftigen Mannes.

Ist noch keine eigentliche Besessenheit ausgebrochen, sondern hat man es blos mit ungehörigen Einflüssen niederer Geistwesen zu tun, welche einen medialen Menschen ängstigen oder die Herrschaft über ihn gewinnen wollen, sei es mit Hilfe des Trancezustandes, sei es auf anderem Wege, oder auch nur mit lästigem Hellsehen oder Hellhören, so erreicht man die Befreiung von solchen Einflüssen oft mit geringeren Mitteln. Wenn es sich um Folgen spiritistischer Sitzungen handelt, genügt oft die bloße Einstellung derselben. Die Einflüsse machen sich anfänglich vielleicht verstärkt geltend, hören jedoch meistens auf, wenn die Geister einsehen, daß ihre Bemühungen mit den irdischen Menschen zu verkehren, die in jenen Sitzungen erfolgreich waren, nunmehr vergeblich sind. Auch die durch viele Trancezustände erzeugte Neigung, leicht wieder in Trance zu fallen, verschwindet dann langsam, und es stellt sich allmählich wieder vollständig der Zustand her, der vor Beginn der spiritistischen Sitzungen bestand.

Indessen kommt es vor, daß die lästigen Geistereinflüsse sich sehr lange fortsetzen, und dann müssen energischere Gegenmittel angewendet werden, und zwar die gleichen wie bei der Behandlung der Besessenheit. Außerdem möchte ich einen Ortswechsel und wenn möglich eine längere Meerfahrt empfehlen, denn dies schwächt die Geistereinflüsse ab. Dem Medium des Herrn Wagner in Mülhausen wurde von seinem Kontrollgeist zu diesem Zweck das Rauchen empfohlen, und es soll ihm dies auch geholfen haben. Ob es bei anderen den gleichen Erfolg hat, lasse ich dahingestellt. Besteht daneben Neurasthenie oder ein anderes körperliches Leiden, das die Geistereinflüsse erleichtert, so wende man alle die Mittel an, die von den Ärzten gegen diese Krankheiten angewendet werden. Namentlich passende geistige Beschäftigung und körperliche Kräftigung sind sehr wichtige Unterstützungsmittel der Beseitigung schädlicher oder lästiger Einflüsse aus dem Jenseits. In allererster Linie aber steht der innere Friede und die innere Ruhe, die derjenige erlangt, der in die Nachfolge Jesu eintritt.

Die Gefahr, durch den Geisterverkehr körperliche Angriffe niederer Geister auf Medien, Zirkelleiter und Zirkelteilnehmer oder sonstigen Unfug physikalischer Art hervorzurufen, kann durch sorgfältige Auswahl der Medien und Teilnehmer und richtige Leitung der spiritistischen Sitzungen ebenfalls bedeutend verkleinert werden, und auch beim Geisterverkehr außerhalb solcher Sitzungen vermindert sich diese Gefahr, wenn man mit diesem Verkehr keinen Mißbrauch treibt. Sie völlig zu beseitigen ist unmöglich. Der *Versuch, durch Belehrung und Gebet auf die jenseitigen* Urheber einzuwirken, um sie zu veranlassen, solchen Unfug zu unterlassen, mag wohl bisweilen gelingen, kann aber unter Umständen den entgegengesetzten Effekt haben.

Etwas leichter ist die Gefahr der Übertragung von Krankheiten zu bekämpfen, wie sie namentlich in spiritistischen Sitzungen den Teilnehmern, vor allem dem Medium droht. Ich brauche mich hierüber nicht weiter auszusprechen, da ich die Vorsichtsmaßregeln, deren man sich bedienen sollte, schon früher angegeben habe.*) Doch wird man es niemals gänzlich verhindern können, daß sich in solchen Sitzungen Verstorbene einstellen, denen noch krankmachende Fluide anhaften oder die durch suggestive psychische Einflüsse — meistens unwissentlich und unwillentlich — Erkrankungen herbeiführen, und es ist fragich, ob die früher genannten Vorsichtsmaßregeln in allen Fällen die Erkrankung zu verhindern vermögen.**)

Die Gefahr der Erschöpfung der Lebenskraft durch allzu starken Entzug von Fluid verschwindet dagegen völlig, wenn man den Geisterverkehr auf das richtige Maß einschränkt.

Zum Schluß dieses Abschnittes noch einige allgemeine Bemerkungen. Es gibt Menschen, *die schon durch die* erste Berührung mit der Geisterwelt, sei es in spiritistischen Sitzungen, sei es durch das automatische Schreiben oder den Gebrauch der Psychographen, sei es durch den Versuch

*) Siehe Seite 217—218.

**) Hier fügt Lavater hinzu: „Auch die Erkrankungen durch den Einfluß kranker Zirkelteilnehmer können nicht mit absoluter Sicherheit verhindert werden.“

der Ausbildung im Hellsehen und Hellhören, in die gefährlichste Abhängigkeit von jenseitigen Geistwesen gebracht und sehr rasch erschöpft werden oder erkranken, und es gibt andere, darunter hochgradig mediale, die selbst bei Mißbrauch ihrer Begabung zum Gelderwerb jahrelang den Geisterverkehr in den mannigfachsten Formen fast täglich pflegen, ohne im geringsten darunter zu leiden.*) Das zeigt, daß wir die Gefahren des Geisterverkehrs noch lange nicht genügend kennen, und daß wir jeden Einzelfall besonders studieren müssen, um zu wissen, ob dieser Verkehr mit mehr oder weniger Gefahr verbunden ist, und welche Vorsichtsmaßregeln zu treffen sind.**) Wer den Geisterverkehr betreiben und seinen Gefahren möglichst wenig ausgesetzt sein will, suche zuerst im Familienkreise, oder, wenn dies untunlich ist, für sich allein mit Hilfe des Gebets einen Wink aus dem Jenseits zu erlangen, ob er es wagen darf, ohne allzu großer Gefahr in dieser oder jener Weise mit den Geistern zu verkehren oder sich als Medium benutzen zu lassen, und stelle sich von Anfang an unter die Leitung eines erfahrenen Mannes, der das Herz auf dem rechten Fleck hat, auch gedenke er stets der Mahnung die Jesus in die Worte gefaßt hat: „Wachet und betet, auf daß ihr nicht in Anfechtung kommet.“ Er traue sich deshalb nicht zu viel zu und sei stets bereit, den Geisterverkehr abzubrechen, wenn er sieht, daß eine weitere Fortsetzung ihn einer ernstlichen Gefahr aussetzen würde.

---

*) Nachdem ich diesen Satz Lavater vorgelesen hatte, fragte ich ihn, ob ich nicht das Wort „scheinbar“ einschieben solle. Die Antwort war: „Nein, so wie es geschrieben ist, ist es richtig.“

**) Auch die mit körperlicher Berührung der in Trance befindlichen Medien oder der materialisierten Gestalten verbundenen Gefahren bedürfen noch sehr der Klarstellung.

VII.

Si duo faciunt idem non est idem.
(Wenn zwei das Gleiche tun, ist es doch nicht das Gleiche.)

Erst jetzt vermag ich die Frage zu beantworten, unter welchen Verumständungen der Geisterverkehr gepflegt werden darf, ja gepflegt werden soll, und unter welchen es das Beste, ihn zu unterlassen.

Schon gar manchem, der die Auswüchse und Gefahren der spiritistischen Praxis kennt, dürfte der Gedanke gekommen sein, ob es nicht geradezu einzig richtig wäre, den Geisterverkehr durch Strafgesetze zu unterdrücken. Daß eine solche Unterdrückung der sehnlichste Wunsch sowohl der materialistischen als auch der bibelgläubigen Gegner des Spiritismus ist, sollte dessen Freunde nicht abhalten, diese Meinung ernstlich zu prüfen, denn schließlich kann man auch ohne den Geisterverkehr Spiritist sein, ja es gibt Spiritisten genug, — und es sind dies keineswegs die schlechtesten — die niemals, sei es direkt sei es durch Vermittlung eines Mediums, mit der Geisterwelt verkehrt haben.

Daß man die Mißverständnisse und Entgleisungen des Offenbarungsspiritismus und der Vatermediumschaft bekämpfen kann, ohne deshalb wünschen zu müssen, daß aller und jeder Geisterverkehr aufhöre, unterliegt meiner Ansicht nach keinem Zweifel. Es kann sich nur fragen, ob sein mannigfacher Mißbrauch in Verbindung mit den damit verbundenen vielfachen Gefahren die Unterdrückung doch als das richtigste Vorgehen erscheinen lasse. Der ungesuchte Geisterverkehr läßt sich freilich niemals verbieten, und auch dem gesuchten ist nicht so leicht beizukommen, da er ohne allzu große Schwierigkeit geheim gehalten werden kann. Aber der letztere ließe sich doch durch Strafgesetze bedeutend einschränken. Indessen zeigt eine unbefangene Prüfung, daß man fehlginge, wenn man jeden gesuchten Geisterverkehr mit Strafe bedrohte, und daß es weit richtiger ist, wenn man eine umfassende Belehrung gibt über seinen richtigen Gebrauch und seinen Mißbrauch, sowie über die Gefahren, die damit verknüpft sind, und die Mittel, diesen Gefahren zu entgehen oder bereits eingetretene schlimme Folgen zu heben, und wenn man sodann die Voraussetzungen feststellt, unter welchen dieser Verkehr sich rechtfertigt und diejenigen, unter welchen er nicht gebilligt werden kann. Nur die schädlichsten Auswüchse sollten mit Strafgesetzen bekämpft werden. Denn es gibt selbst einen gesuchten Geisterverkehr, der trotz seiner niemals ganz zu beseitigenden Gefahren großen Segen stiftet, und der für den geistigen Fortschritt der Menschheit äußerst wichtig, möglicherweise sogar unentbehrlich ist.*)

Gänzlich verkehrt ist die Bekämpfung des Geisterverkehrs, wie sie jetzt einerseits von der materialistischen Schulwissenschaft, andererseits von der strenggläubigen katholischen und protestantischen Geistlichkeit betrieben wird.

Wenn die Schulwissenschaft, welche die Existenz von Geistern leugnet, vor dem, was andere für einen Verkehr mit Geistern halten, wegen Gesundheitsschädlichkeit warnt, macht sie damit, obschon sie nicht ganz Unrecht hat, bei denjenigen, die diesen Verkehr pflegen, — und das tun in

*) Hier fügt Lavater bei: „Und der auch viel dazu beiträgt, manchen auf den richtigen Weg zu leiten.“

der Regel nur solche, die an die Existenz von Geistern glauben, — nicht den mindesten Eindruck, weil die Begründung ihrer Behauptung irrig ist und von jenen leicht als Irrtum erkannt wird.

Ebensowenig vermag die katholische und protestantische Geistlichkeit mit ihrer Behauptung, daß der Geisterverkehr ein Verkehr mit bösen Dämonen sei, Gutes zu wirken. Die gebildeten Schichten des Volkes — die Arbeiterschaft inbegriffen — glauben das nicht mehr, und lassen sich daher durch diese Behauptung nicht abschrecken, den Geisterverkehr zu pflegen, falls sie sich aus irgend einem Grunde dafür interessieren. Bei vielen wird gerade dadurch die Neugier geweckt, den Geisterverkehr kennen zu lernen, und das hat keine guten Folgen, denn wer damit nur seine Neugier befriedigen will, hat davon in der Regel keinen Nutzen. Einige suchen den Geisterverkehr vielleicht, um mit Hilfe der angeblichen Dämonen materielle Vorteile zu erlangen, genau wie der mittelalterliche Aberglaube von einem Pakt mit dem Teufel der materiellen Gewinn bringe, in manchem den Wunsch rege machte, einen solchen Pakt abzuschließen. Die Geistlichkeit fördert somit mit ihrer Dämonentheorie einerseits den schädlichen Geisterverkehr derjenigen, die nur neugierig sind oder von einem Verkehr mit „Dämonen“ materielle Vorteile erhoffen, und behindert andererseits den nützlichen Geisterverkehr, indem sie alle diejenigen, denen ihre geistlichen Obern noch absolute Autorität sind, davon abhält, obgleich sie daraus seelischen Nutzen ziehen oder mit seiner Hilfe unglückliche Verstorbene auf den richtigen Weg weisen könnten.

Einzig und allein eine ins Wesen der Sache eindringende Erkenntnis leitet hier auf den richtigen Weg, so daß wir uns ein Urteil zu bilden vermögen, in welchen Fällen der Geisterverkehr segensreiche Folgen hat und daher innerhalb der durch die Vorsicht gebotenen Schranken gepflegt werden darf ja gepflegt werden soll, und in welchen er voraussichtlich eher schadet als nützt und daher zu meiden ist.

Leicht ist die damit gegebene Aufgabe allerdings nicht zu lösen. Es können auch nur allgemeine Grundsätze aufgestellt werden, und diese genügen nicht immer, um im Einzelfalle den Entscheid zu treffen.

Mehr als irgendwo sonst gilt für den Verkehr mit der Geisterwelt der Grundsatz: Si duo faciunt idem non est idem, was auf deutsch heißt: „Wenn zwei Menschen — äußerlich betrachtet — auch das Gleiche tun, ist es — seinem inneren Wesen nach — doch nicht das Gleiche. Der Geisterverkehr kann ebenso wohl höchster Gottesdienst als abscheulichste Gotteslästerung sein, und er kann das erstere sein, auch wenn man ausschließlich mit niederen Geistern verkehrt, insofern man dabei die göttliche selbstlose Liebe pflegt, und letzteres, auch wenn man glaubt, mit den höchsten Geistern ja mit Jesus Christus oder Gott zu verkehren, insofern man sich von Hochmut und Selbstüberhebung oder von anderen egoistischen Motiven leiten läßt.

Doch treten wir näher auf das zu lösende Problem ein!

Die Theosophen werden hier wieder auf den Unterschied zwischen dem Geisterverkehr durch Hellsehen und Hellhören ihrer Yogaschüler und dem Geisterverkehr durch bewußtlose von den Geistern beherrschte Trancemedien hinweisen, und behaupten, daß, da ein richtig geschultes und entwickeltes Hellsehen und Hellhören mit den geringsten Gefahren verbunden sei, der auf diese Weise vermittelte Geisterverkehr weitaus den Vorzug vor allen anderen Arten dieses Verkehrs verdiene. Allein ich habe schon früher darauf hingewiesen, daß das eine Theorie ist, die in der Praxis nicht stichhält, weil die richtige Schulung im Hellsehen und Hellhören sehr schwierig ist, und ein unrichtig betriebenes Hellsehen und Hellhören, wie zahlreiche Erfahrungen beweisen, nicht weniger gefährlich ist und sehr oft Besessenheit nach sich zieht. Ähnlich verhält es sich mit dem Geisterverkehr durch bewußtes automatisches Schreiben oder mit Hilfe des Psychographen. Bezüglich der

Gefährlichkeit dürfen daher keine starken Unterschiede zwischen den verschiedenen Arten des Geisterverkehrs gemacht werden, und ob die eine oder die andere Art vorzuziehen ist, hängt von den Verhältnissen des Einzelfalles ab.

Ich bin verschiedene Male von Sensitiven angefragt worden, ob sie sich zu Medien ausbilden sollen. Meine Antwort war immer, daß ich mich nur nach genauer Prüfung aller maßgebenden Verhältnisse darüber aussprechen könne. Wenn ich glaubte, daß der Anfragende die nötigen körperlichen, intellektuellen und moralischen Eigenschaften besitze, und wenn seine Berufs- und Familienverhältnisse mir günstig schienen, riet ich zu einem sorgfältigen Beginn einer solchen Ausbildung unter der Leitung ernster sachkundiger Personen. Es waren jedoch nur ganz wenige Fälle, in denen ich diesen Rat erteilen konnte. Niemals gestattete ich das einsame automatische Schreiben oder den Gebrauch des Psychographen, da die Gefahr der Übertreibung und Irreführung hier weit näher liegt als in gutgeleiteten spiritistischen Sitzungen, selbst wenn das Medium sich im bewußtlosen Volltrancezustand befindet. Vor allem ging ich stets davon aus, daß der Geisterverkehr nur höheren Zwecken dienen dürfe und halte dies für den wichtigsten Punkt in der Frage nach der Berechtigung des Verkehrs mit der Geisterwelt.

Als solche höheren Zwecke betrachte ich:

1. Die geistige Förderung derjenigen dem Jenseits angehörigen Geistwesen, die dem Hellseher, Hellhörer oder Trancemedium durch höhere Geister zugeführt werden, sei es in spiritistischen Sitzungen sei es außerhalb solcher.

2. Den geistigen Fortschritt der irdischen Menschen, die den Geisterverkehr pflegen, mit Hilfe durch denselben zu erlangender Aufklärung über das Jenseitsleben sowie über Religion und Weltanschauung.

3. Die Förderung der Wissenschaft vom Übersinnlichen, jedoch nur wenn die Absicht des wissenschaftlichen Forschers selbstlos und daher strikte nur auf die Er-

forschung der Wahrheit gerichtet ist, nicht aber wenn er sich von Ehrgeiz oder noch materiellern Motiven leiten läßt, denn in diesem Falle mangelt die gute jenseitige Führung und sind deshalb die Phänomene von zweifelhaftem Wert, ja es können sich niedere Geistwesen oder das Unterbewußtsein des Mediums mit der Absicht geltend machen, der echt wissenschaftlichen Erforschung der okkulten Phänomene entgegenzuarbeiten. Ehrlicher Skeptizismus ist kein Hindernis, wohl aber das Vorurteil, daß es keine Geister Verstorbener gebe, oder daß, wenn es solche gebe, doch ein Verkehr mit ihnen unmöglich sei; denn dieses Vorurteil wirkt sehr ungünstig auf die Geister und Medien und beeinträchtigt dadurch die Phänomene, auch verhindert es den Forscher, die auf einen spiritistischen Ursprung hinweisenden Momente wahrzunehmen, sodaß er dieselben ignoriert, während er doch gerade diese Momente am einläßlichsten prüfen sollte. Auch die Menschenfurcht, die viele Forscher abhält, für die gewonnene spiritistische Überzeugung einzutreten, beeinträchtigt den Erfolg, obschon in geringerm Maße als eine dieser Überzeugung entschieden feindliche Gesinnung.

4. Den Trost, der vielen Menschen durch den nicht selten ermöglichten Verkehr mit geliebten Verstorbenen geboten wird, jedoch nur dann, wenn man diesen Verkehr so einschränkt, daß die Verstorbenen den Aufgaben, die sie im Jenseits zu erfüllen haben, nicht entzogen werden. Ein allzu häufiger auf diesen Zweck gerichteter Verkehr ist auch an und für sich nicht vom guten, weil dabei fast immer irdische Interessen berührt werden, und die bloßen Gefühlserregungen, die er mit sich bringt, auf die Dauer beiden Teilen gleichfalls eher schädlich als nützlich sind.

5. Die Heilung von Krankheiten durch gute Ratschläge und durch den von den Entkörperten ausgehenden Heilmagnetismus. Dabei ist jedoch die Nachprüfung der gegebenen Ratschläge, unter Umständen unter Beiziehung eines irdischen Arztes, nie zu unterlassen, wie ich das

früher näher ausgeführt habe. Außerdem ist sehr zu beachten, daß die Beschäftigung mit dem Heilen leiblicher Krankheit die geistigen Freunde schädigen kann, wenn sie nicht durch eine ethische Gesinnung der mit ihnen verkehrenden irdischen Menschen unterstützt wird. Deshalb sagte uns im Zirkel der Frau S. unser jenseitiger Freund Franz Müller wiederholt, er dürfe uns nur dann gesundheitliche Ratschläge geben, wenn die Einflüsse des Zirkels so geistig seien, daß sie ihn nicht mehr ins Materielle herabziehen. Auch darf die Krankenheilung niemals zum Hauptzweck gemacht werden, sondern sollte stets mit andern wichtigern Zwecken als bloßer Nebenzweck verbunden werden.

Es genügt in der Regel nicht, daß einzelne Teilnehmer an einer spiritistischen Sitzung diese berechtigten Ziele verfolgen, sondern es sollte der ganze Zirkel dies tun. Die auf unberechtigte Ziele gerichteten Gedanken auch nur eines Einzigen, oder die spöttischen Gedanken eines Zweiflers können den Erfolg vereiteln und den einen oder andern der Teilnehmer, besonders aber das Medium, gefährden, besonders wenn eine längere Reihe spiritistischer Sitzungen mit dem gleichen Medium veranstaltet wird, die dann allerdings, wenn die bezeichnete Voraussetzung zutrifft und auch die andern Bedingungen günstig sind, in der Regel die weitaus besten Erfolge bringen.

Namentlich in spiritistischen Sitzungen bedarf es nämlich, um gute Resultate zu erlangen und den Gefahren des Geisterverkehrs möglichst aus dem Wege zu gehen, noch weiterer Voraussetzungen. Medium und Zirkelsitzer müssen die nötige Intelligenz und einige Kenntnis der okkulten Gesetze besitzen, unter denen der Geisterverkehr vor sich geht. Mindestens der Zirkelleiter sollte alle im vorangehenden Abschnitt besprochenen Gefahren kennen, und wissen, wie er denselben begegnen und wie er allfällige Schädigungen heben kann. Im ferneren sollte er zwischen echten Geisterkundgebungen und den Kundgebungen des

Unterbewußtseins der Medien zu unterscheiden wissen. Er sollte auch verstehen, auf die Absichten der sich kundgebenden Geister einzugehen, darf nicht erwarten, daß sie seinen Wünschen ohne weiteres entsprechen, darf niemals aufgeregt werden, sondern sollte stets ruhig bleiben. Auch muß er sich das unbedingte Zutrauen des Mediums erworben haben und darf niemals das Vorurteil hegen, dieses sei ein Betrüger, denn das ist in der Regel ein gänzlich ungerechtes Vorurteil und wirkt auf das Medium äußerst schädlich ein. Das schließt nicht aus, daß er alle nur möglichen Vorsichtsmaßregeln gegen einen allfälligen Betrug treffen darf, wobei er jedoch darauf zu achten hat, daß das Medium dies nicht merkt. Nur wenn er in ganz hervorragendem Maße dessen Zutrauen besitzt, darf er offen alle die Vorsichtsmaßregeln gegen Betrug treffen, die ein wissenschaftlicher Forscher zur Anwendung zu bringen pflegt, um auch den ärgsten Skeptiker vom Nichtvorhandensein eines Betrugs zu überzeugen. Wissenschaftliche Forscher, welche dies im Interesse der Wissenschaft für nötig halten, müssen sich daher zuerst dieses Zutrauen erwerben, sonst stoßen sie leicht auf eine Weigerung des Mediums, sich solchen Vorsichtsmaßregeln zu unterwerfen, oder sie erlangen ungenügende oder gar irreführende Resultate. Zum Mindesten wird die für den vollen Erfolg äußerst wichtige ruhige Gemütsstimmung des Mediums dadurch beeinträchtigt.

Sodann muß scharf betont werden, daß, je materieller die Phänomene, um so größer die Gefahren. Sitzungen mit Geistermaterialisationen sollten nur unter der Leitung von ganz hervorragend sachkundigen und ethisch hochstehenden Männern stattfinden. Der früher angeführte Fall Reimers*) zeigt, welche Gefahren in sexueller Hinsicht Geistermaterialisationen mit sich bringen können. Ich gebe gerne zu, daß hohe geistige Zwecke selbst bei stark sinnlich veranlagten Menschen die sexuellen Begierden so zurückdrängen

*) Siehe Seite 235–236.

können, daß sie zeitweise jeden Einfluß verlieren, und daß nicht selten Menschen mit starkem Sexualtrieb für geistige Ziele empfänglicher sind als sexuell kalte Naturen. Aber kein stark sexuell veranlagter Mensch darf voraussetzen, daß er genügende Kraft besitze, um derartigen Versuchungen, wie sie an Reimers herantraten, unter allen Umständen Widerstand zu leisten, außer er finde in einer richtig gesinnten Umgebung und im Hinblick auf Gott und die höhere Geisterwelt eine feste Stütze. Materialisationssitzungen entziehen auch dem Medium und den Zirkelsitzern weit mehr Lebensfluid als Sitzungen mit vorwiegend intellektuellen Phänomenen und dürfen daher nur mit einem vollkommen gesunden, körperlich kräftigen Medium vorgenommen wurden.

Selbst bei richtig geleiteten nur berechtigte Ziele verfolgenden spiritistischen Sitzungen ebenso wie bei jedem Geisterverkehr anderer Art sind die im vorangehenden Abschnitt geschilderten Gefahren niemals gänzlich ausgeschlossen, wie am besten die schwere Erkrankung des Leiters des Zirkels der Frau S. beweist*), obgleich hier einige Vorsichtsmaßregeln außer Acht gelassen wurden und man daher nicht weiß, ob deren Beachtung die Erkrankung verhindert hätte.

Wer sich in den Geisterverkehr einläßt, muß daher stets mit der Möglichkeit rechnen, daß er irgend einen körperlichen Schaden oder sonstigen Nachteil erleiden könnte. Allein wer tadelt denjenigen, der, um einen Menschen vom Leibestode zu erretten, sich selbst in Lebensgefahr begibt?! Und ist nicht der geistige Fortschritt unserer Nebenmenschen, mögen sie dem Diesseits oder dem Jenseits angehören, ein wichtigeres Ziel als ihre Errettung vom Leibestode?! Wie viele haben schon im Interesse der Wissenschaft ihr Leben aufs Spiel gesetzt, und niemand hat sie deshalb getadelt! Haben wir deshalb ein Recht, denjenigen, der sich den Gefahren des Geisterverkehrs aus-

*) Siehe Seite 218 224.

setzt, um die oben bezeichneten berechtigten Zwecke zu verfolgen, insbesondere um den geistigen Fortschritt Verstorbener oder noch im Diesseits Lebender zu fördern oder um der Wissenschaft vom Übersinnlichen die Bahn zu brechen, davon zurückzuhalten, weil vielleicht seine Gesundheit Schaden leiden könnte?

Mutwillig darf man sich freilich niemals den Gefahren des Geisterverkehrs aussetzen, selbst wenn man einen berechtigten Zweck verfolgt. Wer den Geisterverkehr pflegt, ist zur größten Vorsicht verpflichtet und darf keine der Vorsichtsmaßregeln außer Acht lassen, die ihm unsere stets fortschreitende Erkenntnis der okkulten Gesetze als geeignet erscheinen lassen, um die Gefahren dieses Verkehrs zu vermindern. Auch muß er alles tun, um die Erkenntnis zu sammeln, die nötig ist, um allfällig eintretende schlimme Folgen wieder zu beseitigen. Wer zu denjenigen gehört, die diesen Gefahren besonders stark ausgesetzt sind, sei es wegen Krankheit oder körperlicher Schwäche, sei es wegen Anzeichen ungehöriger Beeinflussung durch niedere Geister, die auf die Möglichkeit einer Besessenheit hindeuten, tut in der Regel am besten, wenn er sich davon ganz ferne hält. Er kann ja auch meistens nichts Wesentliches zur Förderung der berechtigten Zwecke dieses Verkehrs beitragen, kann sogar andere, die sich dazu besser eignen, dadurch, daß er sich mit ihnen an spiritistischen Sitzungen beteiligt, schädigen und ihre Erfolge beeinträchtigen.

Den Theosophen gegenüber möchte ich bemerken, daß es ja ganz gut ist, wenn besonders Begabte nach der „Meisterschaft", d. h. nach der Ausbildung ihrer okkulten Kräfte ohne Verlust des Bewußtseins streben, und sich dadurch zu okkulten Helfern im Sinne Leadbeaters*) entwickeln. Aber weil das weit schwieriger und selbst bei guter Leitung fast ebenso gefährlich ist als spiritistische

*) Siehe seine Schrift: „Unsere unsichtbaren Helfer", Leipzig Verlag von Max Altmann.

Sitzungen mit Trancemedien, wollen wir doch diese leichtere Art des Geisterverkehrs nicht einfach an den Nagel hängen. Das Bessere soll hier nicht der Feind des Guten sein. Und es besteht ja auch nicht der scharfe prinzipielle Gegensatz zwischen diesen zwei Arten des Verkehrs mit dem Jenseits, den die Mehrzahl der Theosophen zu machen pflegt. Ich wenigstens habe einige Male beobachtet, daß medial veranlagte Menschen, die sich anfänglich als Trancemedien an spiritistischen Sitzungen beteiligten, wenn das selbstlos und nur zu höhern Zwecken geschah, ganz von selbst im Hellsehen und Hellhören Fortschritte machten, und dann immer mehr ihre mit Bewußtseinsverlust verbundenen spiritistischen Sitzungen einschränkten und schließlich ganz aufgaben, um bloß noch den Geisterverkehr durch Hellsehen und Hellhören zu pflegen, und daß sie sich dann, wenn sie die für jede geistige Höherbildung notwendige ethische Grundlage besaßen, immer mehr vervollkommneten, bis nahe an die Grenze dessen, was die Theosophen die Adeptschaft oder Meisterschaft nennen. Daß solche Fälle selten sind, und daß die Medien, die regelmäßig im Trance mit der Geisterwelt verkehren, häufiger körperlich, geistig und moralisch entarten, wie das insbesondere in Amerika häufig vorkommen soll, wenn man wenigstens den Berichten darüber in dem Buch „Das große psychologische Verbrechen“ Glauben schenken darf, gebe ich zu. Allein das ist nur eine Mahnung zu erhöhter Vorsicht in der Auswahl und Ausbildung der zur Trancemediumschaft geeigneten Personen.

Nichts ist überhaupt verfehlter, als wenn die Spiritisten, die mit Vorliebe ihre Belehrungen über das Jenseits und seine Gesetze in spiritistischen Sitzungen suchen, und die Theosophen, die die Ausbildung zur Meisterschaft mit Hilfe von Yogaübungen vorziehen, sich befehden. Sie sollten sich im Gegenteil gegenseitig stützen. Denn es sind zwei aus der gleichen Wurzel emporgewachsene Bäume, die, obgleich sie sich selbständig entwickelt haben, doch immer noch miteinander in engster Verbindung stehen.

Ich bin kein Freund der phantastischen Hypothesen der theosophischen Systeme, aber ich komme doch immer mehr zu der Überzeugung, daß es besser ist, deren Korrektur den Theosophen zu überlassen, anstatt polemisch dagegen aufzutreten, obschon diese Korrektur möglicherweise noch lange auf sich warten lassen wird. Und haben nicht auch Spiritisten Systeme aufgestellt, die ebenfalls nur phantastische Hirngespinste sind! So gebe ich denn die Hoffnung nicht auf, daß diese beiden Richtungen des modernen Spiritualismus sich allmählich näher kommen werden. Ihre vollständige Verschmelzung zum Zweck der Pflege einer einheitlichen Wissenschaft vom Übersinnlichen, schon heute kaum mehr mit Recht Geheimwissenschaft oder Okkultismus genannt, und die Abstoßung der auf beiden Seiten vorkommenden Auswüchse und Phantastereien, die sich meistens auf einen übermäßigen Einfluß einzelner Persönlichkeiten zurückführen lassen, wird sich freilich erst dann in vollem Umfange vollziehen können, wenn überall die Anschauung durchgedrungen sein wird, daß diese Wissenschaft ebenso wie alle andern eine Erfahrungswissenschaft ist, die sich von jenen nur dadurch unterscheidet, daß in ihr außergewöhnliche Forschungsmethoden zur Anwendung kommen, die, wenn nicht ganz sorgfältig betrieben, leicht zu Irrtümern führen, und daß diese Wissenschaft in besonders engen Beziehungen zur Religion steht, ja daß diese neue Wissenschaft geradezu die Grundlage zu einer Wiedergeburt der Religion sein wird. Aber diese Religion wird keine andere sein als das Christentum, befreit allerdings von allen Anhängseln der kirchlichen, bloß auf den Buchstaben der Bibel oder die Aussprüche des Pabstes gegründeten, unserm neueren besseren Wissen vom Jenseits und von den Aufgaben des Menschen im Jenseits widersprechenden Lehren.

Auf die Resultate zurückblickend, die ich hinsichtlich der Frage gewonnen habe, unter welchen Bedingungen spiritistische Sitzungen trotz ihrer niemals ganz zu vermeidenden Gefahren gepflegt werden dürfen, ja gepflegt werden sollen, möchte ich zum Schluß in Kürze nochmals feststellen, daß, wenn ich auch der Ansicht bin, daß solche Sitzungen am leichtesten und raschesten die berechtigten Zwecke des Geisterverkehrs fördern und daher unentbehrlich sind, insbesondere auch für den Fortschritt der Wissenschaft vom Übersinnlichen, doch nur die beste Elite körperlich gesunder, intelligenter und vor allem ethisch hochstehender Männer und Frauen und erst nach vorhergegangenem theoretischem Studium der okkulten Phänomene und ihrer Gesetze, das freilich nicht in alle Einzelheiten einzudringen braucht und nur zu den früher festgestellten Zwecken sich mit dieser Art des Geisterverkehrs befassen sollte, und daß dies im erhöhten Maße für Sitzungen gilt, in denen physikalische Phänomene, besonders Geistermaterialisationen vorkommen. Diese Elite findet sich aber nach meinen Erfahrungen leichter im einfachen Volk, namentlich da, wo die allgemeine Volksbildung auf einem höhern Niveau steht als in den sogenannten besseren Gesellschaftskreisen und unter den Schulgelehrten mit hohen Titeln. Der Zirkelleiter freilich sollte nicht nur ein ethischer Charakter und ein intelligenter Mensch sein, sondern auch eine gewisse höhere Bildung besitzen, und auf dem Gebiet der okkulten Wissenschaften vollständig bewandert sein. Auch sind Frauen selten gute Leiter eines spiritistischen Zirkels und sollten überhaupt, soweit es sich um Gewinnung von Erkenntnis auf dem Gebiet des Spiritismus und Okkultismus handelt, weniger in den Vordergrund treten, als dies heute vielfach der Fall ist. Man darf das aussprechen, ohne deshalb an eine allgemeine geistige Überlegenheit des männlichen Geschlechts zu glauben, denn neben dem Gebiet der Erkenntnis gibt es andere Gebiete der menschlichen Geistestätigkeit, in denen das weibliche Geschlecht dem männlichen mindestens ebenbürtig ist.*) Vor allem aber

*) Lavater fügt hier bei: „Doch haben sich einige Frauen in Charakterstärke und im Denken so hervorgetan, daß man ihnen volle Anerkennung zollen muß.“

sollte jeder Geisterverkehr, weil ein Geschenk der göttlichen Gnade zum Zweck der Herbeiführung des Gottesreiches als etwas heiliges betrachtet werden, das in keiner Weise durch selbstsüchtige Gedanken entweiht werden darf.

Druckfehler.

Seite	3	Zeile	3 von unten:	absichtlich statt obsichtlich.
„	75	„	10 „ „ :	Schauspieler statt Schauspielerinnen.
„	119	„	11 „ „ :	ausspann statt ausspannen.
„	130	„	15 „ „ :	vornahm statt vornehmen.
„	147	„	11 „ „ :	demselben statt denselben.
„	215	„	14 von oben:	ausgewichen statt ausgewiesen.
„	227	letzte Zeile	:	der statt die.
„	230	„	16 von oben:	Heilung statt Heiland.

Druck von Oswald Mutze, Leipzig.